HELMUT THIELICKE

DAS LEBEN KANN NOCH EINMAL BEGINNEN

EIN GANG DURCH DIE BERGPREDIGT

QUELL VERLAG STUTTGART

1. Auflage dieser Taschenbuch-Ausgabe 1980
1.-6. Tausend
2. Auflage dieser Taschenbuch-Ausgabe 1982
7.-11. Tausend

ISBN 3-7918-2002-8

Einbandgestaltung: JAC
Druck und Verarbeitung: Ebner Ulm

INHALT

Nimm Gott aus dem All: so ist alles vernichtet, jede höhere geistige Freude, jede Liebe, und nur der Wunsch eines geistigen Selbstmords bliebe übrig, und nur der Teufel und das Tier könnten noch zu existieren verlangen.

JEAN PAUL
Rede des toten Christus

Ich habe nicht getan, was Gott von mir wollte, das steht fest. Im Gegenteil, ich habe immer nur geträumt, was ich von Gott wollte ...

LÉON BLOY
Letzte Tagebücher

AN DEN LESER

Die Not des heutigen Menschen drückt sich in zweierlei Ängsten aus: in der Angst vor der Vergangenheit und in der Angst vor der Zukunft.

Die Angst vor der *Vergangenheit* wird vom Existentialismus immer wieder zum Thema seiner Betrachtungen gemacht. Wie kann ich loskommen von alledem, was hinter mir liegt, von meinen falschen oder richtigen, auf jeden Fall aber einmal vollzogenen Weichenstellungen, die nun mein Leben bestimmen? Wie kann ich loskommen von der Schuld, die hinter mir liegt und die nicht rückgängig gemacht werden kann? Denn die Zeit gleicht einer Einbahnstraße, die mich in die Zukunft entführt und mir nicht gestattet, an die vergangenen Stationen meines Lebens zurückzukehren und dort Revisionen vorzunehmen. Darum stehe ich im Banne dessen, was hinter mir liegt und was ich nicht ungeschehen machen kann. Ich bin der Gefangene meiner eigenen Vergangenheit. Sie liegt schauerlich fest. Sie determiniert mich und macht mich zu ihrem Objekt. Wie kann ich mich diesem Netze des Perfectum entwinden? Wie kann ich dazu kommen, noch einmal die Zügel meines Lebens in die Hand zu kriegen und die Rosse nach meinem Willen zu lenken, statt hilflos in diesen Zügeln zu hängen und mich von jenen einmal entbundenen Rossen schleifen zu lassen? In wie vielen Dramen unserer Zeit ist diese Frage der »cantus firmus«, und wie horchen wir auf, wenn dieses Thema unseres Lebens und unserer Lebensangst angeschlagen wird!

Aber auch mein Verhältnis zur *Zukunft* ist gebrochen. Die Zeit ist vorüber, wo strahlende Utopien gedichtet wurden, in denen Technik und soziale Gerechtigkeit den Menschen einem erneuerten Paradiese entgegenzuführen schienen. »Die Zukunft hat schon begonnen.« Aber an ihrer Schwelle scheinen keine Friedensglocken zu läuten, sondern Sirenen zu heulen. Wir laufen ganz offensichtlich keine ruhigen Häfen an, sondern sehen uns in tödliche Abenteuer verstrickt, und niemand weiß, wie das ausgeht. Wenn man auch angesichts dessen nicht gerade zum Augenblicke sagt: Verweile doch (halte die Zukunft noch einen Moment lang auf!), du bist so schön!, so lebt man doch nach dem Motto: Wenn die Welt morgen fällt, — heute ist heut.

Was wir brauchen und wonach wir uns verzehren, ist eine Hilfe, die uns aus diesem Krampfe befreit und uns erlaubt, ein neues Verhältnis zu dem zu gewinnen, was hinter und was vor uns liegt.

Dieser Sehnsucht nach einer Lebenshilfe begegnet nun die Bergpredigt, oder besser: der Bergprediger selbst. Nur auf den ersten Blick kann es so scheinen, als würde uns hier eine Summe von

Anweisungen und Imperativen — oft von schneidender Radikalität — entgegengeschleudert. Doch ich muß mich sofort korrigieren. Das mit der »schneidenden Radikalität« stimmt zwar; von halben Dingen und Kompromissen ist hier nicht die Rede; und wer nur mit seiner linken Hand ein Hobby betreiben will, läßt lieber die Finger davon. Hier geht es ums Ganze. Und doch trifft das Wort von der schneidenden Radikalität nicht das Wesentliche. Denn radikal sind auch andere Leute gewesen. Wer den Ethiker Kant und seinen kategorischen Imperativ kennt, weiß, daß seine Radikalität kaum zu überbieten ist. Er stöbert mit einem fast kriminalistischen Scharfsinn den Menschen in allen heimlichen Höhlen auf, in denen er Unterschlupf sucht und mit seinen Trieben und seinem rasenden Durst nach Glück und Macht und Geltung allein sein möchte. Und wie war es mit den Schwärmern, die es zu allen Zeiten gegeben hat — mit jenen respektablen Leuten also, deren »Reinheit war, nur Eines zu wollen« (Kierkegaard), und die in manischer Versessenheit, aber auch in einer Hingabe ohnegleichen alles dem *einen* Ziele unterstellten, das sie als richtig erkannt hatten — ohne Rücksicht auf Verluste und bereit, über ihre eigene Leiche zu gehen?
Wir heutigen Menschen sind weithin Aktivisten; wir leben aus dem Willen und halten es mit dem Satz: »Was mich nicht umbringt, macht mich stärker.« Es mag an der dumpfen Ahnung liegen, daß uns dieser Motor immer schneller in einem Teufelszirkel Karussell fahren läßt, wenn uns der Appell an den Willen mit einer gewissen Resignation erfüllt, und wenn wir alle Radikalismen mit ein wenig Skepsis betrachten. Haben uns die großen Willensnaturen und Fanatiker, haben uns die »schrecklichen Vereinfacher« (die terribles simplificateurs) nicht in den Abgrund geführt?
Darum sollten wir in der Bergpredigt weniger die schneidende Radikalität ihrer Anweisungen sehen, als die *Gestalt* beachten, die hier spricht und die mit jener Radikalität etwas Bestimmtes will. Was ist dieses Letzte, in dessen Namen hier gesprochen wird?

Was immer es auch sei — wir wollen es ja herauszuhören versuchen —, eines sollten wir schon auf diesen ersten Seiten zur Kenntnis nehmen: Es wird uns nichts aufgegeben, ohne daß uns zuvor etwas gegeben wird. Das ist *wirklich* anders als bei Kant und den sonstigen Rigoristen. Hier wird nicht von uns verlangt, daß wir uns gewaltsam und mit einem titanischen Ruck unseres Willens von unserer Vergangenheit lösen und einfach ein Neues beginnen. Das wäre wieder nur Krampf und wäre überdies Illusion:

Der Mensch, der in die Zukunft springt,
der geht zugrunde.
Und ob der Sprung mißglückt, ob er gelingt, —
der Mensch, der springt,
geht vor die Hunde. ERICH KÄSTNER

Die Bergpredigt wird von einem ganz anderen Hintergrund gesprochen: Ehe ihr sinnvollerweise damit beginnt — so läßt uns der Bergprediger wissen —, einen neuen Weg zu beschreiten und das Leben noch einmal von vorn aufzurollen, müßt ihr zunächst zur Kenntnis nehmen, daß alles, was hinter euch liegt, bereinigt ist, daß ein anderer eure Lasten übernommen hat, und daß ihr euren neuen Weg wirklich — um ein freilich ganz anders gemeintes Wort von Anouilh zu zitieren — als »Reisende ohne Gepäck« beginnen dürft.
Und noch etwas muß von vornherein geklärt sein: Der radikale, gerade und ernsthafte Weg, der uns hier gewiesen wird und an dessen Beginn eine sehr enge Pforte steht, ist nicht so angelegt, daß er uns in eine neue Zukunft »führte«. Ohne Bild: Die Radikalität der Forderungen hat nicht den Sinn, eine neue Situation der Menschheit und auch des persönlichen Lebens mit einer gleichsam erhöhten Intensität des Einsatzes zu erzwingen. So wie Kant und wie auf ihre Weise auch die Schwärmer träumten, wird hier nicht geträumt. Es ist vielmehr umgekehrt. Statt der Illusion, durch Radikalismus neue Weltzustände und eine ver-

änderte Zukunft herbeizwingen zu können, wird uns hier gesagt: Euch ist eine Zukunft *geschenkt*, die Luft ist voller Verheißungen, das Schiff eures Lebens und auch der großen Geschichte gleitet auf Häfen zu, in denen man auf euch wartet und in denen für eure Geborgenheit gesorgt ist. Noch tanzt ihr bedenklich auf den Wellen, und es brausen Orkane, die euch den Atem nehmen. Aber es ist etwas geschehen, damit alle eure Wege und Irrwege an diesen Zielen enden müssen, ja damit eine in Gnaden bereitete Zukunft »auf euch zukommt«. Die Zukunft hat schon begonnen ... Aber wie anders klingt das nun im Raume der Bergpredigt, wie sind hier Angst und Trost miteinander vertauscht! Welche Zukunft ist hier gemeint? Wir wollen es wiederum herauszuhören versuchen.

Jedenfalls: Weil diese Zukunft schon begonnen hat, dürfen wir in ihrem Namen leben, sind wir nicht mehr vom jetzigen Augenblick und von dem werk- und sonntäglichen Trott samt seinem Einerlei absorbiert. Im Namen dieser Zukunft können wir es uns leisten, radikal und unbedingt gerade zu sein, ohne uns auf der Diagonale im Parallelogramm der Kräfte treiben zu lassen oder uns in Zick-Zack-Linien durchzulavieren. Also: erst kommt die neue Zukunft und dann kommt die Unbedingtheit, die Gerade, die Richte — nicht umgekehrt.

Ob es sich lohnt, auf diese Botschaft zu hören? Es heißt nicht: Du *mußt* ein neues Leben beginnen! Als ob wir das könnten, ja als ob wir so etwas auch nur noch *hören* könnten! Sondern es heißt: Es ist etwas auf dem Gebiete des Lebens passiert, das du dir zusignalisieren lassen mußt. Und dann kannst du auf dieses Signal hin neu starten. Es gibt dafür zwar ganz bestimmte Anweisungen. Aber zuvor gilt es, einige Zuweisungen entgegenzunehmen. Neu beginnen zu dürfen, ein Reisender ohne Gepäck zu werden — das ist selbst unerhört neu; und wenn das möglich sein sollte, ginge es um ein Wunder. Und in der Tat: Dies Buch will ein Wunder erzählen und die Frage stellen, wie man nun im Namen dieses Wunders leben kann.

Zum äußeren Schicksal des Buches ist noch dies zu vermerken: Es ist die achte Auflage einer Sammlung von Reden über die Bergpredigt, die der Verfasser in der Stuttgarter Markuskirche gehalten hat, und zwar in der schlimmsten Nachkriegszeit, nämlich von 1946—1948. Für die vierte Auflage wurde das Buch gründlich überarbeitet. Ausgesprochen zeitgeschichtliche Anspielungen, die heute nicht mehr verstanden würden oder an Interesse verloren haben, wurden getilgt. Trotzdem habe ich hie und da das Zeitkolorit bewußt erhalten (z. B. bei der 10. Auslegung). Denn diese Zeit hatte für die Anfechtung, die Versuchung, die Verzweiflung und die Not des Menschen in mehr als einer Hinsicht exemplarischen Rang. Es war eine Grenzsituation, die dem Worte Gottes — menschlich gesprochen — oft mit offeneren Flanken und weniger abgesichert gegenüberstand als normalisierte Zeitläufe. Wir sollten dieses Kapitel unserer eigenen Lebensgeschichte gelegentlich aufschlagen, wenn uns das Hören schwerfällt.

DIE REISE OHNE GEPÄCK

Und er ging hernieder mit ihnen und trat auf einen Platz im Felde und der Haufe seiner Jünger und eine große Menge des Volks von allem jüdischen Lande und Jerusalem und Tyrus und Sidon, am Meer gelegen, die da gekommen waren, ihn zu hören und daß sie geheilt würden von ihren Seuchen; und die von unsaubern Geistern umgetrieben wurden, die wurden gesund.

Und alles Volk begehrte ihn anzurühren; denn es ging Kraft von ihm, und er heilte sie alle.

Und er hob seine Augen auf über seine Jünger und sprach:
Selig seid ihr Armen; denn das Reich Gottes ist euer.
Selig seid ihr, die ihr hier hungert; denn ihr sollt satt werden.
Selig seid ihr, die ihr hier weinet, denn ihr werdet lachen.

LUKAS 6, 17—21 (vgl. MATTHÄUS 5, 1—9

Als Jesus Platz genommen hatte und die große Fülle der Menschen um sich versammelt sah, begann er in den vielen Augen zu lesen, die auf ihn gerichtet waren.
Was stand in ihnen geschrieben?
Es war wohl eine Mischung aus Hoffnung und Furcht, aus Bangigkeit und heimlicher Erwartung.
Da war zunächst das Heer der Elenden, der Schuldbeladenen, der Vereinsamten, der unheilbar Kranken, der Zersorgten und der von Lebensangst Umgetriebenen. Sie alle sahen ihn mit unergründlichen, nur vom Heilande selbst ergründbaren Blicken an. Gewöhnlich sieht man die Elenden ja nicht in dieser Weise versammelt. Das Leid und die Trauer pflegen sich zu verkriechen.
Wie wäre es wohl, wenn sich plötzlich alle Kranken- und Irrenhäuser leerten: Könnte man den Anblick der Verstümmelungen, der Sterbensblässe, der Hoffnungslosigkeit ertragen? Könnte man das schrille Mißgetön der lallenden und irren Stimmen, die Schreie der vom Verfolgungswahn und allerlei Besessenheit Gepeinigten hören?
Diese Elenden und Beladenen sind nun alle hier um Jesus versammelt, denn Jesus zieht in sehr geheimnisvoller Weise das Elend an. Er zieht die Sünder und die Leidtragenden wie ein Magnet aus ihren Schlupfwinkeln hervor. Das rührt wohl daher, daß die Menschen dieser Gestalt etwas abspüren, was sie bei keinem anderen Menschen bemerken.
Einmal sehen sie (und sehen wir alle), daß er unter uns steht, wie wenn er einer der Unsrigen wäre; er hält dem Anblick des

Jammers stand. Er macht es nicht so, wie es die einflußreichen „oberen Zehntausend" dieser Welt machen, die sich exklusive Villenviertel errichten, in denen man das Elend der Welt nicht sieht; die von ihrem Konto monatlich einen Betrag überweisen lassen an eine Anstalt des Elends, die aber selbst nicht mit zehn Pferden dahin zu bringen wären, wohin sie ihr fühlloses Geld lieber alleine gehen lassen. Sie haben Furcht davor, mit dem Herzen oder auch nur mit den Nerven dem allem ausgesetzt zu sein; sie fürchten, daß ihre Perserteppiche unter ihren Füßen zu brennen beginnen und sie keine Freude mehr an ihnen haben könnten; sie sorgen, daß ihre Kronleuchter jene Nacht nicht mehr aus ihren Augen hinwegzuleuchten vermöchten, in die sie da blicken müßten.

So wissen es die Menschen dem Heilande Dank, daß er in ihre Elendsquartiere kommt und daß er die Augen nicht schließt, wenn der große Heerbann der vom Leid Überschatteten an ihm vorbeidefiliert.

Aber zugleich sehen sie das andere an ihm, das noch viel unbegreiflicher und in seinem Zusammenhang mit jener ersten Beobachtung geradezu unfaßlich ist: daß die Mächte der Schuld und des Leides ihm nichts anhaben können und geheimnisvoll vor ihm zurückweichen müssen. Zwar ist sein Herz in der Wüste ebenfalls unter höllischen Anfechtungen erschauert, denn er wollte ja das Herz eines Menschen haben, dem das Menschliche in all seiner Versuchung und Angst nicht fremd ist; aber die düstere Macht mußte geschlagen werden und, ohne das mindeste ausgerichtet zu haben, den Schauplatz verlassen. Und genau so war es am Kreuz. Auch da ist er von physischem Schmerz und von der Angst der Gottesferne förmlich umkrallt; aber wiederum sprengt sein Geist die tödliche Umzingelung und findet den Weg zu den Händen des Vaters.

So suchen sie denn alle seine Nähe auf. Sie blicken mit inbrünstiger Sehnsucht auf seine Hände, die so wohltun können und im Segnen und Heilen nicht müde werden.

Aber jetzt ruhen die Hände. Nun hat er Platz genommen und tut seinen Mund auf.
Ob sie nun nicht ein wenig oder auch sehr enttäuscht sind? Das „Praktische Christentum der Tat" will man sich gerne gefallen lassen. Man läßt sich gerne von ihm den Hunger stillen und die Wunden verbinden und die wahnsinnige Angst von der Seele nehmen.
Aber nun tut er den Mund auf. Warum geht er zum Reden über, wo das Elend nach Taten schreit? Jetzt kommt wohl die Theorie und die Lehre, denken die Menschen, von der man nicht satt und gesund wird, die einem den wärmenden Ofen nicht ersetzt, den toten Sohn nicht wiedergibt und die bange Leere der Zukunft nicht ausfüllt.
Ja, noch mehr: Jetzt macht er einen durch seine Worte vielleicht nur noch kränker. — Hat man das nicht immer wieder feststellen wollen? Die Werke der praktischen Nächstenliebe in Ehren! Aber hat die »Lehre«, hat das »Dogma« des Christentums nicht Elend über Elend gebracht? Hat es nicht in einem fort Scheidungen und Gräben zwischen die Menschen gelegt? Hat es nicht Gemeinschaften auseinandergebrochen, Kriege entfesselt, die Gewissen beunruhigt und den Frieden von der Seele genommen?
So denken die Menschen auch jetzt: Was wird der schon zu *sagen* haben?
Wahrscheinlich das, was doch bereits alle wissen: daß sich in dem Jammer und in dem Leid, das da vor ihm versammelt ist, ein *Gericht* zeigt; daß die Schöpfung *verdorben* ist und so weiter. O wir kennen dies alte Lied der Prediger!
Höchstens wird er zur Buße rufen, wie das letzthin Johannes der Täufer tat. Er wird mit einer schmerzenden Monotonie immer nur das eine zu sagen wissen: daß die Axt den Bäumen an die Wurzel gelegt ist und daß das Jüngste Gericht nicht mehr lange auf sich warten läßt.
Die Menschen, die um Jesus versammelt sind, wissen es oder meinen es doch zu wissen, was nun kommen muß, als Jesus den

Mund auftut: die Kriegserklärung Gottes an die Menschen und die Anprangerung der Schuld, die peinvolle und peinliche Durchleuchtung der innersten Gedanken, an denen Gott keine Freude haben kann.
In diesem Geleise fahren die Prediger ja gerne. Man kennt das. Die Menschen wissen genau, was kommt. Das allein schon ist sehr peinlich und ermüdend. Sie werden auch nichts *dagegen* sagen können, weil der Bußprediger von Nazareth sicherlich recht hat. Das ist noch peinlicher und beklemmender. So kommt man nicht weiter. Das Negative hilft einem nicht, auch wenn es wahr ist.

Und so tut denn Jesus seinen Mund auf, und es geschieht etwas völlig Unerwartetes, das die Menschen zu einer an Entsetzen grenzenden Verwunderung treibt und sie auch nach vollendeter Rede noch lange im Banne hält und nicht zur Ruhe kommen läßt. Jesus sagt nämlich ein vielfaches »Selig seid ihr« zu denen, die da in Leid und Jammer und Schuld um ihn versammelt sind. Die Bergpredigt schließt mit der Bemerkung, daß die Menschen sich entsetzt hätten, obwohl es doch eine Rede der Gnade war. Aber so geht es ja immer wieder, wo Gott seine große Güte enthüllt. Sie ist gleichsam so übergroß und alle menschlichen Dimensionen und Vorstellungen überbietend und durchbrechend, daß man sie nicht zu fassen weiß und zunächst in einer Fassungslosigkeit, die völlig hilflos ist, vor ihr stehenbleibt. Auch die Hirten der Weihnacht können das große Licht, das nun die Finsternis über dem Erdreich durchbrochen hat, zunächst nicht bejubeln, sondern können nur angstvoll in die Knie sinken und in Deckung gehen.

Wenn aber Jesus Buße predigt und wenn er über Jerusalem weint, das nicht erkennen will zu dieser seiner Zeit, was zu seinem Frieden dient, dann tut er das mit einer von Tränen fast erstickten Stimme. Wie kommt selbst die kräftige und unsentimentale Sprache der Bibel dazu, hier von Tränen zu reden? Jesus weint nicht nur deshalb, weil es *sein* Volk ist, das da dem Abgrund so unabwendbar entgegenwankt, sondern er weint deshalb, weil er um die Macht der Verführung weiß, weil er das bedrohliche Geheimnis des Teufels kennt, der auch die moralisch Intakten, die Braven und Anständigen beim Kragen nimmt, und zwar in einer Weise und mit einer Art des Zugriffs, daß die Betroffenen selbst (wenn sie nicht die Gabe der Geisterscheidung besitzen) zunächst keine Ahnung haben von der schiefen Ebene, auf die sie da mit allen Ränken und Künsten getrieben werden.

Das ist doch das schreckliche Geheimnis der schrecklichen zwölf Jahre, daß wir es mit dieser dunklen Macht zu tun hatten, in welcher der Teufel sich als ein Meister der Listen und Tarnungen erwies. Er hat ja auch in den hinter uns liegenden Jahren nicht an die *niedrigen* Instinkte unseres Volkes appelliert, sondern er hat den Opfermut und die »Einsatzbereitschaft« aufgerufen. Er hat die Jugend bei ihrem Idealismus und ihrer Vaterlandsliebe gefaßt und hat wirklich als ein Engel des Lichts und in diabolischem Spiel mit den besten Eigenschaften unseres Volkes seine dunklen Geschäfte getrieben.

Nur deshalb, weil Jesus um die Macht der Verführung weiß und weil er um die Verführten trauert, kann es dahin kommen, daß er unserem Herzen die innerste Bereitschaft abgewinnt, aus *seiner* Hand das Gericht *anzunehmen.*

Das ist sehr verwunderlich. Denn kann es ein härteres Gericht geben als das Kreuz von Golgatha, um das nicht nur Henkersknechte und sadistisch aufgepeitschte Massen, sondern auch die besten und moralischsten Exemplare der Menschheit versammelt sind? Und sie alle miteinander bilden doch den gleichen Sprechchor, in dem ihr Größenwahn, ihre Eitelkeit und ihr schlechtes Gewissen sich so erschütternden Ausdruck geben. Wir alle sind ja in dieser entfesselten Menge um das Kreuz vertreten. »Ich hab' es selbst verschuldet, was du getragen hast.«

Und doch nehmen wir sein Gericht von dem Golgathakreuz her

an. Einfach, weil wir spüren, daß hier einer für *die* stirbt, die er verklagen müßte, daß hier einer mit seinem Leben für *die* bezahlt, die das Leben verwirkt haben, daß sich hier einer mit seinem Fleisch und Blut und also in einer letzten Kameradschaft mit uns allen den Mächten gestellt hat, die uns selber peinigen und verführen wollten.

Die schweren Gerichtsworte, welche die Bergpredigt gegen uns alle schleudert, wenn sie die tiefsten Geheimnisse und Triebe unseres Herzens schonungslos entlarvt, sind eben gesprochen von einem Heiland, der uns mitten im Gerichte das »Selig« zuruft; der uns nicht nur das »Wehe« entgegenschleudert, sondern uns ins Vaterhaus einlädt. Sie sind von einem Heiland gesprochen, dessen Hand nicht zu einer zerschmetternden und zurückstoßenden Faust geballt ist, sondern zur Gebärde des Segnens geöffnet ist und im Segnen die Wundmale sehen läßt, die sie um unsertwillen empfing.

Das führt uns zu dem zweiten Punkte, an dem uns der ganze Abstand zwischen den Gerichten Gottes und der Art und Weise deutlich wird, wie wir Menschen zu richten, abzuurteilen und »fertigzumachen« pflegen.

Durch Gericht und Strafe ist noch nie ein Mensch gesund geworden. Das nur Negative macht uns immer bloß krank. Was hilft es, wenn wir mitten im Gericht und in der Vergeltung, die uns widerfährt, sagen müssen: »Es geschieht dir ganz recht; du darfst im Grunde nicht aufmucken, denn du hast dir die Suppe ja selber eingebrockt, die du nun auslöffeln mußt?«

Ich frage: Was hülfe uns diese Einsicht in das Gericht? Offenbar gar nichts! Sie stürzt uns nur tiefer in die Ausweglosigkeit und in die innere Lähmung und schürt in nicht wenigen den grauenvollen und sündhaften Wunsch, gewaltsam Schluß zu machen.

Das Gericht selbst hilft gar nichts, wenn es das Letzte ist. Darum ist Gott auch nie nur der Richter, sondern mitten im Gericht und mitten in der beruflichen, persönlichen und familiären Katastrophe der heimsuchende, der nach Hause suchende Gott, der »Heiland«, der Erneuernde. Gott ist immer positiv, auch in dem Ärgsten, was er an Gericht und Schrecken zulassen muß und auf unser Haupt kommen läßt.

So sind die Seligpreisungen zu verstehen: als eine Hand, die mitten in unser Leid, in unsere Sorgen gereckt ist und die uns deutlich macht, daß Gott noch etwas mit uns vorhat und uns zu Zielen führen will, daß uns die Augen davon übergehen werden. Gott bleibt nie bei unserer Vergangenheit stehen, obwohl er uns nichts durchgehen läßt und den schmerzenden Finger auf unsere ärgsten Wunden legt. Er ist immer der Herr, dem es um unsere Zukunft geht und der uns Rettungswege bahnt und zu seinen Zielen führen will.

Damit wir dieses Positive im Gericht wirklich ermessen lernen und uns darüber freuen und in aller Not und Qual uns darnach strecken können, müssen wir uns vor zwei Mißverständnissen hüten.

Einmal: Wir alle kennen das Wort Goethes: »Selig, wer sich vor der Welt ohne Haß verschließt ...« Jeder von uns weiß aus den harten und verzweifelten, aus den angstgepeinigten und aussichtslosen Stunden seines Lebens Augenblicke, in denen er auf den Flügeln des Traumes in Bezirke zu entkommen suchte, wo er noch das »sanfte Gesetz« Adalbert Stifters zu finden hoffte. Die Alten mögen in solchen Stunden von ihrer Jugendzeit träumen, in der es anders war, und die Jungen von einer Zukunft, in der es anders sein wird. Aber ist das echte Seligkeit? Ist das nicht bloß eine Morphiumspritze, die uns süchtig und untüchtig macht und nur noch hilfloser in die harten Räume zurückstößt?

Jesus sagt uns etwas ganz anderes, wenn er sein vielfaches »Selig« ausspricht. Denn er bezieht seinen Ruf doch gerade auf die, die *im* Schlamassel sitzen, auf die Armen, auf die, die an ihrer eigenen Ungenüge und ihrem Versagen leiden, auf die Schuldigen, die Trauernden, die Verfolgten, die in Hunger und Durst sich Verzehrenden. Warum preist er ausgerechnet diese selig? Kann darin nicht grausame Ironie liegen? Was würde mir jetzt jemand sagen, dem gestern der Arzt die Eröffnung machte, daß er an Krebs leide? Was würde mir eine Frau sagen, die von ihrem Manne betrogen wird und ihre Ehe zerbrechen sieht? Oder eine Mutter, die ihr Kind auf einem falschen, verhängnisvollen Wege sieht? Oder ein junger Mann, der in verzweifelter Einsamkeit irgendwo in einer Großstadt in Untermiete wohnt und sich totfriert?

Ist es nicht blutiger Hohn, diese alle selig zu preisen, — sei es im Sinne Goethes oder auch im Sinne Jesu von Nazareth?

Aber nun hört dies:

Man darf bei den Seligpreisungen Jesu nicht von *dem* absehen, der sie sprach, und darf sie nicht als Sätze einer allgemeinen Lebensweisheit werten, die an ihrem eigenen Wahrheitsgehalte zu messen wären.

Jesus weist geheimnisvoll bei all diesen Worten auf sich selbst. Und wenn wir sie heute aus dem Munde dessen vernehmen, der zur Rechten der Kraft erhöht ist und aus der Glorie seiner Ewigkeit auf uns herniedersieht, dann wollen sie uns sagen: »Zunächst seid ihr Elenden und Verängstigten ganz einfach deshalb selig zu preisen, weil ich mitten unter euch bin. Ihr klagt darüber, daß ihr leiden müßt? Seht, ich selbst habe in dem, was ich litt, das Eigentliche meiner Sendung gefunden und Gehorsam gelernt. Ihr klagt, daß ihr bittere Kelche trinken müßt? Seht, ich selbst habe bei dem schrecklichsten Getränk, mit dem je ein Mensch fertig werden mußte, sagen gelernt: ›Nicht mein, sondern dein Wille geschehe.‹ So habe ich im bedingungslosen Ja zum Willen meines Vaters Frieden gefunden. Ihr klagt, daß euch das Antlitz Gottes in alledem verschwunden ist, daß ihr nichts von ihm spürt und so grausam allein gelassen seid? Seht, auch bei *mir* hat sich das Gefühl der Gottverlassenheit in einem entsetzlichen Aufschrei entladen, und die Sonne hat ihren Schein verloren, weil sie den Grad dieser Verlassenheit nicht mehr mit ansehen konnte.

Aber während mein gequälter Leib sich gerne hätte fallen lassen, doch von den brennenden Nägeln gehalten wurde und nicht fallen konnte, war die Hand des Vaters auf einmal unter mir gebreitet, um mich aufzufangen und meinen Geist der Qual zu entführen.
Begreift ihr das, ihr, meine Brüder und Schwestern? Das ist die erste Seligkeit, daß *ich* so mitten unter euch bin, und daß ich euch, indem ihr meine Schmerzen leidet, auch zu meinen Erfüllungen und Seligkeiten führen will.«
Und dann der *andere* Grund für die Seligkeit:
Wir sollen doch nicht denken, Jesus wolle uns ein paar Lebensweisheiten zurufen; er wolle vom Segen des Leidens und der Armut sprechen und uns damit trösten, daß man durch das Leiden reifer werde. Jesus weiß viel zu gut, daß es auch anders kommen kann; daß man darunter zerbrechen, daß man statt ins Gebet, ins Fluchen getrieben werden kann und daß das Letzte vielleicht eine zermürbende Klage und Anklage ist.
Nein, indem *er* da ist, indem er mitten unter uns steht, kommt er nicht als Lehrer, sondern als Heiland. Da hören wir nicht nur Worte, Worte, Worte, sondern da *geschieht* etwas mit uns.
Denn nun haben wir die mit Blut besiegelte und durch das Leiden des Heilands geheiligte Unterschrift, daß uns der Himmel geöffnet ist, selbst wenn alles um uns her verschlossen sein sollte, wenn es keinen Aufstieg, keine Zukunft, keine Ausgelassenheit und kein Lachen mehr in unserem Leben geben sollte. Wir haben die Unterschrift, daß denen, die Gott lieben, *alle* Dinge zum Besten dienen müssen, und daß nun (aber wirklich nur deshalb, weil eine Unterschrift in Kraft ist) gerade die leeren Hände gesegnet sein sollen, weil sie alle menschlichen Inhalte und Tröstungen längst verloren haben; daß die ärgsten Sünder getröstet werden sollen, weil ihnen auch die letzte Illusion einer eigenen Geltung genommen ist, und weil nun Gott erst zu seinem Zuge kommen kann; daß die, die nichts mehr in Händen haben, nun erfahren sollen, wie beschämend der Vater ihnen *alles* ist und wie

unerhört gewiß man an der Hand Gottes in die Ungewißheit des nächsten Tages schreiten kann. Wir haben die vom Leiden Christi besiegelte Unterschrift, daß nun die planlos und ziellos Umherirrenden von lauter fröhlichen Überraschungen förmlich umgeben sind, weil sie erfahren sollen (unter der *einen* Bedingung, daß sie es Gott wirklich zuzutrauen wagen), wie unglaublich pünktlich Gott mit seiner Rettung zur Stelle ist, einfach *da* ist. Wie er uns einen Menschen schickt, an dem wir uns aufrichten können, wie er uns ein Wort auffangen läßt (das nicht einmal in der Bibel zu stehen braucht), an das wir uns klammern können. Wie er uns das Geld ins Haus und das Brot auf den Tisch bringt, und wie er in der Stunde unserer größten Traurigkeit vielleicht das Lächeln eines kleinen Kindes schickt.
Wer es wagen würde, so im Namen dieses Wunders, im Namen dieses geöffneten Himmels zu leben, der würde die Herrlichkeit Gottes, der würde in den dunkelsten Schluchten seines Lebens die tröstenden Sterne Gottes über sich leuchten sehen und mit dem fröhlichen Sinn eines Kindes auf den nächsten Morgen warten, an dem der Vater mit seinen Überraschungen aufwartet.
Denn Gott ist immer positiv und macht alles neu; und die erleuchteten Fenster des Vaterhauses scheinen hell in die Fremde, in der wir unglücklich sind.
Selig seid ihr — nicht weil euch die Fremde den heimlichen Traum von der Heimat und der besseren Zeit nicht nehmen kann, sondern selig seid ihr *deshalb* zu preisen, weil wahr und wahrhaftig die Tür offen steht und der Vater die Hand nach euch reckt — solange der Eine unter uns steht, der im Namen des Vaters gekommen ist und das »Selig seid ihr . . .« verkündet, ja noch mehr: es vollbringt.

DIE ERSTE RATE GLÜCK

Selig sind, die um Gerechtigkeit willen verfolgt werden; denn das Himmelreich ist ihr.
Selig seid ihr, wenn euch die Menschen um meinetwillen schmähen und verfolgen und reden allerlei Übles wider euch, so sie daran lügen.
Seid fröhlich und getrost; es wird euch im Himmel wohl belohnt werden. Denn also haben sie verfolgt die Propheten, die vor euch gewesen sind.

MATTHÄUS 5, 10—12

Es gibt in uns allen keinen stärkeren Trieb als die Sehnsucht nach dem Glück. Er ist so stark, daß wir in dem gleichen Augenblick, wo wir an einem beglückenden Ziel angekommen sind, sofort wieder nach neuen Gestalten des Glücks Ausschau halten. Kaum hat Faust sein Begehren erfüllt und befriedigt, heißt es schon wieder ». . . und im Genuß verschmacht' ich nach Begierde«. So wechselt das Glück beständig seine Gestalt und ist dem Menschen immer um einige Nasenlängen voraus. Für die einen liegt es im Geldverdienen und Erfolg; für die anderen besteht es in der sachlichen Befriedigung, die ihnen die Erfüllung ihrer Aufgaben gewährt; für die dritten liegt es in der Behaglichkeit des eigenen Herdes und im Frieden des Daheimseins. Aber in irgendeiner Gestalt suchen sie es alle.

Und weil es sich hier um die innerste Sehnsucht des Menschen handelt, versuchen auch alle, die herrschen und abgöttisch geliebt sein wollen, das Glück an ihre Fahnen zu binden. Sie wissen ganz genau, daß sie sehr schnell zum alten Eisen oder auf den Schindanger geworfen werden, wenn ihnen das Glück versagt bleibt. Von bloßen Ideen und vom besten Wollen wird man nicht satt, davon wird dieser stärkste Trieb und diese heimliche Sehnsucht nach dem Glück nicht befriedigt. Darum haben keineswegs nur die eiskalten Machiavelli-Naturen, sondern auch die größten Idealisten unter den Politikern (wenn sie denn schon in dunkler und glückloser Stunde ihre Bahn beginnen müssen und wenn sie nur Ansprüche zu stellen, aber nichts zu geben haben) das Glück zumindest für die *Zukunft* versprochen.

Man muß sich nur einmal diesen starren Lauf der Welt in ihren uralten Gleisen, man muß sich nur einmal ihre traditionelle Wegfahrt nach dem Glück klarmachen, um sofort zu ermessen, wie völlig neu und total anders die Lebensgesetze sind, denen uns Jesus unterstellt.

Ich möchte ganz einfach einmal die Frage stellen, ob jemand aus der Geschichte ein Beispiel weiß oder ob er in der Gegenwart etwas auch nur entfernt Ähnliches erlebt hat, wie das ist, was Jesus hier seinen Jüngern sagt; daß nämlich einer zu sagen wagt: Ich habe euch, menschlich gesprochen, nichts zu bieten als Feindschaft der Welt und Dämonengeheul; ich setze euch nicht auf Ministersessel, sondern ich gebe euch der öffentlichen Verachtung preis; ich sende euch (ist das nicht grotesk oder ist es nicht vielmehr wahnwitzig?!) wie Schafe mitten unter die Wölfe. Und daß er dann nicht etwa fortfährt: Wenn ihr euch aber dann durchgepaukt habt, werdet ihr die Früchte eurer Arbeit ernten; die Welt wird euch endlich huldigend umringen und wird euch Hymnen entgegensingen, die auf den Ton gestimmt sind: »Und ihr habt doch gesiegt«.

Statt dessen sagt Jesus: Ihr werdet über den Stand des Verfolgt- und Angefochtenseins nicht hinauskommen; der Knecht wird nicht über seinem Herrn sein, und zwar bis zu jener Stunde nicht, da ich wiederkomme. Es mag zwar gewisse Konjunkturzeiten geben — und warum sollte nicht auch das Christentum einmal Mode sein, es sind ja schon ganz andere Dinge der letzte Schrei gewesen! —, da mag man euch »Hosianna« zurufen, aber wartet nur, wartet nur eine kleine Weile, die Schreie »Kreuzige« und »Barabbas« werden auf dem Fuße folgen.

Des Menschen Sohn hat nicht, da er sein Haupt hinlegt, und auch von euch wird es gelten: Wir haben hier keine bleibende Statt. Das braucht nicht gerade eine Emigration zu bedeuten. Aber ob es nun die leicht-spöttische Duldung ist, mit der man in irgendeiner Gaststätte euer Tischgebet beobachtet oder beim Kirchgang den leuchtenden Goldschnitt eures Gesangbuches zur Kenntnis nimmt, oder ob euch ein politisches System im Großen den Fehdehandschuh hinwirft, glaubt mir, es wird für alle Zeiten dafür gesorgt werden, daß ihr von einer Atmosphäre der Heimatlosigkeit umgeben seid.

Ist das nicht eine so schauerliche Voraussicht, daß man sich allen Ernstes fragen muß, wie es Jesus gelingen konnte, angesichts dieser Devise Jünger zu gewinnen? Und wirkt es angesichts der Marterungen des Leibes und der Seele, denen sie dann tatsächlich ausgesetzt waren, nicht wie blutiger Hohn, wenn Jesus hinzusetzt: Freut euch und frohlockt! Wahrlich, wenn das kein Hohn ist (und das kann ja nicht gut so sein), dann müssen hier große Geheimnisse verborgen liegen.

Haben wir in den Verfolgungszeiten der Kirche nicht alle ein wenig oder auch viel von diesem dunklen und zugleich beglückenden Geheimnis gespürt? Was hat uns denn in den dunkelsten Jahren getröstet und wird uns, wenn die Verfolger aufs neue ins Jagdhorn stoßen werden, auch hoffentlich wiederum trösten? Waren es etwa die albernen oder doch sehr vordergründigen Redensarten: »Man darf die Hoffnung nicht aufgeben«, oder: »Lügen haben kurze Beine«, oder: »Gestrenge Herren regieren nicht lange«? Oder wurden wir etwa ruhiger, wenn wir uns vorstellten, wie das Jüngste Gericht mit unseren Spöttern »schlittenfahren« würde? War es nicht etwas ganz anderes, das uns wieder auf die Beine stellte und unseren Blick wieder froh machte? War es nicht gerade ein Wort wie dieses, daß wir in alledem nichts anderes duldeten als das heilige Leiden des Herrn selber und daß wir also, indem wir sein Kreuz trugen, seiner Gemeinschaft gewürdigt wurden? Und zwar in einer Weise gewürdigt wurden, wie sie keine geistliche Übung und keine fromme Erbauung uns je zu schenken vermochte? Sind wir nicht darum alle, die wir mit Jesus gelitten haben, zugleich in der unerhörtesten Weise beschenkt gewesen, so wie wir es nie zu träumen wagten und uns vorher auch in der »Theorie« nie zusammenreimen konnten? Und hat diese Tatsache, daß das Kreuztragen so voll verborgener Seligkeiten ist, die Welt nicht immer wieder fassungslos vor dem Schauspiel stehen lassen, daß die Christen in der Arena des Nero oder auf den Guillotinen oder in den Konzentrationslagern nicht nur die Zähne zusammenbeißen, sondern auch Lobgesänge zum Himmel schicken konnten? Daß sie sich nicht einfach »flach legten«, sondern vielmehr die Häupter erhoben, darum, daß sich ihre Erlösung nahte, und weil sie wußten, wer ihnen von der anderen Seite ihrer Qual entgegenkam?

Wie kommt es dann zu dieser sehr geheimnisvollen Seligkeit? Denn daß es die Wollust des Leidens gewesen wäre oder eine krankhafte Todessehnsucht, kann uns doch niemand glauben machen. Sie waren doch Menschen gleich wie wir; sie liebten die Sonne und das Leben gleich wie wir; sie hatten geliebte Menschen zu verlassen genau wie wir, und auch *ihre* Brust war im Ahnen kommender Frühlinge oder in der reifen Schönheit des Sommers von einem Strom der Freude durchzogen. Wo sitzt dieses Geheimnis der Leidensseligkeit?

Den einen Grund nannte ich schon: daß allen, die um Jesu willen gelitten haben, ein Anteil an dem Leiden ihres *Herrn* geschenkt wurde. Man wird geradezu folgendes Gesetz des Reiches Gottes feststellen können: Wer irgendwo den Zipfel seines Gewandes erhascht, wer nur ein bißchen und irgendwo die Schmach des Heilands ergreift, dem schenkt er sich ganz — genau wie jenem blutflüssigen Weib, das ihn nur anrührte und das er dann seine ganze Herrlichkeit spüren ließ.

Wir alle möchten ja Jesus gerne »erleben« und verstehen die Frage der Griechen sehr gut: »Wir möchten Jesus gerne sehen«. Darum sind wir geneigt, auf ein Wunder zu warten, ein sehr tiefgreifendes und aufwühlendes Bekehrungserlebnis herbeizusehnen und das Walten des Geistes gleichsam mit unseren Nerven zu spüren und nach heiligen Stimmungen zu fahnden. Aber das alles, selbst wenn es uns geschenkt würde, muß wieder verwehen wie Schall und Rauch. Doch wer ihn *hier* ergreift, an einem Zipfel seiner Schmach; wer sich einem Verachteten gesellt, der doch der Bruder des Heilands ist; wer den Lärm der Spötter oder das blasierte Hochziehen der Augenbrauen fröhlich erträgt, wenn er bekennend seinen Mann steht; oder wer einmal mit Furcht und Zittern und doch in lächelndem Vertrauen alles um seines Herrn willen aufs Spiel setzt, der bekommt ihn ganz, auch in seinen Seligkeiten, und der merkt, daß er nicht nur unter dem Kreuz steht, sondern auch in einem Grabe liegt, von dem der versperrende Deckstein nur so hinweggefegt wird, weil er es mit dem Sieger und Fürsten des Lebens zu tun hat.

Noch ein anderer Trost liegt darin, daß Jesus den Seinen das Leiden verheißt. Denn indem wir dies alles in seinen Worten geweissagt finden, dürfen wir wissen: das Leiden ist auf keinen Fall programmwidrig. Was auch an Grauen uns umgeben mag, dies alles kann unserem Herrn die Pläne nicht durchkreuzen, sondern das alles liegt gerade im Zug seiner Pläne. Wir machen ja immer wieder die Erfahrung, daß nicht das Leiden selbst das Schlimmste zu sein pflegt, sondern die Sinnlosigkeit. Das Schlimmste während der Leidensgeschichte des Herrn bestand für die Jünger nicht darin, daß sie selber Verfolgung und Marter vor Augen sahen, sondern daß diese am eigenen Leib zu erfahrende Folter und Marterung plötzlich sinnlos geworden und entwertet zu sein schien. Wenn der Messias im Bankrott endete, was hatte es dann noch für Sinn, auch nur *einen* Blutstropfen für eine verlorene Sache zu vergießen? Darum sind sie ja von Golgatha weggeflohen, nur darum. Es war nicht Feigheit, sondern Verzweiflung; es war nicht die Drohung des Leidens, sondern die Bannung durch die Sinnlosigkeit des Leidens.

Gerade wenn wir uns das verdeutlichen, wird der Trostgehalt unseres Textes sichtbar: Das Leiden sabotiert nicht die Pläne Gottes, das Leiden widerspricht auch nicht den Verheißungen unseres Herrn, sondern es ist von ihm einkalkuliert und ist tiefste Wirklichkeit des Reiches Gottes. Nur durch Leiden können wir zur Herrlichkeit eingehen; ja noch mehr: nur im Leiden werden wir der Herrlichkeit Gottes innewerden, weil es ihm gefällt, sich aus der Tiefe anrufen zu lassen und seinen eingeborenen Sohn in die Tiefe zu senden.

Aber es steckt noch Tieferes in dieser Weissagung an die Jünger, daß sie leiden müßten. Wenn Jesus das Leiden voraussagt, geschieht ja viel mehr als nur eine »Prognose«, als eine bloße Prophezeiung. Auch darin ist Jesus wieder ganz anders als die Menschen. Wenn ein Arzt zu mir sagt: »Sie haben nur noch so und so lange zu leben«, dann kann er das verhältnismäßig ruhig sagen, denn sein eigenes Schicksal ist ja unberührt davon. Aber wenn *Jesus* das sagt, spüren wir noch etwas anderes: Wenn er von Kriegen und Kriegsgeschrei spricht, wenn er das Kommen der Wölfe voraussagt, die in die Herde brechen werden, wenn er uns der Gefahr ins Auge blicken läßt, daß die Liebe auch in den Treuen erkaltet, und wenn der ganze Jammer der Welt von den Bombennächten bis zur Einsamkeit der Hinterbliebenen in seinen Worten vor unser Auge gerufen wird, dann ist dieses Leid der Welt, das sie so bis zum Jüngsten Tage erdulden muß, vor seinem Blick gleichsam perspektivisch zusammengezogen, ganz ähnlich wie ein Raum im Fernrohr zusammengerafft wird; dann erleidet er dieses Bild und dieses Schicksal in der eigenen Seele.

Und dies ist nun der andere Trost: Es kann uns nichts treffen, was nicht das Auge des Heilandes gesehen und sein Herz mitverwundet hat. Im Auge und in der Seele des Heilandes ist das alles einmal gegenwärtig gewesen und bleibt es in ewiger Gegenwart stehen; versteht ihr: *alles* das, wohin ich jetzt so schmerzvoll gerufen bin.

Von da aus haben wir uns zugleich einen Zugang erarbeitet zu dem, was in der Bergpredigt mit dem Worte gemeint ist: »Der Lohn wird groß sein im Himmel«.

Zunächst empfinden wir bei diesem Wort gewisse Hemmungen, und vielleicht bäumt sich sogar etwas heftig dagegen auf. Wissen wir nicht, daß man eine Sache »um ihrer selbst willen« tun muß und also nicht nach dem Lohne schielen darf?

Aber nun steht es wohl fest, daß keine Überzeugung, auch nicht die gerade genannte konsequent-ethische Überzeugung, ohne den Lohngedanken auskommt. Auch sie weiß ja etwas von der Befriedigung und von dem Glück, die darin liegen können, daß man eine Sache um ihrer selbst willen tut: »Die erfüllte Pflicht trägt den Lohn in sich selbst.« Wir mögen uns also drehen und wenden, wie wir wollen, der Lohngesichtspunkt ist nicht auszuschalten, und zwar einfach deshalb nicht, weil das Wort »Lohn« ja nicht eine äußere oder innere Bezahlung in materiellen oder ideellen Werten, in Geld oder Orden bedeutet, sondern weil der Lohnbegriff sozusagen eine maßstäbliche Bedeutung hat, um den Wert eines Handelns auszudrücken und zu besagen, in welchem Maße Gott Freude daran haben kann[1].

Und nun gibt Jesus uns zu verstehen: Dieser Lohn, den euer christliches Handeln, euer Opfern, Beten, Glauben, Bekennen verdient, wird euch von den Menschen zwar in jeder Form streitig gemacht werden; sie werden euch nicht nur jeden handfesten irdischen Lohn zu nehmen versuchen; ihr werdet nicht nur nicht euer Ansehen durch den Glauben erhöht sehen; ihr werdet nicht nur beobachten müssen, daß es den Frommen keineswegs besser geht (die Bombenzeiten haben uns darüber ja sehr realistische Erfahrungen sammeln lassen), sondern ihr werdet oft genug auch den *inneren* Lohn wie Schall und Rauch zergehen sehen. Sehr oft werden Friede und Glaubensfreude auch nach dem mutigsten und eindeutigsten Akt des Bekennens *nicht* bei euch einkehren. Selbst dieser Lohn ist euch *nicht* gewiß. Denn jeder Christ kommt ja einmal an den Punkt, wo ihm die beglückende Selbstverständlichkeit seines Glaubens, wo ihm der Glaube als »Besitz« zwischen den Fingern zerrinnt. Kann nicht die Flut der Trübsal so anschwellen und kann nicht die Ungerechtigkeit in der Welt so überhandnehmen, daß auch der Fromme von der Frage gequält wird (und zwar auch dann und gerade dann von der Frage gequält wird, wenn er sich für seine Person, so weit und so konsequent es geht, aus der Bosheit und Ungerechtigkeit heraushält): Wie kann Gott das zulassen? Kann es nicht sein und muß es nicht in manchen Zeiten sogar so sein, daß er seine Liebe erkalten spürt? Selbst in der Verfolgung um des Glaubens willen treten immer wieder solche Anfechtungen hervor, obwohl

---

[1] Weiteres zum Lohngedanken siehe im Abschnitt »Die Rentabilität des Glaubens«.

wir doch meinen sollten, daß die echten Märtyrer einfach den Lohn des inneren Friedens (oder weniger pathetisch gesprochen) die Befriedigung über ihre gute Tat genießen dürften.

Wir brauchen nicht gerade im Konzentrationslager gesessen zu haben, um das zu erfahren. Wir brauchen nur dem kalten Zynismus eines Spötters oder einem immer wiederkehrenden selbstsicheren Achselzucken in unserer Umgebung ausgesetzt gewesen zu sein, damit uns die alte Anfechtung der Gläubigen zu schaffen machte, warum es den Gottlosen so gut geht. Die völlige Sicherheit eines betont gottlosen Menschen, die Beobachtung zum Beispiel, daß ihn unser Zeugnis nicht einmal zum Widerspruch reizt, sondern daß es für ihn einfach Luft ist (man bedenke, daß das für ihn Luft ist und daß das sich als nicht existent von ihm behandeln läßt, von dem unser Glaube aussagt, daß es auch *sein* Schicksal in Zeit und Ewigkeit bestimmt) — das ist sehr oft geeignet, uns nicht nur auf die Nerven, sondern auch auf den Glauben zu gehen und den auf sich selbst beruhenden Lohn des »christlichen Lebens« zu zerfressen. Kommt nicht in diesem Sinne auch für alle Märtyrer, für alle hinter Gittern oder durch den Bann der Gottlosen Gefangenen der Augenblick, wo sie mit Johannes fragen müssen: »Bist du, der da kommen soll, oder sollen wir eines anderen warten?«; der Augenblick, wo wir es trotz allem Wissen um das Kreuz einfach nicht mehr verkraften, daß *beides* gilt: die Herrschaft der Gottlosigkeit in der Welt, die Sicherheit der Nonchalance — und jene königliche Gestalt, der alle Gewalt gegeben ist?

Für alle, die um Jesu willen gelitten haben, ist der Lohn ihrer sogenannten guten Tat auch noch in anderer Hinsicht illusorisch. Sie werden immer wieder gequält durch den Gedanken, ob sie ihren Herrn denn auch *recht* bekannt, ob sie ihn nicht blamiert haben und ob sie es nicht auf andere Weise besser hätten machen können und ob sie in diesem einen Falle, der sie dann ins Leiden führte, nicht vielleicht lieber hätten schweigen sollen; ob es nicht klüger und in einem geistlichen Sinn diesmal weiser gewesen wäre, wenn sie *so* gehandelt hätten. Eine Ahnung davon, daß unser Tun umsonst ist »auch in dem besten Leben« und daß selbst in unserem bekennenden, glaubenden Tun noch sehr viel Menschliches ist, daß Rechthaberei, falsches Pathos, daß der Wille zum Röllchenspielen und vielleicht sogar das eitle Angeln nach der Märtyrerkrone darin verborgen stecken kann — diese Ahnung hat die Märtyrer Jesu in Ruhe gelassen, und das durfte wohl auch nicht anders sein: Denn auch und gerade an ihnen muß das fromme Fleisch gerichtet und vom Bannstrahl der göttlichen Gerichte verzehrt werden.

Es ist dafür gesorgt oder besser: *Gott* sorgt dafür, daß wir dieser Unruhe und auch dieser Verzagtheit über das fromme Fleisch und unserem menschlichen, allzu menschlichen Unglauben nicht entrinnen, daß wir immer irre werden an diesem Lohn, den das fromme Werk »in sich selber trägt«.

Wohlgemerkt: »den es in sich *selber* trägt«. Nun müssen wir ganz scharf hinhören: Jesus spricht davon, daß der Lohn derer, die für ihn leiden, groß ist im *Himmel* — und daß er also nicht einfach im Werke selbst liegt.

Was heißt hier »Himmel«? Dieses Wort sagt weder: Die gute Tat lohnt sich in sich selber (das kann sie ja nicht, weil sie immer wieder dem Zweifel und der Anfechtung ausgesetzt ist); noch heißt es: daß sie im Jenseits »bezahlt« würde.

»Himmel« ist vielmehr der Raum, die Sphäre, wo Gottes Herrschaft unbedingt und ungebrochen in Kraft ist. Deshalb lehrt uns Jesus ja auch beten: »Dein Wille geschehe auf Erden wie im Himmel«, um damit anzudeuten: es möchten schon auf dieser mit Opposition gegen Gott geladenen Welt, auf dieser Welt, wo Gottes Wille eben immer wieder nicht geschieht, sondern wo ihm notorisch widersprochen wird, es möchten schon auf dieser Welt Zustände eintreten, in denen Gottes Wille ungebrochen, unverkürzt und kompromißlos geschieht, so wie das eben im Himmel der Fall ist.

Den Herrn bekennen und dafür Lohn im Himmel empfangen,

heißt also, dieser Herrschaft Gottes schon hier teilhaftig werden. Das heißt, daß wir schon hier durch unser Bekennen in einer unerhörten Weise alle trennenden Mauern durchschlagen helfen, so daß Gottes Macht zu uns durchbrechen kann. Unser Bekennen hat eine entbindende Kraft.

Das also ist unser Lohn, daß wir im Bekennen, im *Akt* des Bekennens erfahren dürfen: Nun sind wir nicht Menschen, die mannhaft und mit dem Pathos eines mißverstandenen Luthers dastehen: »Hier stehe ich, ich kann nicht anders«, und die also auf ihre eigene Kraft und Mannhaftigkeit angewiesen wären. Bekennen heißt auch nicht — das wird von hier aus ebenfalls klar —, daß wir wie Eichen unseres Herrgotts dastehen, die sich mit ihren mächtigen Wurzeln in die Erde krallen, wenn die Stürme der Gottlosigkeit, der Anfechtungen, des Spottes durch ihr Geäste fegen. (Was sind wir doch für schwankende Rohre, für glimmende Dochte und für ärmliche und zweifelnde Thomasnaturen, auch wenn uns einige Leute den guten Ruf eines Bekenners oder Gottesstreiters angehängt haben mögen. Wir wollen uns doch nichts vormachen!)

Also das heißt »bekennen« jedenfalls *nicht*, daß wir solche Eichen seien, die da in eigener Macht trotzen; sondern bekennen heißt: die Macht des lebendigen Gottes bezeugen und einfach von der Tatsache ausgehen (wohlgemerkt von der *Tatsache!*), daß diese Macht eine Kraft ist und daß sie die Guten und die Bösen, die Frommen und die Spötter königlich umgreift und daß niemand und nichts ihrem Hoheitsbereich entnommen ist.

Indem ich das aber tue und zu tun wage, geschieht ein *Wunder:* Denn damit ereignet sich nichts Geringeres, als daß ich nun dem Himmel Raum gebe und der Herrschaft Gottes eine Bahn in unser Leben hineinbreche; eben dadurch bekommt mein Bekennen solche entbindende Kraft, dadurch geschieht es nun einfach, daß ich Gott walten lasse und daß ich nur noch sein Instrument sein will. Und indem das geschieht, besser: indem ich das geschehen *lasse*, mache ich Ernst damit, daß »meine Bürgerschaft im Himmel« ist und daß ich hier in einem Namen handle, der über alle Namen ist.

Das ist dann mein unerhörter Lohn: daß ich im Bekennen wirklich in diese Bürgerschaft versetzt werde, daß ich die Kräfte des Himmels entbinde und daß ich selber zurücktreten darf hinter dem Gott, der nun mitten in meinem Bekennen auf den Plan tritt und der nun der rechte Mann ist, der für mich streiten wird.

Das ist wahrlich ein sehr großer Lohn, daß ich mich im Bekennen nicht schützend vor meinen Gott stelle (als ob *ich* Gott schützen könnte!), sondern daß umgekehrt nun *Gott* vor mich tritt und ich also hinter ihm stehe und daß er meine Sache führen wird und daß ich sie ihm getrost anvertrauen darf. Bekennen heißt eigentlich gar nichts anderes, als einfach Gott das Heft in die Hand geben in dem Wissen, daß er es ja tatsächlich in der Hand *hat*.

Das ist mein Lohn, das ist er: so auf einmal ein Mitglied des Himmels zu sein, der hier mit Macht durchbricht und dem ich kleiner und schwächlicher Mensch als Durchbruchsstelle dienen darf, in dessen Dienst ich mich — vielleicht leidend und sterbend und von den Menschen geschändet — verbrauchen darf.

Haben wir das nun nicht tausendfältig erfahren dürfen gerade in den hinter uns liegenden Schreckens- und Verfolgungszeiten? Haben wir es nicht erfahren dürfen, welcher unglaubliche und beglückende Lohn darin steckt, wenn man so Gott einmal für sich handeln läßt, gerade dann, wenn es menschlich gesprochen am aussichtslosesten war? Wie manches Mal ist es mir in der schlimmsten Zeit der Verfolgung so gegangen, daß ich es wagte — und manche, die nicht die Kleinsten im Reiche Gottes sein dürften, haben das ja ganz anders fertiggebracht —, allen Klugheitsrezepten und allem geistlichen und kirchlichen Selbsterhaltungstrieb zum Trotz einmal öffentlich meinen Herrn zu bekennen, wo es vielleicht nicht ungefährlich war und wo man dann fröhlich und fast strahlend sagen durfte: Ich bin hindurch, ich bin hindurch! Nun hat Gott ganz allein die Verantwortung, was daraus werden soll; nun habe ich ihn auf den Plan zitiert, nun habe ich der menschlichen Klugheit die Initiative aus der Hand geschlagen und damit die Bahn für das Handeln, das königliche Handeln Gottes, freigemacht. Und dieser mein Gott kann sich nicht »lumpen« lassen, wo es um *seine* Ehre geht.

Ist das nicht Lohn übergenug, sich mit diesem Bekennen selbst auszuschalten und dann die Seligkeit dessen zu kosten, daß nun Gott selbst sich zu seinem mächtigen Werke erhebt und daß ich mitten auf der Erde, wo die Mächte gegeneinanderprallen und das entsetzliche Kampfgewühl tobt, in den unsagbaren Frieden und den Schutz des Himmels versetzt worden bin, der nun durchbricht und das Panier des Reiches Gottes entrollt?

Wir können hier eine Erfahrung machen, die wir wirklich als Gegenwart des Himmels mitten in unserem Leben, mitten in diesem Äon zu bezeichnen haben, eine Gegenwart, die Jesus an einer anderen Stelle seiner verdutzten Umgebung einmal mit den Worten klarmachte: Das Reich Gottes ist mitten unter euch (Luk. 17, 21). Es ist wirklich schon da, wo er steht, denn mein Herr tritt neben mich, wenn ich meinen Gang gegen Teufel, Schuld und Tod unternehme.

Aber so fröhlich und verheißungsvoll das alles ist, so ist es doch selbst wieder nur die »erste Rate«: Die ganze Seligkeit dieser Gegenwart des Himmels ist selbst nur ein schwächlicher Schatten und eine zeichenhafte Vorausdeutung dessen, was Gott erst tun *will*, wenn er einmal alles in allem sein wird, wenn der Spiegel hinweggeräumt ist und wenn dafür sein Angesicht selbst zu leuchten beginnt, wenn das Glauben beendet sein und das Schauen in seliger Nähe beginnen wird.

Das ist die größte Größe dieser Verheißung Jesu: Der Himmel ist nicht nur das Ziel, sondern er leuchtet schon über dem Wege; er ist nicht nur Verheißung, sondern selige Gegenwart — für den jedenfalls, der ernsthaft mit ihm rechnet; und die ernsthafteste Form dieses Rechnens ist zweifellos die, daß ich meinen

Herrn bekenne und ihm die ganze Verantwortung für das aufzubürden wage, was nun mit mir wird.
Verstehen wir jetzt, warum diese Verse trotz den Gefahren, von denen sie reden, warum sie trotz dem täglichen Kleinkampf, in dem wir unseren Glauben behaupten sollen, warum sie trotz den Leidenssituationen großen Stils, in denen es vielleicht um Konzentrationslager und um »Gut, Ehr, Kind und Weib« geht, verstehen wir jetzt, warum diese Verse trotz diesen Ernstfällen von einem so brausenden Strom des Jubels durchzogen sind und warum sie zwischen den leuchtenden Polen »Selig sind . . .« und »Freut euch und frohlocket« schwingen?
Wir wandern unter dem offenen Himmel. Was macht es darum, ob es durch tückische Schluchten geht oder an schwindelnden Abgründen entlang — wenn wir nur wissen, wer über uns wacht, und wenn wir nur gewiß sein dürfen, daß der Sog der schwindelnden Tiefe, daß die Abgründe der Lebensangst und der Sorge vor dem, was Menschen zu tun vermögen, uns nicht mehr in sich hineinreißen können und daß die ewigen Arme unter uns gebreitet sind. Wenn wir schon fallen, dann fallen wir nun da hinein.

Es bleibt mir am Schluß nur noch übrig, die Frage zu stellen, ob das alles nicht ein unzeitgemäßer Text gewesen sei. Hat die Gemeinde Jesu nicht jene schwersten Anfechtungen, von denen heute die Rede war, überstanden und freut sie sich nicht im Augenblick eines soweit ganz rühmlichen und jedenfalls nicht allzu drastisch gestörten Ansehens?
Gemach! Wer weiß denn, ob dies nicht die Stille vor dem größten aller Stürme ist? Spüren wir nicht bereits neue Gespenster über dem alten Europa? Könnte es nicht sein, daß die Kirche heute Unruhe und Nichtbehagen säen muß (einfach um der Wahrheit willen, die sie zur Zeit und zur Unzeit zu sagen hat, die sie dem eigenen Volk sagen muß und auch dem »andern«)

und daß sie schon morgen Sturm erntet und daß sie dann wieder einmal ganz allein auf den geworfen ist, dem Wind und Wellen gehorsam sein müssen und der über Blut und Tränen seinen offenen Himmel spannt?

Daß die Gemeinde doch ja nicht sicher würde in dem kurzen Windschatten der großen Ereignisse, die um sie branden! Es machen sich in bedenklichem Maße die Stimmen der Sicherheit bemerkbar, manchmal sogar mit jenem pharisäischen Unterton, dem man keinen Jammer mehr über das irregeleitete Volk abspürt. Es ist ein Sichfreuen und Frohlocken da und dort, an dem Gott keine Freude haben kann und für das die Verheißung unseres Textes sicherlich *nicht* gilt. Seien wir wachsam und umgürten wir unsere Lenden! Es werden Stürme kommen, die wir nicht mit Tapferkeit, sondern nur mit Freude bestehen können. Denn das steht fest: Wir haben nicht mit verschlossenen Abgründen zu rechnen; das Tier *wird* ihnen vielmehr erst in seiner ganzen Größe entsteigen und dann unweigerlich auf uns zukommen. Nochmals: Wir haben nicht mit verschlossenen Abgründen zu rechnen; aber wir dürfen mit einem unverschlossenen, mit einem geöffneten Himmel rechnen und mit den Jubelchören der verklärten Gemeinde, die uns entgegensingt: Wohl dir, du Kind der Treue!

SALZ, NICHT HONIG DER WELT

Ihr seid das Salz der Erde. Wo nun das Salz dumm wird, womit soll man's salzen? Es ist hinfort zu nichts nütze, denn daß man es hinausschütte und lasse es die Leute zertreten.
Ihr seid das Licht der Welt. Es kann die Stadt, die auf einem Berge liegt, nicht verborgen sein. Man zündet auch nicht ein Licht an und setzt es unter einen Scheffel, sondern auf einen Leuchter; so leuchtet es denn allen, die im Hause sind.
Also lasset euer Licht leuchten vor den Leuten, daß sie eure guten Werke sehen und euren Vater im Himmel preisen.

MATTHÄUS 5, 13—16

Ob wir die ganze Ungeheuerlichkeit dessen, was Jesus hier sagt, ermessen können? Er sagt doch: Ihr Jünger, die ihr hier vor mir steht, ihr so betont unprominenten, bedeutungslosen Leute, ihr armseliges Häuflein (noch viel armseliger als ihr es selber wißt, denn ich allein sehe es vorläufig noch, wie ihr selbst in eurer kleinen Ecke versagt, wie ihr einschlaft, wo ihr wachen solltet, wie ihr flieht, wo es standzuhalten gälte, wie ihr verleugnet, wo bekannt werden müßte), ihr armseliges Häuflein, *ihr seid das Salz der Erde und das Licht der Welt.*

Hören wir ja genau hin: Jesus sagt nicht, ihr *sollt* es sein (als ob wir das *machen* könnten), sondern ihr *seid* Salz und Licht (ganz einfach deshalb, weil euer Vater im Himmel euch dazu bestellt hat). Begreift ihr das? Denn das heißt doch nichts Geringeres als dies: Die ganze Erde wird von euch gesalzen und erleuchtet. Die Öffentlichkeit muß mit euch rechnen. Staat und Wirtschaft, Politik und Kultur stehen in eurem Kraftfeld. Muß man sich nicht an den Kopf fassen? Redet hier nicht der helle Wahnsinn?

Es ist ein ungeheures Pathos in diesem Wort.

Man muß auch einmal vom *christlichen Selbstbewußtsein* reden und damit diesem Pathos Ausdruck verleihen. Gewiß, wer sich rühmen will, der soll sich seiner Schwachheit rühmen. Wir wissen, daß wir ohnmächtig sind und daß eben *Gott* und eben er allein in den Schwachen mächtig ist, aber in denen *ist* er auch mächtig. In denen (und das heißt in dir, in mir und in der ganzen armen Christenheit) ist er es dann so sehr, daß von da aus eine Erschütterung und ein Vibrieren durch den ganzen Rumpf der Welt geht, so wie der Leib eines Ozeanriesen in seinem Innern erschüttert wird vom Stampfen der Maschinen.

Zeigt uns das Neue Testament nicht dieses Beben auf Schritt und Tritt?

Vor unser geistiges Auge treten unwillkürlich die entscheidenden Szenen, in denen das Zittern und Vibrieren der Welt spürbar ist. Da tritt Jesus, der noch namenlose Galiläer, vor Pilatus, den Repräsentanten der Weltmacht, und wird mit der kümmerlichen

Geste des Händewaschens abgetan. Hört man den Reichsstatthalter Pilatus, nachdem er sich fast schon über Gebühr mit dem Fall dieses Nazareners eingelassen hat, nicht in Gedanken zu sich selber sprechen: »Der Nächste bitte! Es ist ja doch eine Bagatelle, um die hier der Staat bemüht wird«? Und siehe, es *kam* der Nächste. Es kamen sogar sehr viele, eine schier unendliche Kette von solchen, die Knechte dieses Herrn sein und das Schicksal ihres Meisters teilen wollten: Sie wurden vor Könige und Minister und vor höchste Gerichte gezerrt, denn die Weltmacht sucht sich gern juristisch zu legitimieren. Sie sucht Recht und Gesetz auf ihre Seite zu bringen, wenn sie die Unbekannten ausmerzen will, jene Unbekannten, die weder einen Namen noch einen sichtbaren Herrn hinter sich haben und die doch so souverän zu reden wagen, als ob ihrem »imaginären Chef« tatsächlich alle Gewalt im Himmel und auf Erden gegeben sei.

Die Mächtigen erheben sich nicht von ihren Thronen und Amtssesseln, wenn die Kleinen kommen. Wozu denn auch? Sollte ein Elefant vor Mäusen davonlaufen und sollten die Amtsträger des Weltgefüges, die Wächter der Staatsmaschinerie aus dem Gleichgewicht kommen, wenn einige Sektierer große Sprüche machen? Und Pilatus sprach zu sich selbst: »Der Nächste bitte!«

Aber siehe da: Von dieser unscheinbaren Szene im Statthalteramt zu Jerusalem lief ein großes Zittern durch das römische Imperium, ein Zittern und Beben erfaßte den Erdkreis und brachte das Weltgerüst ins Wanken. Die Christusfrage war nun einmal ausgebrochen, und es ist beinahe amüsant zu sehen, wie Pontius Pilatus, wie Herodes und die römischen Kaiser, wie zahllose Denker und Dichter geradezu leidenschaftlich bemüht sind, sie wieder einzufangen. Sie hatte Salz in die Welt gestreut, und der Geschmack, den es einmal der Welt mitgeteilt hatte, war trotz allem Kratzen und trotz allen chemischen Läuterungsprozessen nicht mehr herauszubringen. Was damals der Christus mit seinen paar Christen in einem ersten Anlauf zuwege brachte, sind bei alledem nur die ersten vorauslaufenden Zeichen des großen

Endsturzes, wenn alles berstend in das große Weltengrab sinkt und wenn sich Gottes Ewigkeit auf das Trümmerfeld der Untergänge herabsenkt. Wahrlich, wir sollten das Pathos des christlichen Selbstbewußtseins kennenlernen.

Wir sehen noch andere Szenen ähnlicher Art:

Wir sehen, wie die Torheit des Kreuzes gegen die Weltweisheit der Griechen aufsteht und sie bei aller Imposantheit, von der auch ein Paulus weiß, in einem letzten Sinne als Kot erachtet (1. Kor. 1 und 2; Phil. 3, 8).

Wir sehen, wie die geistlich Armen sich gegen die Reichen und Machtberauschten erheben, so wie der Stolz eines Königskindes sich über die Sklaverei und Hörigkeit erheben mag, der es selbst in unbegreiflicher und gnadenvoller Freiheit entnommen ist.

Selbst die Natur mit der erhabenen Gewalt ihrer Gesetze und der Unermeßlichkeit ihrer Gestaltenfülle seufzt und sehnt sich nach dieser Freiheit der Kinder Gottes, welche diese paar Armen und Verachteten ihr eigen nennen dürfen (Röm. 8).

Ja, auch die Sonne wird ihren Schein verlieren, der Mond zu Blut werden und das Meer wird nicht mehr sein, der Kosmos wird unter Stöhnen versinken (und was sind das doch für mächtige Dinge und Gewalten!). Aber das Häuflein derer, in denen die Liebe nicht erkaltet ist, wird hindurchgerettet werden, und der Taumel des großen Weltenbruches darf es nicht in seinen Wirbel hineinziehen, weil es im Frieden seines Vaters geborgen ist.

Nur einer naht sich der untergehenden Welt von der anderen Seite, weil er der König ist. Und in seinem Namen gehen die Christen schon jetzt über die Erde als die Siegenden, indem sie sterben, als die Armen und doch über alles Ermessen reich. So groß sind die Christen, Freunde, so groß sind sie. Sie sind dem größten König eigen. Gewiß: was sie haben, das ist geliehene Größe, aber es ist eben *Größe*. Die Welt vergeht mit ihrer Lust (die ganze ungeheure Welt!); wer aber den Willen Gottes tut (und den will doch diese winzig kleine, in der Welt schier verschwindende Menge tun), der *bleibt in Ewigkeit*. Hört ihr es, nur der! Alles andere versinkt. Die Geschichte wird abgebrochen, es ist Schluß; und die Natur versinkt, der Vorhang fällt; aber der, der den Willen Gottes tut, der ist mehr als die Weltgeschichte und als die Natur, mehr als alle Alpengipfel des Geistes und als der Kosmos insgesamt. Er ist mehr als alles dies — begreifen wir das? Und wenn er nur einer jener »Kleinen« wäre, welche die Welt nicht bemerkt und welche doch unter dem Wohlgefallen des Vaters wohnen.

Ich glaube, von diesem Gedanken aus haben wir einen Zugang gewonnen zu dem ungeheuren Worte Jesu, daß wir das Salz der Erde und das Licht der Welt sind und daß die kleine und kümmerliche Schar seiner Christenheit nichts Geringeres ist als die tragende Kraft der Welt!

Wie ist das gemeint?

Bernanos sagt einmal in seinem berühmten Roman »Tagebuch eines Landpfarrers«, es sei wichtig, daß Jesus nicht sage: Ihr seid der »Honig« der Welt, sondern ihr seid das »Salz« der Erde.

Wenn man viele Christen in ihrer oft weichen und femininen und süßlichen Art sieht, möchte man meinen, daß sie *doch* den Ehrgeiz hätten, der Honigseim der Welt zu sein. Sie versüßen und verzuckern die Bitternis des Schicksals durch eine allzu billige Vorstellung vom lieben Gott. Sie erweichen die Härte der Schuld durch eine fast beängstigende Kindschaftsromantik. Sie haben die Hölle wegretuschiert und sehen nur den Himmel offen. Sie stecken vor Teufel und Anfechtung den Kopf in den Sand und haben das ewige und verkrampfte Lächeln einer gespielten Weltüberwindung auf ihren Zügen. Das Reich Gottes, das unter den Wehen der Geschichte und unter wilden Schmerzen, das unter den Exzessen des Antichrists und unter dem Stöhnen der Märtyrer hereinbrechen soll, ist ihnen zu einem harmlosen Blütengarten geworden, und ihr Glaube ein süßer Honig, den sie diesen Blüten entnehmen. Daher kommt es denn auch, daß

die Welt sich an diesen Christen immer wieder überißt und sich angeekelt abwendet, weil sie spürt, daß das Leben härter ist und daß es deshalb größeren Anstand verrät, wenn man seine Bitternisse unverzuckert erträgt.
Aber Jesus sagt ja gar nicht: »Ihr seid der Honig«, sondern »Ihr seid das Salz«. Das Salz beißt; und die unverkürzte Botschaft vom Gericht und von der Gnade Gottes hat denn auch noch immer gebissen, so sehr, daß man dagegen aufbegehrte und oft genug wieder gebissen hat. Der Honiggott der natürlichen Weltanschauungen war leichter zu ertragen. Wo Salzkraft in einer Kirche und in einer Predigt ist, da findet man auch immer das saure Reagieren. Denn das Salz beißt und ätzt überall da, wo wir Menschen wunde Stellen haben. Wir aber wollen eine Heilung ohne Schmerzen — und außerdem sind wir nicht gern an jene wunden Stellen erinnert. Darum schreit die Welt nicht nur nach dem Goldenen Kalb, sondern nach den Honiggöttern, die unsere tiefsten Wunden vergessen machen.
Wo das saure Reagieren auf die Botschaft nicht mehr da ist, da fehlt das echte Salz. Es ist ein bedenkliches Zeichen, wenn die Welt in einem allzu ungetrübten Frieden mit der Kirche lebt und wenn eine Gemeinde allzu begeistert von ihrem Prediger ist. Dann hat er in der Regel kein Salz von der Kanzel gestreut. Die Menschen unter der Kanzel hat es nicht gebissen, und so sind sie denn nach Hause gegangen und haben gemeint, sie seien gesund, sie trügen keine Wunden, und der liebe Gott hätte sie »mit heiler Haut« davonkommen lassen. Begeisterung und allzu einmütige Zustimmung zu einer Predigt pflegen auf bedenkliche Mangelerscheinungen zu deuten.
Und weiter: Das Salz hat eine fäulnisverhindernde, eine konservierende Kraft. Das Fleisch des Abendlandes ist faulig und stinkend geworden, seitdem das Salz fehlt. Gewiß, man hat Fortschritte gemacht, man ist technisch auf der Höhe, man hat die Freude des Diesseits entdeckt, man liebt das braungebrannte, das lebensfrohe, das junge Fleisch. Aber darin kann der Wurm

sitzen, und wohin wir mit der Devise der sonnengebräunten Lebensbejahung gekommen sind, in welchen Abgrund die Welt ohne Gott stürzt (diese in ihren eigenen Wonnen erschauernde und sich selber vergötternde Welt), das haben wir ja wahrhaftig in einer Weise am eigenen Leibe erfahren, daß ich darüber kein Wort zu verlieren brauche.

Wir, einschließlich aller nur denkbaren Freidenker, Atheisten und Antitheisten, leben alle noch vielmehr vom christlichen Erbe, vom »Salz im Fleisch«, als wir es selber wissen. Aber der Organismus unseres Vaterlandes, ja unseres ganzen Erdteiles, hat es allmählich aufgesaugt. Darum sind die Jünger so nötig, die neue Salzkraft in die Welt tragen und sie gegen die eingedrungenen Giftstoffe der Fäulnis und der Verwesung — gegen alle jene Prozesse, die man mit einem ahnungsvollen Namen als »Untergang des Abendlandes« bezeichnet — immunisieren helfen.

Wir müssen aber noch auf eine andere wichtige Eigenschaft von Salz und Licht achten.

Beide werden erst nützlich, indem sie sich hingeben, indem sie vermischt und geopfert werden. Das Licht braucht das Dunkel, und das Salz will in den Teig. Wie können ein paar Körnlein Salz eine große Masse von Suppe oder Teig verändern! Rein mengenmäßig gesehen, wird wohl das Zahlenverhältnis zwischen denen, die mit Ernst Christen sein wollen, und der großen Masse der Welt ganz ähnlich sein, wie zwischen den paar Salzkörnlein und dem Kuchenteig. Und wenn uns Christen manchmal ein Zagen ankommen will darüber, daß wir so wenige sind, daß wir in unserer Familie, in unserem Betriebe, in unserer Kameradschaft so ganz allein stehen, und wenn uns eine Bestürzung und eine Glaubensanfechtung ankommen will darüber, daß auf den Augen dieser paar Männlein und Weiblein und oft genug dieser paar alten Männlein und alten Weiblein das Reich Gottes stehen soll, das über den Erdkreis triumphiert, dann soll uns dieses Wort Jesu trösten, der nicht gesagt hat: »Ihr seid der Teig der Welt«

und der uns ebenfalls nicht gesagt hat: »Du, meine Christenheit, sollst identisch sein mit der Weltmasse, du sollst die Weltbürger stellen«, sondern der uns gesagt hat: »Ihr seid das bißchen Salz, das hinzugehört«; und das ist von Natur eine kleine Menge.
Darum stöhne nicht über deine Einsamkeit als Christ inmitten einer zahlenmäßig weitaus größeren heidnischen Umgebung. Du bist berufen, diesen ganzen gottlosen Teig zu salzen. Das ist die Verheißung des einsamen Christen.
Und in der Tat, wie oft ist diese Salzkraft des *einen* Körnleins übermächtig wirksam! Wenn dieser *eine* Christ bei einem bestimmten Witz nicht mitlacht, dann ist die fade Fidelität auf einmal versalzen. Wenn dieser *Eine* Vergebung übt in einer durch Intrigen und Feindschaften vergifteten Umgebung, dann ist auf einmal eine heilende Kraft auf dem Plan. Wenn der *Eine* einmal bekennt, wo es schwer ist, dann kann die flaue Atmosphäre einer ganzen Versammlung oder eines spießigen Stammtisches auf einmal gesalzen sein wie frische Seeluft, und der Geist des Ernstes kann plötzlich die Ohren öffnen. Wenn dieser *Eine* inmitten einer Umgebung, die von Lebensangst geschüttelt ist, die mit Schrecken an weltpolitische Entladungen denkt (die sich jeden Augenblick ereignen könnten) und die in lähmender Resignation vor der scheinbaren Unbesiegbarkeit des deutschen Schutthaufens und vor einer verschütteten Zukunft steht, wenn dieser *Eine* in einer solchen Umgebung den Frieden Gottes ausstrahlt, der höher ist als alle Vernunft und alle Unvernunft der Welt, und wenn er dadurch eine Vorahnung von der Ruhe Gottes vermittelt, wenn er mit dieser Ruhe ganz einfach da ist, dann wirkt das wie Salz inmitten der Fäulniserreger der Angst und inmitten der furchtbaren Lähmungsbazillen, dann ist das ein Licht inmitten der Nacht des panischen Entsetzens.
Nochmals, der einsame Christ steht unter einer großen Verheißung: Er ist Salzkorn. Die große Masse des Teiges hat diese Verheißung nicht — höchstens insofern, als sie sich salzen *läßt*. Dieser eine Christ aber *hat* nicht nur die Verheißung, sondern er

ist als Salzkorn auch *Träger* der Verheißung; das ist seine Verantwortung.

Aber freilich, um dieser Verheißung teilhaftig zu werden und diese Verantwortung zu erfüllen, muß er nun aus dem Salzfaß heraus. Und im Salzfaß ist es doch *sooo* schön! Da sind die Frommen unter sich. Da versteht man einander. Darum sind die Christen oft so schwer in den Teig hinein zu kriegen. Sie überlassen ihn lieber seinem Fäulnisschicksal und trösten sich damit, daß er ja doch verloren ist. Sie haben Angst, von den Weltkindern angesteckt zu werden, sich mit Politik zu besudeln, am inneren Leben Schaden zu nehmen. Dabei ist es gerade umgekehrt. Wer im Faß bleibt, wird dummes Salz, und nicht, wer in den Teig geht. Man soll doch Verheißung und Befehle Jesu einmal ganz ernst nehmen. Manche sagen: Ich muß erst selber noch mehr wachsen und am inneren Leben zunehmen, ehe ich davon reden, ehe ich mich in eine Diskussion einlassen oder überhaupt nur öffentlich als Christ bekennen kann. Ich bleibe lieber noch im Salzfaß. Du Narr, weißt du nicht, hast du nicht gehört, daß dir der Geist Gottes übermächtig schenken und ins Ohr sagen wird, was du weiterzugeben hast, und daß du gerade im Herausgehen wachsen wirst? Aber du mußt hinaus, sonst merkst du es eben nicht. Dein inneres Leben wächst an den Aufgaben, die dein Herr dir stellt, aber bestimmt nicht im Salzfaß.

Die meisten Christen sind dumm wie die Schildbürger. Ungehorsam ist nämlich immer zugleich auch Dummheit (in jenem gefüllten Sinne, in dem die Gottlosen »Toren« genannt werden), obwohl die meisten Menschen ausgerechnet aus Klugheit und Berechnung meinen, ungehorsam sein zu müssen. Ich habe z. B. immer beobachtet: Wer im Kirchenkampf, als es um harte und oft gefährliche Entscheidungen ging, nicht wagte, gehorsam zu sein und Gottes Verheißungen blindlings zu vertrauen, der hatte für seine ungehorsamen und auf lange Sicht auch dummen Kompromisse immer die klügsten Argumente und raffiniertesten taktischen Erwägungen. Genau so ist es auch in unserem Fall. Der

Christ bleibt im Salzfaß, weil er meint, er sei hier am besten aufgehoben. Er will also klug sein und wird gerade darum — *dummes* Salz. Das Salz wirkt und *ist nur*, indem es sich opfert.
Oder der Christ stellt das Licht unter den Scheffel, einfach deshalb, weil er fürchtet: Im Luftzug der bösen Welt, unter meinen Kameraden in der Fabrik oder im Büro oder unter meinen Schulkameraden, die an nichts glauben, da wird das Licht meines Glaubens ausgeblasen. Der Narr! Wenn er es nur einmal wagen würde, eine Verheißung Jesu ernst zu nehmen, und einfach und fröhlich als Christ mitten in seine Umgebung spränge, dann würde er merken, daß das Licht nicht vom Luftzug ausgeblasen, sondern immer nur angefacht wird, und daß Gott den glimmenden Docht, dem er seine Verheißung gab, niemals verlöschen lassen wird. Aber unter dem Scheffel hilft das Licht nicht nur keinem Menschen, sondern obendrein geht ihm auch selber der Sauerstoff aus, und es bleibt ein stinkender Docht zurück.
Wenn am Jüngsten Tag das Reich Gottes hereinbricht, wird Gott als erstes die Salzfässer zertrümmern und die Scheffel umstoßen. Denn das Gericht Gottes wird anheben im Hause Gottes. Und ich fürchte, die Christenheit wird dann als ein Konglomerat von dummem Salz und übelriechenden Dochten ein sehr trauriges Bild bieten. Und das Traurigste dabei wird wohl sein, daß gerade die Frömmsten und daß also gerade die Leute, die um die Verheißung Gottes mehr wußten als andere und die miteinander das Wort Gottes betrachteten, daß gerade die Frömmsten das größte Kontingent dieses Gerümpels stellen.
So — das war eine sehr salzige Wahrheit, die in einigen frommen Wunden brennen wird. Aber ich konnte sie euch und mir nicht ersparen. Und hoffentlich denkt niemand, die anderen seien gemeint.

Salz und Licht leben davon, daß sie sich opfern und verschenken, und nicht davon, daß sie sich »konservieren« wollen. Jesus Christus hat es als das treueste Salz und das treueste Licht jedenfalls vorgezogen, nicht in der himmlischen Glorie zu leuchten und sich in dem angemessenen Milieu des Reiches Gottes zu pflegen und zu erhalten, sondern er ist als Licht in das Dunkel der Welt gekommen und hat sich mitten in den Taumeltanz der unglücklichen Menschheit hineingeschenkt. Und wenn wir alle noch leben und wenn die Welt noch eine kleine Frist weiterlaufen darf und wenn diese kleine Frist keine »Galgen«-Frist ist, bis wir alle durch die Atombombe des Wahnsinns in die Luft gesprengt werden, sondern wenn sie eine »Gnaden«-Frist ist, dann kommt das durch diesen *Einen*, dann kommt es ganz allein dadurch, daß er nicht — Verzeihung für den Ausdruck! — im himmlischen Salzfaß geblieben ist und sich unter göttlichen Scheffeln versteckt hat, sondern daß er sich in unsere Welt hineinschenkte und sich von Bethlehem bis Golgatha in einem fort geopfert hat. Es ist doch geradezu Gotteslästerung, sich den Himmel wie ein Salzfaß und wie einen Scheffel vorzustellen. Aber handeln wir Christen nicht immer so, als ob er das wäre? Verleugnen wir damit nicht unseren Herrn und verleugnen wir nicht damit den tiefsten Sinn seines Opfers?

Eines ist also Salz und Licht gemeinsam: daß sie sich verschwenden und verschenken und daß sie darum Gegenbeispiele sind zu aller ichsüchtigen Frömmigkeit. Das *Salz* wirkt und opfert sich im geheimen, und man sieht seine Wirkung nicht. Man mag dabei an die unscheinbare Wirkung eines Christen auf seine Umgebung, auf seine Familie, auf seine Kollegen denken, die er dadurch ausübt, daß er ganz einfach da ist, daß er betend und liebend da ist. Man mag dabei auch an das denken, was das Neue Testament als der »Weiber Wandel ohne Wort« bezeichnet (1. Petrus 3, 1).

Das *Licht* wirkt dagegen öffentlich und sichtbar. Und man mag dabei an die Aufgabe der Kirche denken, das Evangelium öffentlich zu bezeugen und Männer und Frauen in alle Zweige des öffentlichen Lebens, in die Politik und in die Wirtschaft und in die einzelnen Kulturgebiete und vor allem auch in die Verant-

wortung für die Erziehung zu schicken. Gott hat seinen eingeborenen Sohn für diese Welt gegeben, darum sollen wir ihr als Licht und Salz zur Verfügung stehen. Und wahrlich, sie ist es wert, daß wir ihr so im Opfer dienen, einfach darum, weil das Blut des Einen für sie geflossen ist und weil dieser Eine sich für uns alle vorgeopfert hat.
Darum sei *du* ein Salzkorn für das Stücklein Erde, das Gott dir anvertraut hat, und sei *du* ein Stücklein Licht für die Welt, die deine Umwelt ist!

DIE KOSTEN DER GNADE

Ihr sollt nicht wähnen, dass ich gekommen bin, das Gesetz oder die Propheten aufzulösen; ich bin nicht gekommen, aufzulösen, sondern zu erfüllen.
Denn ich sage euch wahrlich: Bis daß Himmel und Erde zergehe, wird nicht zergehen der kleinste Buchstabe noch *ein* Tüttel vom Gesetz, bis daß es alles geschehe.
Wer nun *eines* von diesen kleinsten Geboten auflöst und lehrt die Leute also, der wird der Kleinste heißen im Himmelreich; wer es aber tut und lehrt, der wird groß heißen im Himmelreich.
Denn ich sage euch: Es sei denn eure Gerechtigkeit besser denn

der Schriftgelehrten und Pharisäer, so werdet ihr nicht in das Himmelreich kommen.
Ihr habt gehört, daß zu den Alten gesagt ist: »Du sollst nicht töten; wer aber tötet, der soll des Gerichts schuldig sein.«
Ich aber sage euch: Wer mit seinem Bruder zürnet, der ist des Gerichts schuldig; wer aber zu seinem Bruder sagt: Racha! der ist des Rats schuldig; wer aber sagt: Du Narr! der ist des höllischen Feuers schuldig.
Darum, wenn du deine Gabe auf dem Altar opferst und wirst allda eingedenk, daß dein Bruder etwas wider dich habe, so laß allda vor dem Altar deine Gabe und gehe zuvor hin und versöhne dich mit deinem Bruder, und alsdann komm und opfere deine Gabe.
Sei willfährig deinem Widersacher bald, dieweil du noch bei ihm auf dem Wege bist, auf daß dich der Widersacher nicht dermaleinst überantworte dem Richter, und der Richter überantworte dich dem Diener, und werdest in den Kerker geworfen.
Ich sage dir wahrlich: Du wirst nicht von dannen herauskommen, bis du auch den letzten Heller bezahlest.
Ihr habt gehört, daß zu den Alten gesagt ist: »Du sollst nicht ehebrechen.«
Ich aber sage euch: Wer ein Weib ansieht, ihrer zu begehren, der hat schon mit ihr die Ehe gebrochen in seinem Herzen.
Ärgert dich aber dein rechtes Auge, so reiß es aus und wirf's von dir. Es ist dir besser, daß eins deiner Glieder verderbe, und nicht der ganze Leib in die Hölle geworfen werde.
Ärgert dich deine rechte Hand, so haue sie ab und wirf sie von dir. Es ist dir besser, daß eins deiner Glieder verderbe, und nicht der ganze Leib in die Hölle geworfen werde.
Es ist auch gesagt: »Wer sich von seinem Weibe scheidet, der soll ihr geben einen Scheidebrief.«
Ich aber sage euch: Wer sich von seinem Weibe scheidet (es sei denn um Ehebruch), der macht, daß sie die Ehe bricht; und wer eine Abgeschiedene freit, der bricht die Ehe.

MATTHÄUS 5, 17—32

Uns allen klingt wohl noch der Satz im Ohr: Der Glaube an Gott ist etwas für die Schwachen, die Verzagten und die Zukurzgekommenen. Wir anderen steuern aus eigener Kraft und fahren mit eigenem Dampf.

Muß man nun angesichts eines solchen Satzes nicht daran denken, daß dieser Glaube gerade die stärksten Männer zerbrochen und umgeworfen hat? Hat er nicht Paulus vor Damaskus zitternd zu Boden stürzen lassen? Und ist nicht Luther, statt mit Krücken und Illusionen versehen zu werden, unter dem verzehrenden Blick der Majestät Gottes schier verbrannt, um dann als ein neuer Mensch aus diesem furchtbaren Feuer hervorzugehen?

Jeder, der zu diesem Vater will, muß ja vorher durch die allerschrecklichste Gefahrenzone hindurch. Jeder muß unter den Blick des Richters. Jeder muß der furchtbaren — und ohne Christus überhaupt nicht erträglichen — Frage standhalten, wie er sich denn ausnimmt, wenn er am Gesetze Gottes gemessen wird und wenn er sich selbst (auch nur einen Augenblick!) so sehen muß, wie Gott ihn sieht.

Wer als neuer Mensch erstehen soll, muß vorher sterben. Und gerade Jesus, der uns doch zum Frieden holt, oder besser: der selber unser Friede sein will, versetzt uns in dem heutigen Text mitten in den verzehrenden Brand der göttlichen Majestät. Er stellt uns an jenen Punkt, wo wir selber einmal ganz am Ende sind. Wer einen Augenblick hoffen möchte: In Christus werden die eigentlichen Gefahrenherde des Lebens harmlos, da kann einem »nichts mehr passieren«, denn er ist ja der »liebe Heiland« und nimmt selbst die ältesten Sünder noch ohne zu reklamieren an —, der muß sich zunächst das Wort gefallen lassen, daß eben dieser Jesus Christus von der Strenge des Gotteswillens keinen Tüttel abbricht, daß er nicht gekommen ist, jenes bedrohliche Gesetz aufzulösen, sondern zu erfüllen, ja seine tiefste Bedrohung überhaupt erst sichtbar zu machen. Wahrhaftig, die Gnade ist nicht billig, sondern sie ist teuer. Denn gibt es etwas Teureres, als was man mit seinem Leben bezahlen muß? Und nichts Geringeres fordert Jesus, wenn wir Frieden haben wollen: Wir müssen ganz und gar und radikal und kompromißlos sterben. Ohne den Tod gibt es keinen Frieden, sondern nur die Angst oder aber die Betäubung der Angst, wie sie der Weltmensch sucht.

Einmal fuhr mich bei einer Vortragsreise ein Taxifahrer über Land. Das Gespräch, das wir dabei führten, will ich kurz berichten, weil ich möchte, daß gerade die Jungen unter uns möglichst genau das verstehen, was ich mit meinen Worten von der »teuren« Gnade meine.

Mein Begleiter sagte: »Ich habe gehört, Sie sind Theologe.« Als ich das bejahte, fuhr er fort: »Ich bin nämlich kein Christ und bekenne mich zum Heidentum. Aber Sie brauchen deshalb nicht auszusteigen. Auch ich glaube an höhere Mächte.«

Darauf drehte ich mich um und fragte ihn: »Wo haben Sie denn Ihren Hampelmann hängen?«

»Nein«, erwiderte er, »es hängt keiner im Wagen, aber ich habe eine Geldbörse dort in der Klappe. Die ist mein Talisman. Aber darf ich fragen, wie Sie darauf kommen? Wir sprachen doch gerade von etwas anderem!«

»Oh«, sage ich, ohne auf seinen kleinen Vorwurf zu achten, »ich kann Ihnen noch viel mehr verraten: Sie fahren sehr ungern an einem Freitag, und vollends finden Sie es miserabel, wenn Sie am dreizehnten starten müssen. Außerdem beschäftigen Sie sich mit Astrologie, und ich möchte wetten, daß Sie sich schon mehr als einmal ein Horoskop haben stellen lassen.«

Er blickte mich sehr erstaunt an, so daß wir beinah, trotz seines Talismans, in den Chausseegraben gefahren wären.

»Woher wissen Sie das alles? Es stimmt nämlich.«

»Weil ich meine lieben Neuheiden kenne«, gebe ich ihm zurück. »Es ist ihnen nämlich ohne Gott sehr unheimlich in der Welt zumute. Darum brauchen sie das alles. Aufgeklärte Menschen wie Sie haben immer einen kleinen Verfolgungswahn. Sie sehen sozusagen die Welt voller Bäume, die alle darauf warten, von Ihrem Kühler gerammt zu werden. Man könnte auch sagen, Sie haben keinen Frieden, darum greifen Sie zu Talisman und Beschwörungsformeln und rechnen sich durch das Horoskop Ihr Schicksal aus.«

»Das ist ja allerhand, was Sie einem da so zumuten. Aber so unrecht haben Sie nicht. Übrigens sagten Sie da so etwas von ›Frieden‹. Darum geht es . . .«

Da fiel ich ihm ins Wort: »Und Sie sind sich doch hoffentlich klar darüber, daß Sie ihn auf diese Weise nicht finden?«

»Oh«, sagte er, »ich fühle mich eigentlich ganz wohl dabei. Es hat eigentlich immer mit diesen Dingern — er deutete auf die magische Geldbörse — ganz gut geklappt. Aber Sie müssen nicht denken, daß ich ein Kirchenverächter wäre. Ich habe es auch schon mit dem Christentum versucht, und zwar ausgerechnet deshalb, weil da vom *Frieden* die Rede war.«

»Da haben Sie sogar das Beste und Wichtigste herausgehört«, lobte ich ihn. »Das ist nämlich ziemlich selten unter Nichtchristen. Darf ich mal fragen, woran Ihr Versuch denn gescheitert ist?«

»Ach, wissen Sie, das liegt ganz einfach daran, daß ich mit *Christus* nicht klar komme. Ich verstehe es nicht, wie man an einen Gottmenschen glauben kann. Woher will man denn das alles wissen, was die Bibel behauptet? Wer es glauben kann, gut. Ich will ihn in Ruhe lassen. Aber ich für meine Person kann es nicht.«

»Und daran ist also Ihr Friede gescheitert?« fragte ich. Er antwortete etwas verlegen: »Na ja, natürlich, daran liegt es. Übrigens sagte ich Ihnen ja schon: Ich fühle mich gar nicht so unglücklich in meiner Haut.«

»Erlauben Sie einmal, daß ich Ihnen genau sage, woran es bei Ihnen liegt«, fuhr ich nun fort. »Sie fühlen sich zunächst einmal sehr unwohl in Ihrer Haut, nur wollen Sie sich das natürlich als alter Krieger und Autobesitzer nicht zugeben. Und Sie

kommen auch auf Ihrem Wege nicht weiter, glauben Sie mir das. Sehen Sie einmal, Sie wollen einen allzu billigen Frieden. Das alles, was Sie so treiben, kostet Sie ja nichts. Sie sind vermutlich ein guter Kaufmann und kalkulieren auch hier sehr scharf. Sie wollen für einen möglichst geringen Preis möglichst viel haben. Zuerst einmal die innere Ruhe, also das, was wir soeben Frieden nannten. Am liebsten aber auch die ganze Ewigkeit und außerdem ein gutes Abschneiden beim Jüngsten Gericht. Oder müssen Sie nicht zugeben, daß dies alles Sie ungeschoren und sehr billig davonkommen läßt: der Talisman, die Astrologie und die Respektierung des Freitags und des Monats-Dreizehnten? Sie können doch damit genauso weiterleben wie bisher! Und das bißchen Grübeln darüber, ob etwas an Jesus Christus daran sei, wenn Sie so auf einen Fahrgast warten und Zeit haben, das läßt Sie natürlich nicht klar kommen. Den Grüblern hat der Herr Christus noch nie eine Verheißung zukommen lassen.«
»Halt, Herr Professor«, fuhr der Mann neben mir nun auf, »ich kann aber doch keine Katze im Sack kaufen. Ich kann doch nicht mein Leben umkrempeln und einen hohen Preis einsetzen für jemand, den ich gar nicht kenne und von dem ich nicht einmal weiß, ob er gelebt hat.«
»Doch«, sagte ich — und dies nun in aller Härte und Unerbittlichkeit —, »das eben müssen Sie. Christus sagt: ›Nur wer den Willen tut meines Vaters im Himmel, wird inne werden, ob meine Lehre von Gott sei.‹ Verstehen Sie, nur wer den Willen *tut*, wer damit *Ernst* macht, wer sich dafür *einsetzt*. Gott läßt sich nur im Einsatz erkennen, wie alle großen Dinge des Lebens nur im Gehorsam und Ernstfall für uns sichtbar werden und nicht vom Polstersessel unseres Spekulierens und unserer unverbindlichen Neugierde aus. Und noch etwas. Denken Sie nicht, Sie kämen mit dem bißchen ›tue recht und scheue niemand‹ aus. Ihr Talisman beunruhigt Sie ja an diesem Punkte weiter nicht, der ist ja weit entfernt davon, auch nur eine moralische Kontrolle über Sie auszuüben. Aber bei Christus wird Ihnen zunächst

gezeigt, daß Sie Gott auf tausend nicht eines antworten können. Christus ist zunächst immer sehr beunruhigend. Sie haben es mit dem Gott zu tun, der in die Hölle führt und wieder heraus. — Sie sind sozusagen ein ruhiger und netter Weltmensch (ich darf das doch offen sagen?) und haben es sich bequem gemacht in Ihrer Weltanschauung. Sie sind der Überzeugung, sich wahrlich nicht in die Hölle gebettet zu haben. Wenn Sie es aber ernst meinen mit Christus, müssen Sie sich die Ruhe *nehmen* lassen; nicht etwa, weil es Ihnen an den Kragen gehen oder Sie ein Nervenbündel werden sollten, sondern weil es eine falsche und verlogene Ruhe ist, die Sie sich selber suggeriert haben und mit Hilfe Ihrer magischen Mittelchen auch weiter suggerieren. Gott aber liebt die zerschlagenen Herzen und die geistlich Armen, die sich nichts vormachen über die Erbärmlichkeit, in der sie vor Gottes Angesicht stehen. Solange Sie Gott nicht als einem *Widerstand* begegnet sind, sind Sie ihm überhaupt noch nicht begegnet. Verstehen Sie, daß das etwas anderes ist als die Welt der magischen Eselsbrücken und der schwankenden Notstege, mit deren Hilfe Sie über die Abgründe Ihres Lebens wollen? Es ist schon sehr viel, daß Sie wenigstens eine Ahnung davon haben, daß dieses alles, worauf Sie gehen und stehen, ein solcher Notsteg ist und daß unter Ihnen ein Abgrund liegt.«

Unser Gespräch ist noch lange weitergegangen, und wenn er auch, als wir an den Neckar kamen, nicht gesagt hat wie der Kämmerer aus dem Mohrenland: »Siehe, da ist Wasser; was hindert's, daß ich mich taufen lasse?« (Apg. 8, 36), so war ich doch dankbar, daß ihm diese kurze gemeinsame Stunde eine Ahnung vom Frieden Gottes und von der Trostlosigkeit seiner Welt vermitteln konnte.

Was mir an diesem Gespräch für unseren Text wichtig zu sein scheint, ist dies: daß Christus uns am Beginn seines Auftretens und sozusagen als Einführung in die Nachfolge die unerbittliche Härte des Gesetzes spüren läßt und damit ins Sterben führt. Wir müssen uns einmal klar machen, was das für seine Zuhörer bedeuten mußte. Sie standen ja in einer Überlieferung, in der man Gott unheimlich ernst nahm. Jeder Schritt war auf Gott bezogen und wurde gleichsam unter dem Auge Gottes getan. Daraus hatte sich ein System von gesetzlichen Bestimmungen entwickelt, das einen ständig in Atem hielt und die Frage nicht zur Ruhe kommen ließ, ob man denn auch wirklich dem Willen Gottes gerecht geworden sei. Wir wissen ja alle, wie das so ungefähr bei den Pharisäern war. Nur sollten wir uns hüten, diesen Ernst zu belächeln und etwas vorschnell von »krankhafter Gesetzlichkeit« zu sprechen. Vielleicht war es wirklich eine etwas krankhafte Form, in der man Gott ernst nahm. Genau wie wir es heute als krankhaft empfinden und wie es immer etwas erkältend und abstoßend auf einen wirkt, wenn wir einem gesetzlich verhärteten Christen begegnen. Aber ist es etwa eine weniger krankhafte Form, wenn wir diesen Gott *überhaupt* nicht mehr ernst nehmen, wenn wir ihn nur noch — und auch das meist nur pro forma — zu Hochzeiten, Begräbnissen und einigen Notgebeten zitieren?

Jedenfalls muß man sich einmal klar machen, was es für die damaligen Menschen bedeutete, daß nun in die Welt dieser engmaschigen Gesetzesnetze, in der man sich als Knecht und nicht als Kind fühlte und in der man gar nicht anders konnte, als sich immer tiefer in die Fangstricke von Schuld- und Gewissensanklagen zu verwickeln, daß in diese Welt einer kam, in dem man die Nähe und Anwesenheit Gottes unmittelbar spürte, und zwar als väterliche und rettende *Liebe* spürte. Welches Glück, daß hier einer kam, der einen wie ein Bruder behandelte und einen ins Vaterhaus holte. Wie unglaublich und befreiend, daß er einen einfach bei der *Hand* nahm, auch wenn diese Hand beschmutzt war! Das war wirklich etwas anderes als die knechtische Fron des Gesetzesdienstes, bei der man nie sicher war, ob man auch genug getan hatte, und wo man über Minderwertigkeitsgefühle (wie man heute sagen würde) nie ganz hinauskam.

Und gerade dieser Eine, der einen befreien zu können scheint und wieder aufatmen läßt, dieser Eine sagt nun: Von der Härte des Gesetzes darf kein Tüttel abgebrochen werden. Ja, noch mehr: Er stellt dieses Gesetz so radikal dar, daß den Leuten damals die Augen übergingen und daß viele am liebsten wieder umgekehrt wären und sich sagten: Da hatten wir es selbst bei Mose bequemer. Da wußten wir doch immerhin, woran wir waren. Und wenn wir die Gebote auch niemals ganz erfüllten, so war doch immerhin der Abstand unseres Lebens zu Gott erträglich und vor allem klar überschaubar. Dieser Jesus von Nazareth aber verlangt uns ganz und erklärt noch den letzten Herzenswinkel mit seinen verborgensten Gedanken für das Eigentum Gottes. Der wirft uns alle in die völlige Aussichtslosigkeit; und statt die Ansprüche zu mildern, steigert er sie. Oder meint er etwas anderes mit dem Wort: »Es sei denn, daß eure Gerechtigkeit besser ist als die der Pharisäer und Schriftgelehrten, so werdet ihr nicht ins Himmelreich kommen«?

Daraus ergeben sich nun zwei entscheidende Fragen für unseren Text.

Einmal: Wie kommt es, daß Jesus uns den Willen Gottes so radikal, so bis ins Letzte fordernd (oder soll ich sagen »zerschmetternd«?) sagt?

Und ferner: Wie sollen wir damit fertig werden?

Zunächst die erste Frage.

Jesus gibt zu verstehen, daß das Gebot Gottes uns nicht nur in bezug auf unsere Taten beansprucht, sondern sogar bis in die Gedanken unseres Herzens hinein.

Natürlich sind wir nicht alle Mörder und Ehebrecher im äußeren Sinne. Da haben wir weithin eine einigermaßen reine Weste. Aber wie sieht das Herz aus, das hinter dieser Weste schlägt? Haben wir nicht alle nach Adalbert Stifters Wort eine »tigerartige Anlage«, die nur im normalen Leben versteckt ist, so daß man meinen könnte, sie sei überhaupt nicht da? Aber wissen wir denn, »welche unbekannten Tiere durch die schreckliche

Gewalt der Tatsachen in uns hervorgerufen werden können«? Was alles an Mächten sich plötzlich meldet und sichtbar wird, wenn einmal Lebenslagen eintreten, in denen die üblichen Hemmungen verschwunden sind? War nicht für manchen unter uns das Gefangenenlager mit seinem Hunger, seiner Lebensgier und seiner äußersten Nervenanspannung ein solcher Raum, in dem jene »schreckliche Gewalt der Tatsachen« entbunden wurde, in dem er vor sich selbst und dem Tier im andern erschrak? In jenem andern, der bisher ein ordentlicher oder zum mindesten passabler Kamerad gewesen war? Haben nicht viele, auch von den jüngsten, dadurch einen wissenden Blick bekommen, weil sie einen Augenblick oder einige Wochen und Monate einen Bruchteil von dem mitansehen mußten, was Gottes Auge Tag und Nacht, Stunde um Stunde an uns sieht, weit hinter und tief unterhalb unserer Taten sieht?

Gott sieht eben tiefer als unser normales und törichtes, bloß auf die Oberfläche eingestelltes Auge. Er sieht die vielen Gedanken, die zu Mord und Ehebruch auf dem Sprunge liegen. Er sieht den verzehrenden Neid, der uns fast verbrennen will, während wir äußerlich unserem Konkurrenten die Hand geben und ihn doch im geheimen dahin wünschen, wo der Pfeffer wächst. Er sieht die unreinen Blicke und die wilde Bereitschaft unserer Phantasie. Und noch eine Stufe tiefer, im Hexenkessel des Unbewußten, von wo aus unser Leben weithin gesteuert wird und in dem sich viele Träume zusammenbrauen, vor denen wir erschrecken, da sieht es noch viel unheimlicher aus. Die Nervenärzte wissen davon etwas zu sagen. Aber stellt dieses alles (die Gedanken des Herzens, das Unbewußte und die Träume) denn etwa einen Bereich dar, der nicht mehr zu mir gehörte, weil ich doch nur der Bewußte, der über sich selber Klare und sich in der Hand Habende bin? Oder muß ich nicht vielmehr sagen: Auch dieses alles bin *ich?* Das sind meine Gedanken, das ist meine Phantasie und das ist mein Morden und Lügen und Ehebrechen, auch wenn es nie das Licht der Welt erblickte?

Warum erblickt es denn eigentlich so selten das Licht der Welt? Vielleicht habe ich nicht die Nerven dazu, vielleicht habe ich auch zuviel Hemmungen, die mit meinem bürgerlichen Stande zusammenhängen, um allzu offen zu tun, wohin es mich drängt: Ich habe Interesse, von den Menschen respektiert zu werden, ich habe Angst vor den *Folgen*.

Vielleicht, vielleicht morde und lüge und ehebreche ich auch deshalb nicht, weil das Gebot Gottes mir das klar verbietet und weil ich Respekt vor diesen seinen Geboten habe. Aber gerade dann, wenn ich das Gebot Gottes so als Hemmung empfinde und es mir in den Arm fallen lasse, gerade dann spüre ich, wozu eben dieser mein Arm erhoben war. Das Gebot Gottes macht mir nur um so bewußter, welche Opposition, welcher Aufruhr in mir ist und wie verschieden die Parteien sind, die auf dem Gelände meiner Seele miteinander ringen. (Wer sich das klarmachen will, braucht nur einmal das siebte Kapitel des Römerbriefes zu lesen.) Ich mag mit der Sünde einen erbitterten Ringkampf führen und mag einen Augenblick meinen, ich kämpfe mit einem Fremden. Aber ich bin ja selbst dieser Gegner. Es ist nicht die »Sünde in mir«, sondern *ich* bin es. Davon hat Paulus etwas gewußt (Röm. 7, 20).

Dazu muß das Gesetz in seiner Härte bleiben. Es muß gleichsam wie eine Gaze in der tiefen Wunde unseres Herzens stecken bleiben, damit sie nicht allzu leicht zuheilt und allzu unsichtbar vernarbt und wir dann nicht leichtsinnig meinen, wir seien gar nicht wund und krank und brauchen niemanden mehr, der für uns stirbt und uns als Heiland vergibt und heilt.

Sind wir nicht alle in Gefahr, die Gaze herauszunehmen und uns nicht nur eine glatte Heilung vorzuspiegeln, sondern zu meinen, daß wir eigentlich niemals so recht verwundet und krank gewesen seien?

Wir alle wissen, was die *christliche Erziehung* von Jugend auf bedeutet und welches Geschenk damit einem ganzen Volke gemacht ist. Man bricht von dieser positiven Bedeutung nichts ab, wenn man zugleich auch eine Gefahr darin sieht: Wir sind von Jugend auf in fast gefährlicher Selbstverständlichkeit dessen versichert und gewiß, daß Gott bereit ist, uns alles zu vergeben, und daß das Siegel unserer Taufe unter diesen Gnadenbrief gedrückt ist. Wir haben schwarz auf weiß ein Dokument in der Tasche. Es lag schon in unserer Wiege, und jetzt können wir es als privilegierte Taufscheinbesitzer und Kirchensteuerzahler jederzeit auf Anhieb aus der Schublade ziehen. Petrus muß uns schon durchlassen, wenn wir unseren »Himmelspaß« aus der Tasche ziehen. Und einen Stehplatz im Himmel wird er schon noch für uns haben.

Das ist die Kehrseite jener Medaille, auf deren *eine* Seite wirklich das echte und große Siegel der Barmherzigkeit geprägt ist —, und ich denke, man versteht, was ich damit sagen will.

Es besteht nämlich auch eine *Gefahr* darin, der Vergebung sicher zu sein, ehe man über die Sünde unsicher geworden ist. Man könnte dann schließlich wie Heine der Ansicht sein, daß es nun einmal die Branche Gottes sei, zu vergeben, und daß man dessen versichert sein dürfe, Gott werde sein Amt im entscheidenden Augenblick schon zu unserer Zufriedenheit ausüben: »Immer fröhlich, immer fröhlich, alle Tage Sonnenschein, denn der Vater in dem Himmel nennt uns seine Kinderlein«. Nicht wahr, das ist läppisch und infantil, auch wenn es zehnmal stimmt, daß Gott uns seine Kinder nennt. Aber dafür, *daß* wir seine Kinder sind, ist eben Blut geflossen, das ist das absolut Unselbstverständliche, dafür wurde das Kreuz von Golgatha errichtet und dafür hat das Herz Gottes eine Wunde empfangen. Wie sollten wir da unsere eigene Wunde vergessen!

Vergessen wir das aber doch, dann wird uns die Gnade »selbstverständlich«. Und das ist das Schlimmste. Sie ist dann zu billigsten Schleuderpreisen zu haben — wie eine halbverdorbene Ware, die man jedem nachwirft, der nur Miene macht, sie »nebenbei« doch noch mitzunehmen. Dann wird diese Gnade ein anderer Ausdruck für die Harmlosigkeit und »Ungefährlichkeit« Gottes.

Das Jüngste Gericht wird unter der Hand zu einer Ausgeburt mittelalterlich pervertierter Phantasie, und das Gesetz Gottes wird aus einem elektrisch geladenen Stacheldraht, der uns von der Hoheitszone Gottes scheidet, zu einer Rosenhecke, in deren Schatten es sich wunderbar saufen und buhlen und schwarzhandeln und morden läßt. Darum — damit das nicht geschehe, reißt hier Jesus unsere tiefste Wunde auf und stopft die Gaze hinein, auch wenn es wehtut. Hier sieht uns auf einmal der Gekreuzigte an; und ehe wir von ihm das beseligende, das erlösende Wort vernehmen: »Das tat ich für dich«, muß täglich aufs neue von uns ein anderes Wort gesprochen werden: »Das tat ich gegen dich.« Nur dann, nur dann begreifen wir das Kreuz auf Golgatha. Sonst wird es so harmlos, daß die Damen der Gesellschaft damit ihr Abendkleid zu schmücken wagen.

Daß es hier um eine entsetzlich ernste Sache geht, dürfte nun wohl klar geworden sein. Sie ist so ernst, daß Luther gesagt hat, man müsse daran verzweifeln, man müsse daran zugrunde gehen. Und wie er tatsächlich daran scheiterte, wissen wir alle.

Aber damit stehen wir vor der verzweifelten Frage: Wie kommen wir *über* diese Grenze, die darum nicht weniger schrecklich ist, daß wir Menschen nun mit größtem Aufwand an Energie, Scharfsinn und Seelentraining davon wegzublicken und allem auszuweichen suchen?

Luther hat einmal gesagt: »Zuerst« ist Gott mein Ankläger und mein Herz mein Verteidiger. Er wollte damit zum Ausdruck bringen, daß in dem Augenblick, wo Gott in der Art der Bergpredigt das unbedingte und totale und mich ganz und gar beanspruchende Gebot an mich richtet, mein Gewissen sofort in den Verteidigungszustand übergeht und etwa so zu mir spricht: Wie kann Gott das von mir verlangen? Du kannst doch wahrlich nichts dazu, wenn böse Gedanken in deinem Herzen auftauchen und wenn sich in deinem Unterbewußtsein alles Mögliche zusammenbraut! Du bist verantwortlich nur für denjenigen Sektor deines Ichs, den du als handelnder, bewußter Mensch in der Hand hast und den du mit deinem Willen steuerst. Für jede Forderung, die darüber hinausgeht, darfst du dich — so redet das Gewissen als Anwalt auf mich ein — für unzuständig erklären.

Im zweiten Akt dagegen meint Luther, sei es umgekehrt: Da ist mein Herz der Ankläger, Gott aber mein Verteidiger. Luther meint das offenbar so: Im zweiten Akte, wenn mir Gott zu stark geworden ist, kann mein Gewissen gar nicht anders, als mir offen erklären: So wie du bist (mit deinen Hintergedanken und mit all den bösen Mächten über und unter der Schwelle deines Bewußtseins) hast du dich nicht aus den Händen Gottes empfangen. Also geht es auf *dein* Konto, was sich hier alles in dir findet. Aber nun ergreift Gott dieser Selbstanklage gegenüber das entscheidende Wort und sagt mir, daß *er* meine Verteidigung übernehmen und daß er es nicht dulden will, daß mich all das, was an Schrecklichem in meinen Gedanken, Worten und Taten und unterhalb davon und dahinter ist, von ihm scheidet.

Das ist eigentlich alles: sich von Gott verteidigen, oder besser: Jesus Christus für sich eintreten zu lassen. Aber indem ich ihn für mich eintreten lasse, bleibe ich mir auch immer dessen bewußt, daß es etwas in mir gibt, wogegen er eintreten muß. Und indem ich mich von Gott verteidigen lasse, weiß ich, daß es etwas in mir gibt, gegen das er mich verteidigen muß. Das bewahrt mich vor Hochmut und Leichtsinn.

Ist das nicht eine ungeheure und kaum begreifliche Sache?

Gott nimmt mich sozusagen in Schutzhaft vor mir selbst, indem er mich unter das Kreuz stellt. Nun kann mir nichts mehr, nun kann mir vor allem durch mich selber nichts mehr geschehen.

Da ist die Anklage meines Gewissens (ich bin ja nie vor ihm sicher, es liebt das dauernde Bohren oder auch die jähen Überfälle bei Nacht, wenn es mir Dinge vorhält, um die kein Mensch weiß). Aber nun gilt es und nun ruft in mir mein göttlicher Verteidiger zu: Christus ist hier! Ich bin in seiner Hut und in seiner Schutzhaft.

Da ist der Tod, der mir die Sinnlosigkeit alles Lebens vorlügt und das Versinken ins Nichts. Aber nun gilt: Christus ist hier. Lebe ich, so lebe ich ihm, und sterbe ich, so kann ich auch ihm nur sterben. Ich bin lebend und sterbend bei ihm und sonst nirgends aufgehoben.
Da ist das Leid, das sinnlose, fratzenhafte, übermächtige Leid, der Jammer des ganzen Erdkreises und all das andere, was mich in meinem eigenen Leben peinigt. Und auch hier heißt es: Christus ist hier, es muß alles an ihm vorüber, was mich trifft; und alles, was die Geschichte an Grauen enthält, darf sie doch nicht daran hindern, die ewigen Ziele seiner Liebe zu erreichen und an seinem Thron zu enden.
Weil Gott mir so mit seiner Liebe entgegenkommt, weil er so um mich gelitten hat und sein ganzes Herz mir entgegenschlägt, wenn er mir auf der Treppe des Vaterhauses entgegenkommt, darum, nur darum kann ich ihn wieder lieben. Nur darum kann ich das ganze Gesetz auf einmal erfüllen. Denn die Liebe *ist* ja des Gesetzes Erfüllung.

Hier sieht man ein großes Geheimnis offenkundig werden: Es wird nämlich klar, warum das Gesetz mich niemals zum Ziel bringen kann, warum es mich immer nur zu verwunden und in der Wundheit zu erhalten vermag.
Denn »auf Kommando« *kann* ich ja nicht lieben, auf Kommando kann ich nur parieren. Gehorchen, parieren heißt aber immer, daß ich etwas in mir überwinden, etwas niederkämpfen muß. Deshalb ist ja in der Volkssprache auch sehr drastisch vom »Schweinehund« die Rede, den es zu überwinden gilt, wenn der Befehl kommt. Der »Schweinehund« der Müdigkeit, der Angst, des Trotzes. Darum bin ich beim Gehorchen auch nie ganz dabei, sondern höchstens mit der besseren Hälfte meines Ichs, während die andere gleichsam in Opposition bleibt. Beim Lieben aber bin ich *ganz* dabei; denn Liebe ist ja eine Bewegung meines *ganzen* Herzens, Liebe ist ja immer überströmende und schrankenlose

Hingabe. Darum kann man sie nie befehlen, darum kann sie nur in einem einzigen Fall Ereignis werden.

Ich kann nämlich nur dann mein ganzes Herz schenken, wenn *mir* ein ganzes Herz entgegenschlägt. Ich kann nur dann *lieben*, wenn mir Liebe *entgegengebracht* wird.

Und eben dieses Wunder geschieht nun, wenn ich vor Jesus stehe. Da schaue ich dem Vater mitten ins Herz: in das Herz, das sich losgerissen hat vom Liebsten, vom eingeborenen Sohn; in das Herz, das um meinetwillen blutet; in das Herz, das für einen Menschen schlägt, der da auf der untersten Stufe steht und seine Augen nicht zu erheben wagt. Und dieser eine Mensch bin *ich*.

Ja, den kann ich nun lieben, der da auf einmal neben mir steht auf der untersten Stufe, statt daß er in der Glorie des Himmels bleibt.

Was die Donner und Blitze des Berges Sinai nicht zuwege brachten, daß nämlich mein Herz zur Liebe frei wird und daß ich von ganzem Herzen Kind sein und mich im Vaterhause geborgen fühlen darf, das kommt durch den Einen zustande, der mir als Bruder entgegenkommt und mich geleitet.

»Siehe, hier bringe ich ihn«, sagt er seinem Vater, nachdem er mich abgeholt hat tief unten, »ich habe ihn gar teuer erworben.«

Und um meines Bruders Jesus Christus willen darf ich kommen.

Ist es wirklich noch ein »Befehl«, ist es noch ein »Gesetz«, wenn es jetzt heißt: Lasset uns ihn lieben; denn er hat uns zuerst geliebt? Oder ist dieses Wiederlieben nicht bloß ein Echo, das ich gar nicht abzudämpfen vermag, weil es übermächtig in mir losbricht, ein Echo der jubelnden Gewißheit: Ich bin geliebt, ich bin geliebt, ich darf ja kommen?

JEDES WORT EIN SCHWUR

Ihr habt weiter gehört, dass zu den Alten gesagt ist: »Du sollst keinen falschen Eid tun und sollst Gott deinen Eid halten.«
Ich aber sage euch, daß ihr überhaupt nicht schwören sollt, weder bei dem Himmel, denn er ist Gottes Stuhl, noch bei der Erde, denn sie ist seiner Füße Schemel, noch bei Jerusalem, denn sie ist des großen Königs Stadt.
Auch sollst du nicht bei deinem Haupt schwören, denn du vermagst nicht, ein einziges Haar weiß oder schwarz zu machen.
Eure Rede aber sei: Ja, ja; nein, nein. Was darüber ist, das ist vom Übel.

MATTHÄUS 5, 33—37

Dieser Textabschnitt[1] spricht von der Heiligkeit unseres Wortes. Er redet davon, daß jedes Ja und jedes Nein, das wir sprechen, unbedingt und vor Gott gesagt ist; und daß jedes unserer Worte, einschließlich vieler Handbewegungen, Gesten und Grimassen (denn die können ja noch viel mehr besagen als bloße Worte, die können ja Bände sprechen!), daß jedes unserer Worte für so wichtig gehalten wird, daß das Jüngste Gericht sich darum kümmern und uns mit einer sehr peinlichen Statistik unserer unnützen Worte überraschen wird (Matth. 12, 36).

Wie kommt es aber nun und wie wird es vor allem begründet, daß unser Wort ein solches Gewicht haben soll? Können wir das überhaupt ernst nehmen?

Was wird nicht alles gesprochen und gefaselt, geschrieben und geschmiert, in Liebesschwüren versichert und nie gehalten, in Feindschaft gezischt und später bereut. Wie viele Worte fliegen nicht auf den grauen Fittichen des Gerüchts von Mund zu Mund — ganz anonym, und niemand ist es im Ernstfall gewesen —; mit wieviel »Heil Hitler« ist die Luft geschwängert worden, aber fast jeder distanziert sich davon und pflegt sich damit herauszureden, es sei eben ein Wort ohne Gehalt, es sei eine leere Formsache von gespenstischer Unleiblichkeit gewesen. Ob das Jüngste Gericht ebenfalls dieser Ansicht ist?

Und nun wird uns gesagt, daß alle diese Worte in der Ewigkeit aufgehoben seien und ein unendliches Gewicht besitzen sollen. Ein grotesker Gedanke! Darf man das Wort wirklich so furchtbar pathetisch und so beängstigend ernst nehmen?

Faust sitzt in seinem Studierzimmer und schlägt die Bibel auf. Da ärgert er sich an den Anfangssätzen des Johannesevangeliums, das ja beginnt »Im Anfang war das Wort«:

> »Hier stock' ich schon, wer hilft mir weiter fort?
> *Ich kann das Wort so hoch unmöglich schätzen,*
> Ich muß es anders übersetzen.«

---

[1] Die Kapitelüberschrift entspricht einer Formulierung von Julius Schniewind.

Und dann entschließt sich Faust bekanntlich zu sagen: »Im Anfang war die Tat.«
Ich glaube nun, ich rede in unser aller Namen, wenn ich sage, diesen Satz: »Ich kann das Wort so hoch unmöglich schätzen« möchten wir von Natur aus alle freudig bewegt, oder auch in grimmiger Trauer über das heruntergekommene Rede- und Schreibsubjekt »Mensch«, uns zu eigen machen.
Und doch: Wenn wir als Christen die schwersten Hemmungen haben, diese faustische Übersetzung des Johannesevangeliums mitzumachen und also auch das *göttliche* Wort dieser allgemeinen Abwertung der »Worte« zu unterziehen, dann rührt diese Hemmung zweifellos daher, daß zwischen dem, was das Johannesevangelium »Wort« nennt, und zwischen dem, was unsere Sprache mit »Tat« bezeichnet, eben *kein* Gegensatz besteht. *Wenn Gott spricht, dann ist es eben nicht nur dahergeredet, sondern: dann geschieht's; wenn er gebeut, dann steht es da.* Diese unsere Welt ist durch das Wort geschaffen, und also war das Schöpfungswort eine Tat. Und wenn Jesus Christus zu einem kranken und schuldverstrickten Menschen sagt: »Stehe auf, nimm dein Bett und wandle!« und der steht *tatsächlich* auf, nimmt sein Bett und wandelt, dann wird uns klar, wie sehr dieses Wort tathaft geladen ist, wie es immer ein *vollziehendes* Wort ist und eben nicht bloß das beschreibende theoretische Wort eines Lehrers. Wo Jesus Christus spricht, geschehen immer umstürzende Taten. Da nimmt dieses Wort gleichsam meine Geschicke in die Hand, da werde ich gelöst oder gebunden, da widerfährt mir Heil oder Unheil — ganz einfach deshalb, weil ich mich entscheiden muß. Kein Mensch kann weiterleben wie bisher, wenn dieses Wort einmal in sein Leben gestürzt ist. Wahrhaftig, dies Wort *ist* eine Tat.
Und genau dasselbe (daß nämlich Worte Taten sind und eben nicht bloß Geschwafel) gilt nun auch vom Worte des Menschen: »Die Zunge ist nur ein kleines Glied und richtet große Dinge an. Siehe ein kleines Feuer, welch einen Wald zündet es an« (Jak. 3, 5). Ist nicht der ganze Wald der Welt, der fünf Jahre in Flam-

men stand und in dem es immer noch gefährlich züngelt und zuckt, durch *Worte* angesteckt worden? Durch Worte, welche Verträge schlossen, und durch andere Worte, welche die Verträge wieder brachen; durch Worte, welche anzugreifen befahlen; durch Worte, welche Weltanschauungen einzuflüstern und das Schrecklichste zu legalisieren verstanden; durch Worte, welche böse nannten, was gut war, und die als heilig bezeichneten, was Gott verboten hatte? Bewirkt und trägt nicht das Wort unsere ganze Geschichte? Wer kann sich die Millionen Gräber und die Ruinen denn auch nur *denken*, wenn — ja, wenn es keine Worte gäbe? Herrscht nicht Segen und Freude, wo ein gutes Wort gesprochen wird? Und stehen nicht hinter Familienzwist, hinter Hader und Haß Worte und immer wieder Worte, vergiftete, schlangenhaft sich ringelnde, todbringende? Wer von uns kennt nicht ein Wort, das ihm entscheidend weiterhalf und ihm vielleicht Frieden gab; und wer kennt nicht ein anderes, das wie ein schmerzender Pfahl noch heute in seinem Leben und seiner Seele steckt?

Seitdem das Wort Fleisch ward und alle Menschengeschicke dadurch bestimmt, und umgekehrt: seitdem der Mensch nun auf alles dies antwortet, seitdem er es verwerfen oder annehmen muß und in beiden auf das Jüngste Gericht zugeht, um hier wiederum mit *Worten* Rede und Antwort zu stehen, wahrhaftig: seitdem ist das Wort kein Schall und kein Rauch mehr, seitdem ist es mit dem Ernstfall der Ewigkeit belastet und mit Schicksalen und Verantwortungen geladen, die über Tod und Leben entscheiden und die keineswegs nur den Funken für Waldbrände, sondern auch für das *ewige* Feuer in sich enthalten.

Die Pforten der Hölle werden durch Worte geöffnet und durch Worte verschlossen. Segen und Fluch, Heil und Unheil sind in Worten wie in gnadenvollen und unheimlichen Gefäßen beschlossen.

Dies und nichts anderes ist der Hintergrund, vor dem in der Bergpredigt Jesu über das Schwören und über den Ernst unserer

Worte gesprochen wird. Man kann diesen Bezirk nur mit Furcht und Zittern betreten. Man kann sich nur mit dem Wissen um die eigene Verlorenheit dahin zerren lassen und kann es nicht anders tun als mit dem bangen und bekennenden Ruf: Herr, ich bin unreiner Lippen.

Wenn man vielen Bibelauslegern glauben dürfte, könnte man freilich getrost unsere Stelle überschlagen. (Hat überhaupt jemand in den letzten Jahrzehnten über diesen Text gepredigt?) Denn da wird uns beruhigend versichert, daß natürlich dieses Verbot des Schwörens nichts mit unseren gerichtlichen Eiden und mit seriösen Ehrenwörtern zu tun habe. Und der Seufzer der Erleichterung, der uns bei diesem Zuspruch entfahren mag, wird nur noch tiefer, wenn uns gleichzeitig versichert wird, daß der Herr selber schwurähnliche Formulierungen gebraucht habe.

Ist aber das Schwören nun wirklich so harmlos? Oder sollten wir nicht zunächst einmal die Tatsache sehr ernst nehmen, daß nach Jesu Wort die Sünde sich nicht erst am Meineide offenbart, sondern schon beim Schwören selber und also bei bestimmten feierlichen Formen, in denen ich doch die Wahrheit und nichts als die reine, lautere Wahrheit sage?

Schauen wir doch genau hin und stellen wir einmal die Frage, was denn eigentlich geschieht, sobald ich schwöre. Wenn ich die Schwurformel spreche: »Ich schwöre bei Gott . . .«, dann steckt darin folgendes:

Einmal hat mein Schwur immer den Charakter der *Ausnahme.* Ich schwöre ja nicht immer, sondern ich hebe durch einen Schwur eine bestimmte Aussage in feierlicher Form von der Alltäglichkeit meines sonstigen Redens gerade *ab.* Ich zitiere »ausnahmsweise« bei einer Versicherung den Namen Gottes. Gerade durch diesen Charakter der Ausnahme, in der ich das tue, gebe ich aber doch zu verstehen: Sonst ist Gott nicht unbedingt bei meinen Worten gegenwärtig; und darum haben meine sonstigen Worte eben nicht jenen Grad der Verbindlichkeit und des Ernstes, den ich jetzt zu betonen gedenke. Ich versuche gleichsam, mit Hilfe meines Schwörens das spezifische Gewicht meiner Worte künstlich zu erhöhen, und gebe gerade dadurch zu, daß dieses Wort jenes spezifische Gewicht sonst nicht unbedingt besitzt, und daß ich also »in der Regel« auf den Fluten des allgemeinen Schwätzens mitschwimme.

Hat man diese Tatsache einmal entdeckt, dann erkennt man sie bei allen Beteuerungsformeln wieder. Was heißt zum Beispiel: »Ich gebe mein Ehrenwort«? Das heißt doch, ich verbürge mich, ich binde meine Geltung und meinen Ruf daran, ich stehe und falle mit diesem Wort. Daß ich das aber ausdrücklich betonen muß, bedeutet doch, daß ich »in der Regel« eben nicht in meinem Wort wie in einem Gehäuse anwesend bin, sondern daß ich meine Zunge frei herumvagabundieren lasse.

Ich habe etwa meinem Kinde das Märchen vom Klapperstorch erzählt, weil mir seine Frage unbequem war. Ich habe ein bißchen dumm dahergeredet. Man darf sich diese Unverbindlichkeit ja leisten, weil man es doch allgemein so tut. Das Kind — so sage ich mir — wird doch schon mal hinter den wahren Sachverhalt kommen. (Denke ich aber daran, daß ich mit dieser harmlosen Unwahrheit zugleich ein ganz kleines Körnlein Mißtrauen in das kindliche Herz säe, das vielleicht erst in der Pubertätszeit aufgeht, wenn mich mein Kind in diesen Fragen meidet?) Wie aber wäre es nun, wenn das Kind plötzlich nach dieser albernen Klapperstorchgeschichte fragen würde — was es aber natürlich nicht tut! —: »Auf dein Ehrenwort, Vater, ist es wirklich so? Bist du bereit, damit zu stehen und zu fallen?« Dann würden wir plötzlich merken, daß unser Wort kein spezifisches Gewicht besaß und daß es wieder einmal Geschwätz war.

Oder wenn ich sage: »Ich habe keine Zeit«, oder wenn ich unzählige Male sprach: »Heil Hitler« und jemand hätte mich gefragt: »Auf Ehrenwort? Stehst und fällst du damit?« — so würde ich mit Entsetzen bemerken, wie ich im Unverbindlichen plätschere, wie wir heucheln und lügen und in beiden voll sträflichen Leichtsinns mit jenem Sprengkörper des Wortes operieren, der mit allen himmlischen und höllischen Gewalten geladen ist. Und ist dies alles nicht schauderhaft und im höchsten Grade schreckenerregend? Wo deshalb die Formel aufklingt: »Ich schwöre bei Gott«, sage ich nichts Geringeres als dies: »Ich will jetzt einmal einen Bezirk unbedingter Wahrheit abgrenzen und durch besondere Wälle gegen die trüben Fluten der Unwahrheit und des Unernstes abschirmen, die sonst auch *meine* Worte überschwemmen.« Ja, noch mehr: Ich sage mit alledem, daß die anderen von vornherein mit meiner Lüge rechnen. Und gerade weil sie damit rechnen, muß ich ja die schweren Geschütze von Eiden und Ehrenworten auffahren, um eine Bresche in diese abgründig pessimistischen Vorurteile meiner Mitmenschen, in diese geschlossene Phalanx des Mißtrauens (und zwar des berechtigten Mißtrauens!) zu schießen.

Es ist ein Zeichen für die überhandnehmende Lüge und das entsprechend überhandnehmende Mißtrauen, wenn die Schwüre und Versicherungsformeln in unserer Zeit geradezu inflationistisch zunehmen. Wie viele Eide wurden im Dritten Reich verlangt — vom Pimpf bis zum Rentner —, unter wie viele Fragebögen müssen wir feierliche Versicherungen mit Zeugen und Bürgen setzen, weil das Wort billig geworden ist und seine Ewigkeit verloren hat und weil man darum nach künstlichen Belastungen Ausschau halten muß, um das verlorene Gewicht zu ersetzen. Möge es unserem Volke, das förmlich zur Heuchelei erzogen wurde und in dem fast jedes Wort anders gemeint war, als es dem Wortlaut nach hieß (die Kirche machte nicht entfernt eine hundertprozentige Ausnahme!), in Gnaden geschenkt werden, daß es das Wort nicht auf ewig verloren hat, sondern daß es das eigentliche und wahre Wort noch einmal findet und darin glaubwürdig wird und mit diesem *einen* Wort alle anderen, auch die alltäglichen, dann verbindlich und gewichtig macht. Möge es ihm geschenkt sein, daß es jenes *eine* Wort findet, ohne das alle andern wie Flugsand verwehen, das Wort: »Mein Herr und mein Gott«.

Wer dieses Wort, dieses auf Gottes Wort antwortende Wort zu sprechen weiß, wird als einziger glaubwürdig in einer verlogenen Welt, weil er das Antlitz Gottes kennt und in seiner Gegenwart zu reden begonnen hat.

In seinen Kampfreden gegen die Pharisäer macht Jesus noch auf eine andere raffinierte Gestalt der Lüge aufmerksam: »Weh euch, verblendete Leiter, die ihr sagt: Wer da schwört bei dem Tempel, das ist nichts; wer aber schwört bei dem Gold am Tempel, der ist's schuldig« (Matth. 23, 16).

Hinter diesem etwas kompliziert klingenden und zeitgeschichtlich bedingten Wort steht eine Botschaft, die mitten in unser heutiges Leben hineinspricht.

Bei dem zitierten Schwur meinten die Pharisäer offenbar, wenn sie beim Tempel schwörten, könne man einen nicht unbedingt darauf festnageln, ob es auch stimme, was man versichere. Wenn man dagegen beim Golde am Tempel schwöre, dann gebe es kein Deuteln und Drehen, dann müsse man zu seinem Worte stehen.

Anders ausgedrückt: Es gibt nach allgemeiner Übereinkunft Fälle, in denen man nicht die Wahrheit zu sagen braucht und in denen es so etwas wie einen »geistigen Vorbehalt« gibt (reservatio mentalis).

Drücken wir die Sache so aus, dann spüren wir sofort, wie sie uns unmittelbar angeht.

Denn auch bei uns gibt es solch stillschweigendes, öffentlich geheimes Einverständnis darüber, daß bestimmte Worte nicht verpflichtend seien. Bestimmte Formen der Höflichkeit geben Gelegenheit, das Gegenteil von dem zu versichern, was man wirklich denkt. Da ist das große Kapitel der kleinen *Notlügen*, von der Behauptung »ich habe keine Zeit« bis zur Weisung an das Dienstmädchen »die Herrschaften sind ausgegangen«, während man zehn Schritte daneben behaglich beim Tee sitzt. Beim Kommiß — aber wahrlich nicht nur bei ihm — gibt es geradezu eine bestimmte Technik, dies und jenes nicht wahr sein zu lassen, sozusagen ein seit Jahrhunderten bewährtes Vokabular, das Auskunft darüber gibt, was man in diesem und jenem Fall zu sagen und im Sagen zu verschweigen hat.

Jedenfalls gibt es im Leben der menschlichen Gesellschaft bestimmte Bereiche, in denen nach allgemeiner Übereinkunft das Wort nicht ernst genommen wird, in denen es sein spezifisches Gewicht nahezu völlig verloren hat. Deshalb würde jemand die Behauptung, er habe gelogen, wenn er sich einem Besuch gegenüber verleugnen ließ, geradezu als unbillige Verleumdung empfinden, weil die kleine Notlüge doch jenseits von Gut und Böse steht, weil sie gleichsam gesellschaftlich sanktioniert ist und weil man das Wort hier nicht — wie es so schön heißt — »auf die Goldwaage« legen darf. Ich fürchte im übrigen, daß die Summe all der Worte, die wir hier unten nicht auf die Goldwaage gelegt haben, im Jüngsten Gericht in der Lage sein wird, die schweren Gewichte einer Dezimalwaage nach oben schnellen zu lassen. Der große Prediger Bezzel sagt deshalb mit Recht: »Notlügen sind Seidenfäden, die an den Feind binden, unscheinbare Gewebe, die doch aus der Hölle stammen.«

Gewiß, es sind »Seidenfäden«, die man zunächst nicht sieht. In der Hölle fängt ja alles mit Harmlosigkeiten an. Die Weltgeschichte hat mit dem unscheinbaren Griff nach dem Apfel begonnen. In der Volkssprache würde man nicht einmal von Diebstahl, sondern vermutlich nur von »Organisieren« sprechen, und doch hing Kains Brudermord, hing der Turmbau zu Babel und hängen Krieg und Kriegsgeschrei mit dieser kleinen Manipulation zusammen. Ein *Mord* beginnt mit den zarten Seidengespinsten einiger Gedanken, ganz intern natürlich und wohl verschlossen in jenen Bereich des Herzens, wo die Gedanken ihre privilegierte Freiheit haben und es also nicht verboten sein kann, sie zu denken. — Ein *Ehebruch* beginnt mit einem Blick; und die Drahtseilbindungen der größten Leidenschaften sind alle einmal Seidenfäden gewesen. Genau so wie das, was zunächst die Goldwaage kaum bewegt, im Jüngsten Gericht für die Dezimalwaage zu schwer ist, so verdickt sich das zarte Gespinst der Kleinigkeiten zu großseiligen und engmaschigen Netzen, in denen uns der Verkläger zu fangen und als Beute dem Jüngsten Gerichte vorzuführen gedenkt.

Ist das alles aber nicht doch ein wenig oder auch sehr übertrieben, und hat es nicht seinen guten Sinn, ein paar Bereiche in unserem Leben auszusparen, in denen der Ernstfall vor Gott nicht gilt und in dem die Unverbindlichkeit des Spieles regieren darf? Warum sollten wir hier im Ernste mit Seidenfäden an den Feind gefesselt sein?
Damit werden wir vor ein großes christliches Geheimnis gestellt. Es gibt eben keinen Bereich, der nicht im gleichen Augenblick, wo er Gott entzogen wird — und zwar gar nicht böswillig, sondern nur in dem Sinne, daß er als religiöses Niemandsland, als ein Bereich jenseits von Gut und Böse proklamiert wird —, der nicht in diesem gleichen Augenblick vom Feind besetzt würde; auch hier zunächst gar nicht mit klingendem Spiel und mit fliegenden Fahnen, in gar keiner Weise »demonstrativ«, sondern zunächst nur durch seine »fünfte Kolonne«, die anonym und im Dunkeln arbeitet.
Ist aber das, was hier im Kleinen gefordert wird, — eben jene gottfreie Zone — nicht auch im Großen Wirklichkeit geworden? Hat man nicht die Eigengesetzlichkeit der Politik, der Wirtschaft, der Wissenschaft und der Kunst gefordert, in denen das Gottesgesetz nichts zu suchen habe, und die nur ihren eigenen Sachgesetzen zu gehorchen hätten?
Wie schmal ist der Sektor des Lebens geworden, den man allenfalls Gott noch als Hoheitszone zuzubilligen bereit ist! Und wo man es tut, da höchstens im Sinne einer sehr eingeschränkten und konstitutionellen Monarchie, in der wir Menschen im Parlament und damit in der eigentlichen Schlüsselstellung der Macht zu sitzen begehren. Wie unheimlich weit haben wir uns vom

Ernste des Wortes entfernt, daß dem Herrn Christus *alle* Gewalt im Himmel und auf Erden gegeben ist, und daß es also keinen privaten Herzenswinkel und keine öffentlichen Lebensbereiche gibt, daß es keinen Vertrag zwischen den Völkern und kein im Dunkeln geflüstertes Wort gibt, die nicht alle seinen Geboten unterworfen wären und im Jüngsten Gericht verantwortet werden müßten!?

Dieser kleine Abschnitt über den Ernst unseres Wortes führt uns wahrlich vor die allerletzte Frage. Wir stehen eben immer vor dieser letzten Frage. Es gibt einen, der uns mit seinen Fragen nicht in Ruhe läßt.

Und nun darf ich ganz einfach folgende praktische Beobachtung mitteilen.

Wo einer einmal jenen Bereich der kleinen Unwahrheiten, der Konventions- und Notlügen durchstößt, und wo er im Namen des Jüngsten Gerichts und des heiligen Angesichts Gottes ehrlich ist, macht er eine mehrfache Erfahrung:

Erstens, wie schwer es im ersten Augenblick ist, dieses stille Übereinkommen der Welt zu durchbrechen. Man kommt sich geradezu wunderlich dabei vor und setzt sich zunächst zweifellos dem Verdacht aus, ein Original zu sein.

Zweitens aber entdecken wir, welch eine ungeheure Befreiung davon ausgeht, wenn man es doch tut — sobald sich nur einmal der Verdacht einer polternden Offenheit verzogen hat — und unsere Umgebung bemerkt, unter welchem Befehl wir stehen. Die Nichtbenutzung einer kleinen und als völlig legal anerkannten Notlüge kann ein stärkeres Bekenntnis sein als eine ganze »christliche Weltanschauung«, die ich in umständlichen und eindrucksvollen Diskussionen vertrete. Der Chef, vor dem ich in dieser waffenlosen, auf alle Tarnung verzichtenden Offenheit stehe, im Namen Jesu stehe, wird auf einmal den Vertreter meines Herrn in mir sehen, der im Amte handelt, und vor dem seine bürgerliche Sicherheit, in solchen Fällen zu reagieren, versagt. Der Untergebene wird meine ehrliche Selbstentblößung, wenn ich sie im Namen Jesu vollziehe, nicht als Autoritätsverlust empfinden, sondern als eine Stärke, die ich mir als Knecht eines starken Herrn in königlicher Freiheit leisten kann.

Ich werde etwas davon erleben, wie unter der Herrschaft dieses Herrn *Vertrauen* in ganz andrer Weise wächst, als ich es mit meinen Notlügen künstlich zu gewinnen und zu erhalten vermochte. Ich werde in meiner Umgebung etwas von der Sehnsucht nach der Wahrheit, nach dem Freiwerden von der Unwahrheit bemerken, die jeder Mensch in sich trägt und die ihn mit größter Spannung auf die Christen in seiner Umgebung blicken läßt; mit der gespannten Frage nämlich, ob die Wahrheit und ob jene Freiheit der Kinder Gottes in dieser Welt überhaupt möglich sei und ob es denn wirklich stimme, daß der, den der Sohn Gottes frei macht, wirklich und recht frei sei (Joh. 8, 36). Wer unter Jesus Christus die Freiheit gewinnt, wahr zu sein — einfach, weil er der Verheißung glaubt, daß alle, die ihn ihren Herrn sein lassen, nicht zuschanden werden —, der merkt es erst, in welcher Knechtschaft er lebte, als er von den Seidenfäden der Konventions- und Notlügen an die Hölle gekettet war.

Wir wollen doch nicht so tun, als ob das alles so viel schwerer wäre als das Trägheitsgesetz der Lüge! Nichts ist im Grunde schwerer und mehr beelendend, als an die Hölle gekettet zu sein; und nichts ist leichter, als den Sprung in die Freiheit zu wagen, die uns der Sohn Gottes verheißt und die er mit seinem Tod besiegelt hat. Hier gilt wirklich das Wort, daß seine Gebote nicht schwer sind; denn sie verlangen ja nicht, daß wir heroisch gegen eine ganze Welt der Lüge antreten — da könnte uns bange werden! —, sondern sie verlangen ja nur, den zu lieben, der diese Welt der Lüge überwunden *hat*. Dann aber ist ganz von selbst schon dafür gesorgt, daß wir nun in die Weltüberwindung unseres Herrn aufgenommen werden und diese Überwindung im Siege Jesu Christi mit vollziehen dürfen.

Was würde es bedeuten, wenn wirklich unser »Ja, ja« und unser »Nein, nein« diese Bedeutung der Weltüberwindung bekäme, wenn es so in jedem Augenblick vor *Gott* gesagt wäre und wirklich auch gesagt sein *dürfte*, wenn wir also nicht mehr auf die Eselsbrücken der kleinen Lügen und Unverbindlichkeiten angewiesen wären, einfach weil Jesus diese Welt überwunden *hat*, und weil wir nun wirklich nicht mehr so zu tun brauchen, als müßten wir noch mit den Wölfen heulen, und als gäbe es Bereiche, in denen er nicht der Herr wäre.

Darum werden wir dann, wenn wir in dieser gefallenen Welt schwören oder Ehrenworte geben müssen, immer daran denken, daß das nur eine Notverordnung dieser von Lüge durchsetzten Welt ist und daß mit Hilfe dieser Notverordnung überhaupt ein Bezirk in ihr abgegrenzt werden soll, in dem ausnahmsweise die Wahrheit gilt. Wir sollen daran denken, daß es in genau demselben Sinne um eine Notmaßnahme geht wie bei der Ehescheidung, die ja ebenfalls in einer Welt des Ehebruchs nötig werden und von Gott in herablassender Geduld erlaubt sein kann. Darum sollen wir mit unserem zur Freiheit erlösten »Ja, ja« und »Nein, nein« bezeugen, wie fröhlich wir dieser Welt der Lüge Valet sagen, und wie herrlich die Freiheit der Kinder Gottes ist, die in die Wahrheit gekommen sind, weil sie dem König der Wahrheit angehören.

Seitdem Jesus Christus das Fleisch gewordene Wort war und unser menschliches Wort gewürdigt hat, die Botschaft des Lebens darein zu fassen, ist dieses Wort geheiligt. Es widerstrebt uns ja auch, das *Kreuz* als Schmuck und eitlen Tand zu gebrauchen, seitdem der Heiland daran gehangen hat. Und genau so wie der Heiland am Kreuze gehangen hat, so hat er ja auch am Worte gehangen: Er wurde gekreuzigt durch die Worte der Menschen, durch mein und dein Wort, die wir zusammen mit Pilatus es nicht glauben wollten, daß es einen König der Wahrheit in einer Welt gäbe, in der es statt um Wahrheit nur um Interessen geht. Er wurde gekreuzigt durch mein und dein Wort, durch das wir feierlich kund und zu wissen taten: Wir wollen diesen nicht, der Zeuge unserer tiefsten Schmach ist, und dessen

Mitleid keine Grenzen kennt (Nietzsche). Und weiter: Er hat gehangen am Worte der Verheißung Gottes, daß er uns unter Schmerzen suchen und daß er sich's etwas kosten lassen wolle.
Mit dieser schweren Last des gekreuzigten Heilands ist seitdem unser menschliches Wort befrachtet. Wenn wir es deshalb zum Geschwätz erniedrigen und damit gewichtslos machen, dann heißt das nichts anderes, als daß wir diese teure Last des Heilandes von unseren Worten hinunterstoßen und einem zweiten Tode überantworten, der uns diesmal keinen Segen bringt.
Denken wir also an dieses kostbare Gewicht des menschlichen Wortes und denken wir auch daran, daß die gleichen Worte, die wir täglich sprechen, die Elemente bilden, aus denen unser Gebet zusammengesetzt ist. Man bedenke, was das heißt! Es heißt nämlich dies: Die argen Gedanken unseres argen Herzens dürfen sich betend auf Gott richten, und die furchtbare Brandfackel unserer Zunge darf diese Gedanken ins Dasein geleiten und zu Gott emporsenden. Das ist die große Verwandlung unserer Sprache, die denen geschenkt ist, die unter dem König der Wahrheit leben und die königliche Freiheit zu schmecken begonnen haben, die er allein schenkt.

»Eure Rede sei: Ja, ja, — nein, nein. Was darüber ist, das ist vom Übel.«
Am Ja zu Jesus Christus gewinnen wir die Ewigkeit.
Im Nein verscherzen wir sie.
Zwei Worte umspannen unser ewiges Schicksal.
Diese beiden Worte sollen auch unserem Reden in der Welt seine heilige Knappheit und seine Verantwortung geben. Über allem aber steht die Bitte: Vergib uns unsere Schuld!

DAS NEIN ZUR VERGELTUNG

Ihr habt gehört, dass da gesagt ist: »Auge um Auge, Zahn um Zahn.«
Ich aber sage euch, daß ihr nicht widerstreben sollt dem Übel; sondern, so dir jemand einen Streich gibt auf deinen rechten Backen, dem biete den andern auch dar.
Und so jemand mit dir rechten will und deinen Rock nehmen, dem laß auch den Mantel.
Und so dich jemand nötigt *eine* Meile, so gehe mit ihm zwei.
Gib dem, der dich bittet, und wende dich nicht von dem, der dir abborgen will.

Ihr habt gehört, daß gesagt ist: »Du sollst deinen Nächsten lieben und deinen Feind hassen.«
Ich aber sage euch: Liebet eure Feinde; segnet, die euch fluchen; tut wohl denen, die euch hassen; bittet für die, so euch beleidigen und verfolgen, auf daß ihr Kinder seid eures Vaters im Himmel; denn er läßt seine Sonne aufgehen über die Bösen und über die Guten und läßt regnen über Gerechte und Ungerechte.
Denn so ihr liebet, die euch lieben, was werdet ihr für Lohn haben? Tun nicht dasselbe auch die Zöllner? Und so ihr euch nur zu euren Brüdern freundlich tut, was tut ihr Sonderliches? Tun nicht die Zöllner auch also?
Darum sollt ihr vollkommen sein, gleichwie euer Vater im Himmel vollkommen ist.

MATTHÄUS 5, 38—4

Immer, wenn wir diese vielleicht schwersten und dunkelsten Worte des Neuen Testaments hören, überfällt uns ein zwiefältiges Empfinden.
Auf der einen Seite fühlen wir uns aus unserer Welt des Mißtrauens, aus der Welt des brutalen Kampfes um die Futtertröge, aus der gespannten Atmosphäre eines Landes, in das viel zuviel Menschen hineingepfropft sind und in dem die verschiedensten Selbsterhaltungstriebe miteinander konkurrieren, hineinversetzt in eine Landschaft des Friedens. Dort scheint es kein Leid und kein Geschrei zu geben; dort leuchtet wohl die Sonne der Barmherzigkeit über die Bösen und über die Guten.
»Süßer Friede, komm, ach komm in meine Brust«, so mögen wir sagen, wenn uns beim Anblick dieser Landschaft eine Ahnung davon überkommt, was Gott *eigentlich* mit unsrer unglücklichen und sich selber fressenden Welt vor hat.
Aber dann überfällt uns sofort die Ernüchterung. Ist diese Landschaft, in der die Liebe regiert und die Feindschaft entthront ist, nicht ein Märchenland? Ist sie nicht ein unwirkliches Orplid, und

ist es darum nicht ein peinliches Zeichen von Schwäche, wenn man solchen Träumen von einer friedvollen und feindschaftslosen Welt nachsinnt? Denn nicht wahr: Wir möchten doch das Leben, dieses gefährliche Leben, so bestehen, wie es nun einmal ist, wir möchten doch die Füße auf der Erde behalten, auch wenn diese Erde grausam ist!

Hat Jesus Christus denn nicht selbst diese Erde ausgehalten? Ist nicht sein Marterkreuz in eben diese Erde gerammt worden als Zeichen dessen, wie nahe er ihrer Qual, ihrer Grausamkeit blieb? Wie sollte man also im Ernste annehmen können, daß Jesus, der doch mehr als jemand anderes wußte, »was im Menschen ist«, und der sich selber bei klarem Bewußtsein dieser Bestie Mensch vorwarf, wie könnte man, frage ich, im Ernste annehmen, daß dieser Jesus einer weltfremden Träumerei huldigte? Die Bestie im Menschen läßt sich doch höchstens einsperren, vielleicht ein wenig dressieren, auf keinen Fall aber hinwegkommandieren! Und das sollte als einziger von allen Menschen nur Jesus von Nazareth nicht gemerkt haben?

So einfach werden wir nicht mit diesem Worte fertig. Vielleicht wäre diese billige Erklärung möglich, wenn sie von irgendeinem pazifistischen Phantasten stammte, dem die menschliche Natur noch nicht aufgegangen war. Bei Jesus aber, der mehr vom Menschen weiß als irgend jemand von uns, verbietet sie sich.

Jedenfalls müssen wir diesem Worte Jesu in all seiner Problematik standhalten. Ich glaube im übrigen nicht, daß es Jesu Wunsch ist, daß wir ihm alles gleichsam »auf Anhieb« glauben. Er hat ja gerade die geliebt, denen das Glauben schwer fiel. Einfach deshalb, weil sie ihn ernster nahmen als die religiösen Allesschlukker. Die Zweifelnden werden immer mehr gesegnet als die bloßen Mitläufer des Glaubens. Denn nur sie erfahren es ganz, daß ihr Herr stärker ist als jeder Zweifel und als jede Hölle der Anfechtung.

So wollen wir unseren Zweifel zu Jesus hintragen und ihn fragen: Wohin würde es denn führen, Jesus von Nazareth, wenn wir dein Wort ernst nähmen, daß wir unserem Beleidiger auch die linke Wange hinhalten sollen? Wohin würde es denn führen, wenn wir gegenüber einem Langfinger, der unseren Anzug »organisieren« will, auf jede Behauptung unseres Rechtes verzichteten und uns im Namen Gottes sogar ausziehen ließen bis aufs Hemd? Wohin würde es führen, Jesus Christus, wenn wir unseren Feind zu lieben versuchten? Wäre das nicht im höchsten Grade unsachlich und schließlich auch untreu gegenüber unserer Aufgabe, die wir vielleicht allen Widerständen und Gegnern zum Trotz zu behaupten haben? Würde das nicht zu einer charakterlosen Verwischung aller Gegensätze führen, die du doch gerade selber ernstgenommen hast, Jesus von Nazareth, wenn du sagtest, du seiest nicht gekommen, Frieden zu bringen, sondern das Schwert?!

Ja, noch mehr. Die ganze Rechtsordnung würde doch durch dein Wort zerstört werden. Müßte nicht die Erfüllung deines wunderlichen Befehls nur zu Anarchie und blutigen Revolutionen führen? Dürfte dann nicht das böse Gelichter auf den Gassen sein freches Haupt erheben, weil ihm niemand mehr entgegentreten könnte? Und würde nicht also statt einer Landschaft des Friedens eine Diktatur der Bösewichter entstehen? Dürften nicht alle brutalen und gemeinen Instinkte ihre Orgien feiern? Und das solltest du wollen, Jesus von Nazareth?

Wahrhaftig, wir können diese Zweifel nicht einfach hinunterwürgen. Sie stammen außerdem, soviel ich sehe, auch keineswegs nur aus unserer Natur, sondern von ihm selbst.

Aber wie wäre es nun, wenn wir die Frage einmal umgekehrt stellten?

Nehmen wir einmal einen Augenblick an, Jesu Forderung der Feindesliebe bestünde zu Recht. Es sollte also wirklich gelten und in Kraft sein, daß wir grenzen- und bedingungslos barmherzig zu sein hätten. Nehmen wir einmal an, das alles sollte tatsächlich so sein und zwar einfach deshalb, weil Gott ja auch *uns* gegenüber grund- und grenzenlos barmherzig ist (Luk. 6, 36)

und sich über unsere Feindschaft und unser Rebellentum hinweggesetzt; ich frage: Wäre dann die Tatsache, daß wir jenes Gebot Jesu gar nicht erfüllen *können* und daß diese Welt eine solche Erfüllung geradezu zu verweigern scheint, nicht ein Zeichen dafür, wie gottentfremdet und verloren diese Weltordnung ist? Vielleicht haben wir also gar kein Recht, im Namen der brutalen Gesetze unserer Welt jene Liebesgebote Jesu anzuzweifeln und als weltfremd anzuprangern? Vielleicht müßten wir gerade umgekehrt im Namen jener Liebesgebote einmal unsere *Welt* in Frage stellen: nämlich als eine an Sünde und Feindschaft verkaufte, als eine verrückte, eine aus der Ordnung gerückte Welt. Haben wir uns denn nicht alle schon einmal gefragt — vielleicht als Geschäftsleute, die sich vor lauter einengenden Bestimmungen und Steuerverordnungen kaum noch bewegen können, oder als Leute, die in den Mechanismus der allgemeinen Konkurrenz eingespannt sind und nun mit den Wölfen heulen und verschiedene Fragwürdigkeiten mitmachen müssen, wenn sie nicht unter die Räder kommen wollen — haben wir uns nicht alle schon einmal gefragt, wie man in dieser Welt den Willen Gottes überhaupt kompromißlos erfüllen *könnte*, selbst wenn wir persönlich dazu entschlossen wären? Kämen wir denn bei dem Versuch, das doch zu tun, nicht wirklich unter die Räder, eben weil in dieser Welt brutalere Gesetze gelten als in der Bergpredigt und weil Feindschaften, Konkurrenzen und Gegensätze eben durchgekämpft, aber nicht durch Liebe überbrückt werden dürfen? Wenigstens dann nicht einfach »überliebt« werden dürfen, wenn ich Wert darauf lege, auch nur ein einziges Bein auf der Erde zu behalten und nicht jedesmal nur der Dumme zu sein?
So müssen wir also diesen einen Ton in unserem Text ganz deutlich vernehmen: daß in ihm eine *Anklage* gegen unsere ganze Welt schwingt, sozusagen ein gewaltiger Protest, durch den sich Jesus strikte weigert, die Gepflogenheiten dieser Welt mitzumachen, und das Gesetz, man müsse eben mit den Wölfen heulen, anzuerkennen; eine große Trauer Jesu darüber, was aus der

Welt seines Vaters geworden ist, und daß das Mahnmal der Barmherzigkeit so völlig aus ihrer Mitte getilgt ist, obwohl sie doch selbst auf Schritt und Tritt von dieser Barmherzigkeit und Geduld Gottes lebt. Im Hintergrund dieser Worte Jesu steht das Wissen, daß Gott und diese Welt »über Kreuz« sind und daß beide in einem furchtbaren Widerspruch zueinander leben: in einem Widerspruch, wie ihn das blutige Golgathakreuz bezeugt.

Das wird besonders deutlich, wenn wir bedenken, daß hier Jesu Barmherzigkeit keineswegs bloß im Gegensatz zu gewissen Entartungserscheinungen der Welt steht, sondern daß es sogar über Kreuz steht mit den völlig legalen und anerkannten Rechtsordnungen unserer Welt.

Denn die Regel »Auge um Auge, Zahn um Zahn« ist doch ein anerkannter Rechtsgrundsatz. Das ganze Zivil- und Straf- und Völkerrecht unserer Welt ist doch auf Wertausgleich und Wiedergutmachung hin angelegt. Kann die Welt überhaupt anders in Ordnung und in Gleichgewicht gehalten werden als durch Vergeltung und Wiedergutmachung, als durch Sühne und Ausgleich? Alles im Leben muß doch bezahlt werden, auch die Schuld; und also gilt es wahrhaftig: »Auge um Auge, Zahn um Zahn.«

Und nun scheint Jesus diesen ganzen Gang, diese ganze Ordnung der Welt zu bestreiten. Nun scheint er sich protestierend dagegen zu stemmen.

Ist er ein Utopist oder Revolutionär, daß er so etwas wagt?! Ein Schwärmer, der am Ende von dem Räderwerk dieser Weltordnung zermalmt wird, das er eben trotz allen Alarmsignalen und trotz allem Rütteln nicht umzuschalten oder aufzuhalten vermochte?

Und steckt nicht eine grausige Ironie darin, daß dieser Jesus Christus, daß der Sohn Gottes tatsächlich in einem legalen Gerichtsverfahren dieser Welt verurteilt wird und aller Wahrscheinlichkeit nach eben keinem illegalen Justizmord zum Opfer fällt?[1]

---

[1] Manche Ausleger deuten das Gerichtsverfahren gegenüber Jesus anders.

Kommt hier nicht die ganze Ohnmacht und auch die ganze Fragwürdigkeit dieses Protestes zum Ausdruck?

Aber ich glaube fast, indem wir so alle unsere Zweifel ganz ernst nehmen und offen vor Jesus aussprechen, sind wir doch schon zu weit gegangen und auf eine falsche Fährte geraten.
Will denn Jesus tatsächlich das Recht abschaffen? Das eigene Verhalten des Herrn spricht jedenfalls auf Schritt und Tritt gegen diese Unterstellung.
Er bietet dem Schlagenden keineswegs einfach die andere Wange dar, sondern stellt die ihn verhaftende Polizeitruppe zur Rede (Mark. 14, 48; Joh. 18, 23). Ein anderes Mal freilich duldet er auch schweigend und schilt nicht wider, da er gescholten wird (Mark. 15, 19). Auch seinen Jüngern befiehlt er, daß sie sich nicht waffenlos auf ihren einsamen Missionsfahrten dem Meuchelmord preisgeben, sondern ein Schwert mitführen (Luk. 22, 36). Und hat er nicht auch die Ehescheidung wenigstens um der Herzenshärtigkeit willen zugelassen und es erlaubt, daß jemand, der mit einem Ehebrecher verheiratet ist, sich von diesem seinem Partner trennt und also auch seinerseits die Ehe löst? Daß er folglich Lösung mit Lösung beantwortet — Auge um Auge, Zahn um Zahn? Soll ich noch fortfahren und soll ich noch darauf hinweisen, wie auch Paulus das römische Recht anruft und also durchaus die Ordnung dieser Welt anruft und mitmacht? (Apg. 16, 17f.; 22, 25f.; 25, 10f.)
So einfach liegen die Dinge also nicht, daß Jesus hier mit einem gewaltsamen Programmwort Recht und Ordnung brüsk liquidieren wollte und daß er als einziger in der Welt nicht sähe, wie dann Chaos und Anarchie, aber bestimmt nicht das Reich Gottes triumphieren würde.
Jesus will uns in dieser krassen, wehtuenden, zuschlagenden, aber eben darum auch unüberhörbaren Formulierung sagen, daß das menschliche Recht nicht in der Lage ist, das Verhältnis zum Nächsten so zu regulieren, wie Gott es haben will, daß viel-

mehr dieses Recht nur eine *Notverordnung* in unserer gefallenen Welt ist.

Und hier müssen wir nun ganz praktisch werden, so praktisch, daß du und ich hier auf einmal aufgerufen sind.

Denken wir z. B. an die Hausordnung in einer Mietskaserne. Vielleicht müssen Küche und andere Räume zwischen bisherigen Bewohnern und neu hinzugekommenen Flüchtlingen noch geteilt werden. Um so genauer muß alles durch die Hausordnung, also durch das »Recht«, geregelt sein.

Kein Mensch kann daran zweifeln, daß es diese Ordnung geben muß, sonst würde gleich eine heillose Schlamperei einreißen, und die fleißige Hausfrau würde eins, zwei, drei von der faulen ausgenutzt und müßte deren Schmutz mit wegfegen. Eben darum müssen Rechte und Pflichten vom Treppenputzen bis zur Waschküchenbenutzung genau abgegrenzt sein.

Wenn ich nun bloß »rechtlich« (also an sich durchaus korrekt) denke, so interessiert mich der Bewohner des Unterstocks oder der Mitbenutzer meiner Küche nur unter dem Gesichtspunkt, ob er ein guter, hilfsbereiter Nachbar oder ob er Störenfried und ob er schlampig ist.

Entsprechend ist dann auch mein Verhalten zu ihm. Hat er mich z. B. durch seine Unpünktlichkeit gereizt und alle meine Waschküchenpläne über den Haufen geworfen, oder hat er eine Treppenreinigung unterlassen, dann lasse ich ihn das gleiche auch einmal von meiner Seite spüren, damit er einmal sieht und am eigenen Leibe erfährt, wie das ist. Ich sage mir ganz mit Recht (und auf der *menschlichen* Ebene kann im Prinzip nichts dagegen eingewendet werden, obwohl diese kleine Rache auch einen menschlichen, allzumenschlichen Kitzel beschert), so bringe ich ihm am besten die Regel bei: »Was du nicht willst, das man dir tu', das füg' auch keinem andern zu.«

Ist er dagegen nett und hilfsbereit, dann bekommt er auch von mir das entsprechende Echo. Alles Leben in der Welt ist ja auf dieses Echogesetz im Guten und im Bösen aufgebaut.

So liegen die Dinge zweifellos auf der *menschlichen* Ebene. In dem Augenblick aber, wo ich den andern nun *vor Gott* sehe, wo ich selbst in der Jüngerschaft Jesu stehe, da weiß ich: Jesus Christus ist für den andern Menschen gestorben, für diesen unsympathischen, ärgerlichen, widerwärtigen und vielleicht charakterlosen Patron, und eben dadurch hat dieser andere Mensch nun seine unendliche Wichtigkeit. Vorher sah ich ihn nur unter dem Gesichtspunkt an, ob er *mir* nützt oder schadet. Da stand ich selbst also immer im Mittelpunkt aller Regeln, nach denen ich ihn behandelte. Ich selbst war letztlich der Zweck, für den er ein geeignetes oder aber ein ungeeignetes Mittel war.

Aber jetzt, unter den Augen Jesu, verändert sich die ganze Frage. Da stehe ich keineswegs mehr im Mittelpunkt, sondern der andere. Da muß ich mich nämlich fragen: Wie kommt es, daß der andere so geworden ist, wie er nun einmal ist? Vielleicht ist er ein Flüchtling, vor dem die Zukunft in bleierner Undurchsichtigkeit liegt und der zu hoffnungslos ist, um überhaupt noch darauf zu achten, wie er auf andere wirkt. Vielleicht ist sein Leben von schwersten Leiden überschattet gewesen, das hat ihn herb gemacht oder in seinem Charakter zerbrochen. Vielleicht hat er auch eine unglückliche Erbmasse und man müßte ihn, um ganz gerecht zu sein, vor dem Hintergrund seiner ganzen Familie sehen. Vielleicht besaß er auch eine schlechte Kinderstube. Ich sehe ihn also mit den Augen des Erbarmens an und beginne ihn zu verstehen, weil ich ihn als den ärmsten Bruder Jesu Christi *liebe*. Unter der Hand hat sich also mein ganzer Beurteilungsmaßstab verschoben. Zunächst ist es nämlich wichtig, daß ich nun nach dem anderen Menschen *selber* frage, daß ich ihn also ernst und wichtig genug nehme, um ihn dieser Frage zu würdigen, und daß ich nicht mehr nur nach seinem Verhältnis zu mir frage und mich damit nur selber wichtig nehme: nämlich als den eigentlichen Zweck wichtig nehme, dem der andere zu dienen habe.

Und weil mir der andere unter den Augen Jesu so ganz neu in

seiner eigenen Würde aufgeht, in der Würde nämlich, ein Bruder Jesu Christi zu sein, darum muß ich nun noch eine weitere Frage stellen: Was dient dem anderen zu seinem ewigen Heil? Was kann *ich* tun, was *muß* ich tun, daß Jesus nicht vergeblich für ihn gestorben ist? Wenn ich gezwungen bin, dieser Frage standzuhalten, drängt sich ganz einfach die folgende Erwägung auf: Wenn ich bloß rechtlich auf ihn reagiere, wenn ich ihm also das gleiche antue, was er mir getan hat (kein Mensch könnte mir einen Vorwurf daraus machen!), dann verhärte ich ihn, dann reitet er sich also nur noch tiefer in seinen Groll, seine Verbitterung, seine Menschenverachtung, seine Schlamperei; und so werde ich dann an ihm schuldig. Wenn Jesus Christus mich beim Jüngsten Gericht nach ihm fragt, werde ich vielleicht sagen wollen: »Aber ich war doch ganz korrekt, die anderen haben mir alle recht gegeben, ich habe nichts getan, was er mir nicht zuvor getan hätte.« Aber ich werde den Satz nicht über die Lippen bringen, weil ich plötzlich die Nägelmale des Gekreuzigten erblicke.
Indem ich nicht mehr einfach »natürlicher Mensch« bin, sondern unter den Augen Jesu stehe, muß ich plötzlich daran denken, daß Jesus sich mir gegenüber ja auch nicht auf die Korrektheit beschränkt hat. Hätte er das nämlich getan und hätte er im Sinne von »Auge um Auge, Zahn um Zahn« mit mir gehandelt, so müßte ich zweifellos zur Hölle fahren. Ich muß vielmehr daran denken, daß er mich im Gegenteil seinen Bruder genannt und sein Blut für mich vergossen hat, obwohl ich sein Feind war. Indem ich das aber denke, kann ich gar nicht mehr anders, als nun auch meinerseits den untersten Weg gehen und mich erbarmen, genau so wie sich eine Mutter ihres mißratenen Kindes erbarmt. Ich tue das dann nicht aus Schwäche oder Feigheit, sondern so, daß ich den anderen spüren lasse: Es geht mir dabei um *dich;* sieh mal, mein Lieber, ich möchte nicht, daß du dich immer noch weiter verrennst, daß alle möglichen Komplexe und Verbitterungen in dir entstehen. Ich bin vor Gott für dich verantwortlich; darum und nur darum schlage ich dich nicht wieder,

obwohl ich das Recht dazu hätte. Darum und nur darum biete ich dir meine andere Wange.
Wir verstehen nun wohl, was dieses merkwürdige Wort bedeutet. Dieses »die andere Wange bieten« hat den Sinn: »Sieh, ich mache mich, indem ich den untersten Weg gehe, dir gegenüber einen Augenblick wehrlos, ich biete dir gleichsam meine offene Flanke, so daß ich ohne Schutz vor dir stehe und ohne Waffen deinen vielleicht hämischen Vorwürfen ausgesetzt bin, ich hätte dir nicht Paroli zu bieten gewagt, ich hätte gekniffen, während ich dir tatsächlich in der königlichen Ritterlichkeit der *Liebe* eine Chance bot, damit du dich selbst und den Frieden wieder finden könntest.«
Ich möchte in diesem Zusammenhang folgende Frage an alle stellen, die das bisherige verstanden haben: Wird diese Haltung, nämlich diese königliche Ritterlichkeit der *Liebe*, nicht auch dann mein Tun und Lassen geheimnisvoll verändern, wenn ich, statt nachzugeben, einmal auf meinem Rechte bestehe und dem anderen Widerstand leisten muß, so wie das um der Sache willen oder auch aus erzieherischen Gründen ebenfalls geboten sein kann? Denn Eltern würden ja ihren ungezogenen Kindern und der Chef würde seinen unkorrekten Untergebenen durchaus nicht immer einen Dienst damit erweisen, wenn sie den untersten Weg gingen. Aber auch hier ist es dann so wie sonst im Leben: daß eben der Ton die Musik macht und daß es ein großer Unterschied ist, ob ein Vater seinen Sohn im Zorn züchtigt, d. h. aus Egoismus und zu dem Zweck züchtigt, um eben seinen Zorn abzureagieren und eine gewisse Befriedigung darin zu erleben; oder aber, ob er jene schmerzhafte und vor allem auch für ihn selber schmerzliche Prozedur auf sich nimmt in Gedanken daran, daß Strenge und kompromißloser Widerstand in diesem Fall dem anderen nur dienen und für sein inneres Weiterkommen unerläßlich sind? Auch in diesem Fall des Widerstandes und der Strenge wird beim Jünger Jesu geheimnisvoll ein anderer Ton maßgebend sein, der Ton nämlich: Höre, es geht mir um *dich*

und nicht darum, daß ich auf alle Fälle über *mein* Recht nicht mit mir reden ließe. Du würdest einfach Schaden nehmen an deiner Seele, du mein Hausgenosse, du mein Kamerad, du mein Angestellter, wenn ich dir dies durchgehen ließe, darum widerstehe ich dir ins Angesicht.

Ein Jünger Jesu handelt unter den Augen seines Meisters immer ganz anders als alle anderen Menschen, gleichgültig, ob er nun aus Barmherzigkeit die Rechtsordnungen durchbricht und dem anderen seine linke Wange und seine offene Flanke bietet, oder ob er um des anderen willen (und eben nicht als juristischer Buchstabenfanatiker oder als Egoist innerhalb der Legalität) auf seinen Rechten besteht. Jesus will uns mit diesen Worten keine neuen Gesetzesvorschriften für unser Handeln bieten — es kann kein schlimmeres Mißverständnis geben —, sondern er will uns das letzte *Ziel* unseres Handelns vor Augen stellen: nämlich den anderen Menschen, der teuer erkauft ist und für den er sein Blut vergießt.

Der Herr zeigt uns den anderen Menschen, wie er unter dem Kreuz steht. Deshalb *weiß* es der Jünger ganz einfach: Es geht letzten Endes nicht darum, sein persönliches Recht zu behaupten, sondern dem anderen zu helfen, daß dieses Kreuz nicht vergeblich über seinem Leben errichtet ist.

Könnte es nun nicht so sein, daß der andere angesichts dieser Barmherzigkeit und angesichts dieses neuen Tones ganz einfach aufhorcht und daß er nun seinerseits »wehrlos« wird, daß ihm vielleicht mein Brief, mit dem ich mich ihm in die Hand gab, statt mein Recht durchzusetzen, zu einem ersten Zeichen dafür wird, daß noch eine ganz andere Botschaft, daß noch ein ganz anderes Gesetz in der Welt gilt, als er es bisher für möglich hielt: nämlich die Botschaft von der herzlichen Barmherzigkeit Gottes, die mich heimgeholt hat und die ihm nun ebenfalls unter dem Kreuze Jesu widerfährt? Im Lukasevangelium heißt es, daß nach den letzten Todesschreien Jesu das Volk sich in einer Geste der Reue an die Brust geschlagen habe. Meint ihr, das wäre auch

möglich gewesen, wenn Jesus nicht zuvor für seine Feinde *gebetet* hätte? Dieses Gebet und seine Liebe vom Kreuz herab hatten sie ja doch wehrlos gemacht und auf einen neuen Weg gebracht. Hätte Jesus sie vom Kreuze herab verklagt oder mit dem Jüngsten Gericht bedroht (und wie recht hätte er damit gehabt!), dann wären sie nur verhärtet und im Pathos ihrer Rechthaberei bestärkt und aufgeputscht worden.
Es könnte gewiß sein, und vielleicht hat einer von uns darüber schon höchst konkrete Erfahrungen gesammelt, daß mein Nachbar, mein Kollege, mein Untergebener, dem ich so die wehrlose Barmherzigkeit widerfahren ließ, nun ebenfalls in sich geht und sich sagt: Wie kommt er dazu, so zu denken und zu handeln? Sollte er selbst einmal jene königliche Barmherzigkeit in seinem Leben erfahren haben, die er nun seinerseits übt? Sollte er all das Häßliche und Gemeine und Giftige, das sich gegen ihn mobilisierte, auch in sich selber entdeckt haben, sollte er vielleicht um seine eigene erbarmenswerte Verlorenheit wissen, daß er so ganz ohne den Hochmut des Rechthabenden handelt und sich so ganz und gar mit mir auf eine Stufe stellt?
So helfen wir, indem wir selbst unter die Barmherzigkeit Gottes treten und sie unsererseits weiterstrahlen lassen, daß diese unglückliche Welt entgiftet wird. Was kann es für eine Familie, für eine Schulklasse, für ein Miethaus, für eine Ehe bedeuten, wenn nur *einer* da ist, der Barmherzigkeit übt, weil ihm selber Barmherzigkeit widerfuhr!

Aber nun müssen wir noch eine letzte und vielleicht die schwerste Frage stellen: Wie kann ich denn dahin kommen, daß ich so werde? Wir wollen uns doch ja hüten, frommen Worten zum Opfer zu fallen, die zu schön wären, um wahr zu sein. Wir wollen uns hüten, einer wirklichkeitsfernen Romantik zu frönen. Die schönsten Wahrheiten werden zur Lüge, wenn sie nicht praktiziert werden können und wenn man in dieser Wahrheit nicht zu »sein« vermag (Joh. 18, 37).

Wie kann ich es also dahin bringen, einen Feind zu lieben?
Wir beginnen mit der Vorfrage, wie Jesus denn zu seiner Feindesliebe gekommen ist. Was ist denn ganz einfach geschehen, wenn Jesus jene tiefste Liebe übte, die es ihm sogar ermöglichte, am Kreuz für seine Feinde zu bitten? Er sagte: »... denn sie wissen nicht, was sie tun.« Dieses Wort kann er aber doch nur aussprechen, wenn er noch etwas ganz anderes in ihnen sieht als eine sadistisch erregte Volksmasse und als einen wüsten Haufen menschlicher Bestien. Das kann er nur sagen, wenn er in denen allen, die geifernd und brüllend sein Kreuz umstehen, verlorene und verirrte Kinder sieht.
Sein Blick durchdringt also die äußere Schmutzschicht und erblickt dahinter etwas ganz anderes, das nämlich, wozu diese Menschen *eigentlich* bestimmt sind und welchen Plan Gott *eigentlich* mit ihnen hatte. Jeder Mensch ist nämlich letzten Endes ein Gedanke Gottes, wahrhaftig ein furchtbar entstellter und schier unkenntlich gewordener, aber doch eben ein Gedanke *Gottes*. Und wenn die Kirche Jesu Christi auch in die Zellen der größten Verbrecher und der Mörder den Seelsorger schickt und sie in der Nacht vor der Hinrichtung, in dem Augenblick also, wo die Sühne des Rechtes erfolgen soll, an den königlichen Tisch des Herrn lädt, dann ereignet sich dasselbe, was im Gebete Jesu für seine Quäler und Verfolger geschah: dann bekennt sich die Kirche Jesu noch zu diesem Gedanken Gottes im Verbrecher, bekennt sie sich zu seiner Gotteskindschaft, die er verloren, aber eben darum auch besessen hatte und die ihm nun im Namen des Leidens und Sterbens seines Heilandes wieder angeboten wird.
Dasselbe drückt Ralph Luther einmal so aus: »Seine Feinde lieben bedeutet nicht, den Schmutz lieben, in dem die Perle liegt, sondern die Perle lieben, die im Staube liegt.« Die Feindesliebe beruht also nicht auf einem Willensakt, sie beruht nicht auf einer Art »Selbstbeherrschung«, kraft deren ich alle Haßgefühle zu unterdrücken suche (das würde nur zu Komplexen und Verkrampfungen führen), sondern sie gründet in einem Geschenk

und in einer Gnade: daß mir nämlich ein neues Auge geschenkt wird und daß ich mit diesem Auge in anderen etwas Göttliches sehe.

Aber ist nicht auch das nur eine schöne und diesmal vielleicht keine graue, aber eben eine veilchenblaue Theorie? Kann dieses neue Sehen des anderen Menschen z. B. im Kriegszustand und in der Feindschaft einer zerbrochenen Ehe wirklich werden?

Ich hörte einmal von einer Frau — sie war eine Christin —, die ein wahres Scheusal von Mann hatte. Menschlich konnte sie ihn in seiner tierischen Triebhaftigkeit und in seinem Trunk nur verachten. Aber dann berichtete sie, wie sie in einem widerwärtigen Augenblick (vielleicht hatte er sie mit verglasten Augen angesehen, vielleicht hatte er die Hand gegen sie erhoben, und Zorn und Haß eines vergewaltigten und betrogenen Menschen züngelten in ihr empor), wie sie da plötzlich an ein gutes Wort denken mußte, das er ihr in der Verlobungszeit gesagt hatte, und plötzlich wußte sie: In diesem einen guten, ach so lange schon versunkenen Wort, da sprach sich der *eigentliche* Mensch in ihrem Manne aus, in diesem Worte lag eine Ahnung von dem, was Gott *eigentlich* mit ihm vorhatte, da leuchtete etwas von der verschütteten Perle.

Und von diesem Augenblick an konnte sie nicht anders als in seinen Augen den Schrei nach Erlösung lesen, und konnte sie nicht anders als seine verkommene Seele plötzlich von einem schrecklichen Kerker umschlossen sehen, aus dem er nicht mehr herausfand und in dem er namenlos litt. Da wußte sie plötzlich: Dieses Scheusal von Mann ist ja gar nicht nur das Tier, er ist ja ein erbarmungswertes, grausam verlorenes Kind.

Das *eine* Wort aus der Verlobungszeit hatte ihr das aufgeschlossen, und nun sah sie ihren Mann auf einmal anders. Sie hatte eine Ahnung von dem bekommen, was Jesus vom Kreuz aus gesehen hat.

Wenn uns dieses neue Auge geschenkt wird, so wie es dieser Frau geschenkt wurde, geschieht nun ein Wunder.

Die Menschen nämlich, die von Jesu Augen angeblickt wurden, die sich von diesen Augen in ihrer verschütteten Kindschaft erkannt sahen, die wurden nun auf einmal anders und konnten genesen. Das Auge Jesu und das Auge des Jüngers *sieht* nämlich nicht nur die Perle, sondern »*entbindet*« sie auch; es hilft, aus dem andern Menschen die Kindschaft *herauszuholen.*

Wir können hier alle die gleiche Erfahrung machen: Es ist für einen heruntergekommenen, haßerfüllten, verbitterten, böse gewordenen Menschen eine unbeschreibliche Befreiung, wenn er einem Auge begegnet, das nicht auf seiner Schmutzschicht verweilt und ihn dadurch nur zwingt, diesen Panzer aus Dreck und Bosheit noch viel undurchdringlicher und dicker zu machen und mit einer weiteren Isolierschicht aus dem Stoffe Trotz zu überziehen; sondern wenn er statt dessen einem Blick begegnet, der durch diesen Panzer hindurchsieht in jene Dimensionen, wo der Zöllner und die Dirne noch die geliebten und betrauerten Kinder Gottes sind.

Sie alle, die Unglücklichen, die Verbitterten und die Bösen in deiner Umgebung, sie alle warten auf diesen Blick des Jüngers, an dem sie genesen können, genau wie *du* darauf wartest; sie alle sehnen sich nach dem neuen Auge, das nur Jesus zu schaffen vermag.

Es geht um den Blick des Seelsorgers, dem man alles beichten kann.

Vor einigen Jahren begegnete ich einmal dem sogenannten »verlorenen Sohn« einer Familie. Er hatte Schande und Herzeleid über seine Mutter gebracht und ihr das Herz gebrochen. Ich war baß erstaunt, als ich hörte, wie er am Klavier saß und ganz offensichtlich unter innerster Beteiligung den Choral spielte: »Aus tiefer Not schrei ich zu dir.« Indem ich mich noch besann, wie das geschehen möchte, hörte ich, wie seine Schwester durch die Zähne zischte: »Der Heuchler.« Ich weiß es nicht mehr genau, ob sie es hörbar sagte, aber jedenfalls stand es ihr im Gesicht geschrieben. Sie reagierte also feindlich auf diesen Feind der

Familie und niemand hätte ihr, menschlich gesprochen, einen Vorwurf machen können. Denn er schien ja tatsächlich ein Heuchler zu sein und schien sich tatsächlich zu verstellen.
Muß aber das Auge eines Jüngers in diesem Augenblick nicht noch etwas anderes sehen? Hatte dieser junge Mann am Klavier sich wirklich verstellt, wenn er »fromme Musik« machte und den Schrei eines verlorenen Kindes nach Erlösung in Tönen verströmte, während er in Wirklichkeit doch ein hartgesottener Sünder war? Oder war es nicht vielleicht gerade umgekehrt: daß er nämlich in Wirklichkeit jenes Kind war, das nach Erlösung lechzte, daß in Wirklichkeit also jener heruntergekommene Zustand bloß eine Verstellung, besser eine Entstellung seines eigentlichen Seins war?

Wer in die Gemeinschaft mit Jesus tritt, muß eine Umwertung der Werte vollziehen. Das neue Auge läßt ihn schlechthin alles anders sehen, aber wahrlich nicht nur anders *sehen*, dieses Auge bekommt auch *verwandelnde* Kraft. Wir dürfen *das* als Jünger nachvollziehen, was Jesu eigenes Auge an Wundern vollbrachte, wenn er die Entgleisten seiner Menschenbrüder, wenn er die Diebe und Dirnen und Schuldiggewordenen auf ihre Kindschaft hin ansah und wenn er sie schon im Sehen verwandelte.
Wir wollen Gott danken, daß wir als Gemeinde Jesu eine Schar von Menschen bilden dürfen, die noch etwas anderes weiß als nur dies, daß man Neider, Hasser und sonstige Gegner aufs Maul schlägt; daß man sich von charakterlosen, unsympathischen, unkorrekten Leuten distanziert und sich statt dessen nur zu denen hält, *an* denen und *von* (!) denen man etwas hat. In dieser Welt des Hasses und Neides, der Denunzianten und Lumpen, des Profites und des kalten Interessenaustausches haben wir nach der verlorenen Kindschaft Ausschau zu halten. In dieser Welt ist uns Christen der Blick dafür geöffnet, daß alle, die es uns schwer machen und auf die unser alter Adam sauer reagiert, teuer erkauft sind. Unser erneuertes Auge sieht nun Jesus Christus unter ihnen

stehen, sieht, wie er mit ihnen ißt, wie er die gleiche Taufe an sich vollziehen läßt und wie er sie selbst in der letzten Schmerzensstunde seines Lebens nicht von sich weist, sondern durch seine Bitte und Liebe dem Kreuzesstamm nahe erhält.

Dieser Jesus Christus, der dort drüben unter unseren Neidern und Hassern steht, bittet, daß wir ihm beistehen und daß wir die so schrecklich verwüstete Kindschaft unserer Brüder und Schwestern finden und aus der Verschüttung herauslieben.

Das ist das Evangelium in seiner harten und befremdlichen Rede von der Feindesliebe. Das ist es. Die im Haß schier erstickende und immer nur vergeltende Welt *wartet* auf das neue und erneuernde Auge der Jünger. Sie wartet auf jenes Auge, das die Kindschaft sieht und das darum — *darum!* — auch die Brücke erspäht, die zum Herzen des Nächsten und sogar zum Herzen des Feindes führt.

Dein Nachbar, der dir so sehr auf die Nerven geht, er wartet auf diesen deinen Blick; und ebenso wartet dein Kollege darauf, mit dem du überquer bist; dein Sohn, der dir Herzeleid antat und mit dem du kaum noch etwas anzufangen weißt; und genau so dein Mann, der so peinlich verändert ist, seit er aus der Gefangenschaft wiederkehrte und von dem du bitter enttäuscht bist, und all die andern, mit denen du dich innerlich und äußerlich herumschlägst.

Sie alle warten darauf, daß du in ihnen entdeckst, was Jesus in ihnen sah und was ihm die Kraft gab, für sie zu sterben.

Sie alle, Freunde und Feinde, Gute und Böse sind ja die geliebten, verirrten und unter Schmerzen gesuchten Kinder unseres Vaters im Himmel.

Wer soll dieses Kind denn sonst in ihnen allen sehen und es liebend aus ihnen herausholen, wenn nicht du, der du selber unter den Augen Jesu standest und so angeblickt wurdest?

»Wie uns denn Barmherzigkeit widerfahren ist, so werden wir nicht müde.«

Müdigkeit ist ja bei alledem das Schlimmste. Man wird in der

Tat ja allzu leicht müde in diesem Leben, wenn die Kindschaft so tausendfach und so undurchdringlich maskiert ist und man so gar nichts von ihr sieht. Kindschaft will ja geglaubt sein, weil auch der Vater seiner Kinder geglaubt werden muß.
Wem aber die Gnade Gottes alle Morgen neu ist, der bleibt frisch, und dessen Liebe erfrischt wiederum Feinde und Freunde.

DIE RENTABILITÄT DES GLAUBENS

Habt acht auf eure Almosen, dass ihr die nicht gebet vor den Leuten, daß ihr von ihnen gesehen werdet; ihr habt anders keinen Lohn bei eurem Vater im Himmel.
Wenn du nun Almosen gibst, sollst du nicht lassen vor dir posaunen, wie die Heuchler tun in den Schulen und auf den Gassen, auf daß sie von den Leuten gepriesen werden. Wahrlich ich sage euch: Sie haben ihren Lohn dahin.
Wenn du aber Almosen gibst, so laß deine linke Hand nicht wissen, was die rechte tut, auf daß dein Almosen verborgen sei; und dein Vater, der in das Verborgene sieht, wird dir's vergelten öffentlich.

MATTHÄUS 6, 1—4

Ich habe in der letzten Woche mehrere Briefe von Menschen bekommen, die gleichsam vor den Toren der Kirche stehen. Ihre religiösen Meinungsäußerungen gingen im einzelnen weit auseinander. Aber merkwürdigerweise kehrte ein Satz fast wörtlich in diesen Briefen wieder: »Die christliche Ethik bejahe ich voll und ganz.«

»Die christliche Ethik« — das sollte offenbar heißen: eine gewisse Gesinnung, eine gewisse Art zu handeln, eine gewisse Einstellung zu Mitmenschen, die teile ich mit den sogenannten »Christen«. Auch ich bin für Nächstenliebe, für die Verantwortung vor dem Höchsten, und auch ich weiß mich an die sittlichen Maßstäbe gebunden, wie sie in den Zehn Geboten zum Ausdruck kommen. Vielleicht begründe ich das alles etwas anders als ihr Christen. Ich will z. B. nichts von einem Lohn im Himmel wissen, auf den ihr Kirchenleute offensichtlich großen Wert legt. Ich möchte auch meine Opfer an Zeit und Geld nicht gerne als »Almosen« bezeichnet wissen, wie das in euren heiligen Büchern steht. Aber in der Praxis läuft das doch auf dasselbe hinaus. »Die christliche Ethik bejahe ich voll und ganz.«

Ist es nun nicht sehr merkwürdig, daß in der Bergpredigt und gerade auch in dem vorangestellten Abschnitt der Bergpredigt eigentlich sehr wenig oder überhaupt nicht von dieser christlichen Ethik die Rede ist und daß es hier um ein ganz anderes Thema geht?

Es steckt doch offenbar etwas dahinter und es ist nicht von ungefähr, daß Jesus hier eben keine ethischen Richtlinien für das Handeln aufstellt und daß er z. B. nicht sagt: Ihr sollt eure Liebe zum Nächsten mit der *Tat* beweisen, und zwar so, daß ihr ihm jedes Opfer bringt und zu jedem Almosen bereit seid. Statt dessen sagt er vielmehr: »Habt *acht* auf euer Almosen, habt *acht* auf euer Opfer.«

Dieser Ruf »Achtung« erinnert an den Warnruf, der mir während der nächtlichen Wanderungen zugerufen wird, während plötzlich ein Graben oder ein Stein oder ein Wurzelgestrüpp vor meinen Füßen lauert und ich stürzen könnte. Genau so ist der Warnruf wohl auch hier gemeint. Ich kann über eine gute Tat, ich kann über meine christliche Ethik stürzen und mir »moralisch« das Genick brechen.

An diesem Warnruf Jesu ist also zweierlei charakteristisch: erstens, daß die guten Werke offenbar als etwas Selbstverständliches vorausgesetzt sind und gar nicht mehr zum Gegenstand eines ausdrücklichen Befehls gemacht werden. Jesus wendet sich ja hier an Menschen, die unter den Augen Gottes leben wollen, die etwas von seiner Barmherzigkeit erfahren haben und darum auch wissen, daß diese Barmherzigkeit durch sie weiterströmen muß auf den Nächsten hin, daß sie also nicht wie ein toter, abflußloser Tümpel in ihnen angesammelt werden kann. Für solche Menschen bildet es gar kein Problem, ob sie Opfer bringen sollen oder nicht. Luther hat einmal gesagt: Man braucht dem Stein, der in der Sonne liegt, nicht noch zu *befehlen*, daß er warm würde, das wird er von selbst. Eben darum gibt auch Jesus hier kein sogenanntes moralisches »Gebot«.

Das zweite Charakteristische besteht darin, daß Jesus nun zu verstehen gibt: es ist zwar kein Problem, *ob* ihr gute Werke tun sollt, aber die guten Werke *selbst* sind ein Problem. Die sind förmlich geladen mit allen möglichen Gefahren. Sie sind erfüllt von Gestrüpp und Steinen, und man muß schon von einem wirklichen Wunder Gottes reden, wenn ihr dabei nicht furchtbar zu Fall kommt. Eben darum spricht Jesus den Warnruf aus: »Habt acht, habt acht! Ihr seid noch längst nicht über den Berg, wenn ihr eurem Herzen endlich ein Opfer für irgendeinen guten Zweck abgerungen habt, wenn ihr dem Obdachlosen ein Zimmer räumt, wenn ihr von dem Wenigen gebt, das ihr selber habt, und wenn ihr eure knappe Zeit dem zur Verfügung stellt, der euer bedarf. Dann *beginnt* vielmehr erst die eigentliche Gefahr! Ich fürchte, eure sogenannten guten Werke könnten z. B. entwertet werden dadurch, daß ihr allzu bereit die Posaune blast, wenn ihr in die Tasche greift, und daß ihr mit lautem Täterätä andere oder wenigstens euch selbst darauf aufmerksam macht: So, jetzt kommt der Herr Sowieso, und ein *sooo* edler Mensch ist er. Ihr könntet Tränen der Rührung vergießen über eure eigene Güte; stimmt es nicht? Ich fürchte, eure sogenannten guten Werke könnten entwertet werden dadurch, daß ihr allzu begehrlich nach dem Lohne schielt, der euch dafür werden soll. Lebt ihr nicht alle heimlich in dem Denkschema von Lohn und Strafe? Seid ihr nicht unermüdlich am Werk, etwa bei harten Schicksalsschlägen Gott vorzurechnen, wie er denn so etwas machen und wie er euch so lohnen könne, wo ihr doch dies und das für ihn getan hättet? Steckt nicht in all euren guten Werken eine heimliche, aber sehr bedenkliche Spekulation?« Und in der Tat, rechnen wir nicht alle ein wenig oder auch sehr viel mit der Anerkennung bei Gott und den Menschen, mit Ansehen, Ehre und gutem Ruf? Wandeln wir nicht alle ein bißchen auf den Brettern einer erleuchteten Bühne und werfen uns in Pose, weil im Parkett der liebe Gott und unsere Nachbarn und Kollegen sitzen und wir gern Applaus haben möchten und sehr viel Blumen und Händedrücke?

Wenn Bischof Galen von Münster in seinem Testament das erschütternde Wort schreibt, daß manche wohl seinen Bekennermut und seine Gradheit bewunderten, daß aber nur Gott um seine ganze Erbärmlichkeit wisse, dann hat er damit wohl jenes Geheimnis des Menschenherzens andeuten wollen.

Jesus hört die Posaunen unserer moralischen »Protzerei«. Er sieht die Schwaden unserer Selbstbeweihräucherung und merkt auf das Schachern und Rechnen unseres Herzens, und er wird traurig über dem allem, weil er sieht, wie seine Leute mit all ihrer christlichen Ethik vor die Hunde gehen und wie sie über dem fröhlichen Hörnerklang ihrer Selbstzufriedenheit den Warnruf des guten Hirten nicht mehr zu hören vermögen. Darum stößt er den Ruf aus: Habt acht, habt acht! Wenn ihr begonnen habt, die Gebote Gottes zu erfüllen, dann fangen die eigentlichen Probleme überhaupt erst an, dann kommt erst die eigentliche Gefahr.

Wie können wir dieses mahnende »Habt acht!« des Herrn Christus beherzigen? Wir wollen uns in dieser Stunde nicht auf unser gutes Gewissen, auf unseren guten Willen und auf unsere noch so anständigen ethischen Grundsätze verlassen, sonst könnten wir wirklich verlassen sein. Wir wollen versuchen, in den Abgründen unseres christlichen Lebens seine Hirtenstimme zu hören.

Ich wurde einmal von einer Krankenschwester gepflegt, die ihre Arbeit ausgezeichnet, pünktlich und mit Aufopferung tat. Sie hatte seit zwanzig Jahren nur Nachtschichten übernommen. Ich fragte sie einmal, ob das nicht sehr anstrengend sei und einen nicht auf die Dauer zermürbe, und wie sie die Kraft dazu habe. Da meinte sie strahlend: »Sehen Sie, jede durchwachte Nacht ergibt einen Edelstein in meiner himmlischen Krone, und ich habe schon jetzt 7175 beieinander.«
Wie kam es, daß meine Dankbarkeit mit einem Schlage verflogen war, daß ich an ihre Liebe nicht mehr glauben konnte und daß das Gefühl der Geborgenheit plötzlich verschwand? Wenn sie sich anschickte, mir zu helfen, dann meinte ich, sie sähe durch mich hindurch wie durch Luft, und ihr Auge hing heimlich an ihrer himmlischen Krone, um sich an ihrem Gefunkel zu freuen.
Ist es nicht schrecklich, daß ein Mensch, indem er das Fromme tut, indem er um das Wohlgefallen des Vaters arbeitet, seinen Nächsten verachten und ihn beleidigen kann? Denn das tat doch diese Schwester offenbar: Die Kranken, die sie pflegte, waren ihr Mittel zum Zweck. Sie sah sie nicht mit den Augen Jesu an, den ihr Elend jammerte und dem es keine Ruhe ließ, daß die Kinder seines Vaters im Himmel den Verderbensmächten der Krankheit, des Leides und des Todes ausgesetzt waren, und der sein Leben daran setzte, um sie in das leidlose und todüberlegene Reich seines Vaters zu bringen. Sondern diese Schwester »bediente« sich doch ihrer Kranken wie eines Materials. Sie berauschte sich daran, daß sie durch die wertvolle und tüchtige

Arbeit — denn daß sie eine tüchtige Pflegerin war und blieb daran läßt sich natürlich nicht zweifeln! — sich selbst einen immer neuen Befähigungsnachweis erbrachte und daß ihr Guthaben auf der himmlischen Bank ständig wuchs.

Ich glaube, wir verstehen jetzt, warum diese Leute von Jesus als »Heuchler« bezeichnet werden. Freilich meint er das viel tiefer, als unser landläufiger Ausdruck das ahnen läßt. Denn im allgemeinen versteht man unter einem Heuchler jemanden, der bewußt unehrlich handelt, der seine lieben Mitmenschen an der Nase herumführt. Vielleicht ist er sogar ein Hochstapler und macht sich einen gewissen Sport daraus, ein frommes Mäntelchen umzuhängen, um sich bei seinen braven Mitbürgern moralischen Kredit zu verschaffen und sie dann kräftig über das Ohr zu hauen. Als Heuchler stellen wir uns immer wieder den Wolf vor, der sich einen Schafpelz umgebunden hat und sich nun königlich amüsiert, wie seine blökenden Mitgeschöpfe darauf hereinfallen.

Jene Krankenschwester aber und wir selber würden uns kräftig bedanken, mit solchen Heuchlern und wölfischen Schaffellträgern in einem Atem genannt zu werden. Denn wir meinen es doch gut! Wir haben die redliche Absicht und wollen doch helfen. Das meine ich nun ganz im Ernst und ohne spöttische Nebenabsicht.

Jesus versteht aber etwas Tieferes unter Heuchelei: dies nämlich, daß wir selbst ohne unser Wissen einem verhängnisvollen Widerspruch mit uns selbst verfallen können, daß wir uns nämlich allen Ernstes einbilden, Gott einen Dienst zu tun, wenn wir einem vielleicht unsympathischen oder lästigen oder uns völlig nutzlosen Menschen behilflich sind, während wir in Wirklichkeit doch nur uns selbst einen Dienst leisten wollen; vielleicht in der Weise, daß wir uns diesen Menschen verpflichten wollen, oder daß wir es genießen, einmal großmütig zu sein und die Abhängigkeit eines Menschen von uns schwelgerisch auszukosten. Nicht wahr, das tut doch wohl, einmal der Herr über Glück und Unglück eines anderen Menschen zu sein! Und Nietzsche verrät wieder einmal unsere heimlichsten Motive, wenn er sagt: Ich möchte der Herr aller Menschen sein, am liebsten aber Gott.

Vielleicht hegen wir alle den Wunsch, als »christliche Persönlichkeit« gewertet zu werden. Darum lassen wir auch gern einmal eine Bemerkung im Kollegenkreis oder bei den Brüdern von der Gemeinschaft oder am Stammtisch einfließen, daß wir dies und das getan hätten — natürlich nur zur höheren Ehre Gottes.

Dieser geheime (!) Widerspruch in unserem Handeln, das ist die *eigentliche* Heuchelei, das ist sozusagen die Schizophrenie, die »Persönlichkeitsspaltung« des natürlichen Menschen, der auf beiden Schultern Wasser trägt und nach beiden Seiten schielt.

Wir ahnen das oft selbst nicht, und wenn wir beim Jüngsten Gericht als Heuchler aufgerufen werden, antworten wir erstaunt »wie bitte?« und drehen uns um, weil wir meinen, das Auge der göttlichen Majestät ruhe auf unserem Hintermann.

Es wird einmal die Freude des teuflischen Verklägers sein, uns alle dieser Heuchelei zu bezichtigen. Verstehst du, uns *alle* zu bezichtigen, sowohl dich wie mich. Wie er das macht, sehen wir klassisch an Hiob. Das war doch ein schlechter und rechter Mann. Er betete und arbeitete. Es wird uns kein Zug aus seinem Leben berichtet, der uns im geringsten berechtigen könnte, seine persönliche Lauterkeit und seine weiße Weste in Frage zu stellen. Er hatte ein wirklich reines Gewissen, dieser gute Hiob. Und doch wagt der heimliche Staatsanwalt, wagt der teuflische Verkläger, die Berechtigung dieses guten Gewissens anzuzweifeln. Er sagt nämlich zum Herrn des Himmels: Dieser Hiob ist zwar wirklich fromm, das muß ich zugeben. Aber er ist es doch nur unter einer einzigen Voraussetzung: daß nämlich kraft höherer sittlicher Weltordnung die Guten belohnt und die Bösen bestraft werden, daß also eine sichtbare Gerechtigkeit in der Welt waltet, die man durch Bravheit, Güte und Gottesdienst zu seinen Gunsten wirken lassen kann. Nimm ihm diese Voraussetzungen, nimm ihm gleichsam die Weltanschauung, in deren Rahmen er handelt, und du wirst sehen, daß er irre wird an seinem Glauben und daß statt frommer Lieder nur noch Flüche seinem Mund entsteigen.

Und als dann der Teufel tatsächlich einen Freibrief bekommt, um den Hiob trotz seiner verdienstvollen Frömmigkeit unverdient mit allen möglichen Plagen und »Hiobsbotschaften« zu quälen, hat er tatsächlich Erfolg. Hiob wird an Gott und wird an seiner eigenen Frömmigkeit irre. Sobald die Sinnlosigkeit ihn angrinst und die Weltanschauung von der Gerechtigkeit der Lebensordnung wie Schaum zerstiebt, sinkt auch sein Glaube dahin. Es ist das Furchtbare an dieser Hiobsgeschichte, daß die ätzende Skepsis des Teufels recht hat. Hiob ist wirklich nicht nur zur höheren Ehre Gottes unsträflich gewandelt, sondern er war deshalb so fromm und gut, weil er meinte: »Gott läßt von den Schlechten die Guten nicht knechten«, und weil es also nur der Freiheit und dem Glück des Lebens dient, wenn man gut ist.

Da ist sie wieder, diese hintergründige Heuchelei, jene Heuchelei, die uns zeigt, daß auf Hiob und auf unser Gewissen kein Verlaß ist. Denn unser Gewissen pflegt uns ja — sofern wir's nur einigermaßen ernst meinen — zu verteidigen und zu beruhigen und in einem fort zu versichern: Du hast es recht gemacht, und der Segen Gottes kann nicht ausbleiben. Wo es um das Letzte geht, versagt das Gewissen. Es ist ja gar nicht einfach die Stimme Gottes. Ich möchte wissen, wer diese fromme Legende aufgebracht hat. Ein Gewissen, das nicht in Gottes Wort gefangen ist, bildet ein gefährliches Irrlicht und eine unerschöpfliche Fundgrube der Selbstgerechtigkeit. Es ist ein allzu schmeichlerischer und schönfärberischer Anwalt unser selbst. Und darum gilt eines mit aller Bestimmtheit: Im Kampf zwischen der Anklage des Teufels und der Verteidigung des Gewissens siegt *immer* der Teufel — einfach deshalb, weil er schärfer sieht als unser Gewissen und weil er uns weniger Freund ist. Unsere Feinde sehen unsere Schwächen ja immer schärfer als unsere

Freunde. Darum sollen wir an dieser Stelle ruhig einmal auf den Teufel hören und uns fragen, was er wohl als Ankläger des Jüngsten Gerichtes gegen uns vorzubringen hätte. Und in der Tat: Der teuflische Verkläger hat uns einige Wahrheiten zu verraten, die nicht nur bitter, sondern eben auch *wahr* sind.

Erst wenn wir diese Bitternis geschmeckt haben (und wir müssen sie ja alle schmecken, keiner kann zum Throne Gottes vortreten, ohne am Stuhle dieses Verklägers vorüber zu müssen), merken wir, was der Apostel Paulus gesehen hat und was er weiß, wenn er nun diesem Verkläger ins Gesicht hineinzurufen vermag: »Wer will die Auserwählten Gottes beschuldigen? Gott ist hier, der da gerecht macht. Wer will verdammen? Christus ist hier, der vertritt uns« (Röm. 8, 33 f.). Versteht ihr, was in diesen Worten passiert?

Paulus beruft sich in ihnen nicht auf sein gutes Gewissen, während der Verkläger zum Throne Gottes hinzischelt: Da kommt wieder so ein Heuchler, da kommt der Oberheuchler Paulus! Sondern er sagt: Mag sein, daß auch in mir diese Heuchelei ist, Gott allein kennt meine verborgenen Fehler und meine heimlichen Motive. Aber ich *bin* ja gar nicht mehr der Heuchler Paulus. Ich bin ja der »Geselle Jesu«, und dieser mein Heiland hat all meine Laster und mein Ungenüge auf seine Schulter genommen. Er ist ja dafür gestorben, und ich komme im Namen seines Blutes und seiner Gerechtigkeit, die mein Schmuck und Ehrenkleid sind. Niemand mache mir Scherereien, ich trage die Wundmale des Herrn Jesu an meinem Leibe. Was willst du denn da machen, du Verkläger du? Alles, was du gegen mich vorbringst, berührt mich nicht mehr, wiewohl es wahr ist. Aber ich selber bin nicht mehr der, den du meinst. Du tätest recht, wenn ich im eigenen Namen käme, aber ich komme ja nicht im eigenen Namen, sondern im Namen dessen, der mich geliebt hat und sein Blut für mich gegeben. Wenn du es fertig bringst, das Kreuz von Golgatha hinwegzudisputieren, dann will ich dir verfallen sein mit Haut und Haar. Aber eben das bringst du nicht fertig.

Der Gekreuzigte ist stärker als du, und sein Blut macht mich rein von aller Sünde. Darum *mußt* du mich zum Vater lassen. So spricht Paulus, wenn er sich zum Verkläger wendet.
Und indem der Verkläger verstummt (wenn Paulus so redet und wenn ich seine Worte nun aufnehmen darf), hat der Vater schon seine Hände nach mir ausgestreckt. Denn der, der neben ihm sitzt zu seiner Rechten in der Glorie der Macht und der Herrlichkeit, hat alles bestätigt, was ich da sagte: »Die du mir gegeben hast, Vater, die habe ich alle bewahrt« — und siehe, lieber Vater, dieser ist auch einer von diesen meinen Brüdern . . .
So klingt es von der Rechten des Thrones Gottes!
Welcher Trost liegt darin, daß wir jenes dunkle Kapitel unseres Lebens, nämlich unsere heimliche Heuchelei, aus dem gleichen Munde erfahren dürfen, der auch diese tröstenden und helfenden Worte im Jüngsten Gericht einmal sprechen wird. Denn Jesus Christus sagt hier in der Bergpredigt genau dasselbe, was der Teufel sagt. Denn er ist der einzige, der uns genau so gut und noch besser kennt als der Teufel, auf jeden Fall aber besser als wir selbst. »Er weiß, was im Menschen ist« (Joh. 2, 25). Aber wie anders ist es, wenn *er* es sagt und dabei eine gute und heilende Hand auf diese Wunde unseres Herzens legt. Wie anders klingt es, wenn *er* sein »Habt acht« zu uns spricht. Darin liegt der Schmerz dessen, der um die Seinen bangt. Und weil wir diese Schmerzen spüren, lassen wir es uns auch von ihm sagen. Die innere Opposition, die uns gegen die Wahrheit erfüllt, solange sie aus dem Munde des Teufels kommt, bricht in unserem Herzen zusammen. Es ist wunderbar, mit seiner Opposition vor Jesus zusammenzubrechen, weil wir wissen: Er wird uns ja nicht liegen lassen, sondern aufheben. Und je furchtbarer es mit uns steht, um so lieber hat er uns.

Aber nun kommt uns doch wohl ein schweres Bedenken. Hat Jesus nicht selber ein wenig dazu geholfen, daß diese Heuchelei, daß dieser schreckliche Widerspruch mit uns selbst in unseren

Herzen entstehen konnte? Spricht er denn nicht selber hier und an anderen Stellen von dem *Lohn*, der uns werden soll, und trägt er nicht eben durch diesen Lohngedanken verhängnisvoll dazu bei, daß wir von unserem Nächsten und seiner Not innerlich abgelenkt werden und nach unserem himmlischen Bankkonto schielen? Soll man denn nicht das Gute »um seiner selbst willen« tun? Und nun redet er, Jesus Christus, ausgerechnet selber vom Lohn? Wie kann man jener Krankenschwester noch Vorwürfe machen, wenn sie die Kranken nicht aus Barmherzigkeit pflegt, sondern wenn diese Kranken ihr Mittel zum Zweck werden? Immanuel Kant, der große ethische Denker, hat einmal gesagt, daß dies die höchste Unsittlichkeit ist, wenn ich einen anderen Menschen als Mittel zum Zweck benutze. Die Prostitution ist darum unsittlich, weil hier ein lebendiger und von Gott geschaffener Mensch Mittel zum Zweck der Lustbefriedigung wird. Eine Gesellschaftsordnung ist dann unsittlich, wenn sie die Ansammlung von Macht und Reichtum ermöglicht auf Kosten derer, die nur noch Sklaven sind und die, statt als lebendige Personen geachtet zu werden, nur noch die Bedeutung von Dingen, von Produktionsmitteln haben. Und es ist die raffinierteste Form der Unsittlichkeit, wenn ich aus einem persönlichen Heilsegoismus heraus, um mir ein himmlisches Bankkonto aufzufüllen, einem anderen Menschen helfe. Ist es deshalb nicht eine wirkliche Anfechtung für uns, wenn wir sehen, wie Jesus durch seinen Lohngedanken zum mindesten das Abgleiten in diese Unsittlichkeit nicht verhindert?

Was meint denn Jesus, wenn er zum Ausdruck bringt, daß unsere helfende Bemühung um den Nächsten wertvoll und »lohnend« sei?[1]

Er sagt das sehr deutlich bei der Schilderung des Weltgerichts (Matth. 25, 31 ff.). Bei diesem letzten Gericht wird er uns einmal

[1] Ich greife hier noch einmal einen Gedanken unserer ersten Auslegung auf und führe ihn weiter aus. Wir haben es ja hier mit einem besonders gewichtigen und immer wiederkehrenden Einwand des ethischen Idealismus zu tun.

daran erinnern, wie er als heimlicher Christus in einem fort über die Erde gegangen ist und wie er uns in den Hungernden, den Obdachlosen, den Einsamen, den Gefangenen und den Entblößten begegnet ist. »Was ihr getan habt einem unter diesen meinen geringsten Brüdern, das habt ihr mir getan.«

Ich wage die Frage zu stellen: Kann man einen Menschen überhaupt ernster nehmen und respektvoller behandeln, als wenn man in ihm den verborgenen Heiland, als wenn man in ihm den Bruder des Herrn sieht? Kann ich mich je über die ärmsten und verachtetsten Menschenbrüder erheben, kann ich mich jemals noch gegenüber dem, der auf meine Hilfe angewiesen ist, brüsten und mich in meiner gönnerhaften Besitzerrolle fühlen, wenn der Heiland diesen Alten und Schwachen und »Nutzlosen« unter seinen Schutz nimmt, ja, wenn er sich sogar mit ihm identifiziert? Gibt es eine höhere Würde des Menschen als dieses Ansehen, das ihm der Heiland verleiht? Es ist mit dieser Würde ähnlich wie mit einer schlechten und vergilbten Photographie, die ich im Nachlaß meiner Mutter finden mag. Auch sie hat keinerlei materiellen Wert und ist ohne künstlerische Bedeutung. Aber die Tatsache, daß das Auge meiner Mutter auf dem harmlosen Bilde ruhte, daß es vielleicht auf ihrem Nähtisch stand, macht es mir unendlich wertvoll. Und so bekommen auch die Menschen ihre Würde dadurch, daß das Auge des Herrn auf ihnen verweilt und daß Jesus sie mit seiner Liebe bedenkt.

Nicht wahr, wir müssen das, was Jesus hier unter »Lohn« versteht, sehr gründlich mißverstanden haben, wenn wir meinen konnten, der Nächste könne uns unter der Hand ein Mittel zum Zweck werden und lediglich die Bedeutung haben, unser himmlisches Bankkonto erhöhen zu helfen. Wir müssen gründlich an dem Wesen des Lohnes vorbeigetappt sein, wenn wir einen Augenblick die Vermutung hegten, als könne die zitierte Krankenschwester sich auf ihn berufen.

Wenn Christus von Lohn spricht, dann benutzt er dieses Wort zunächst ganz einfach, um damit den Rang einer Tat auszudrükken und um die Frage an uns zu richten, ob und warum sich unser Tun »lohnt«. Und in diesem Sinne kann kein Mensch, der es mit seinem Handeln ernst nimmt, die Lohnfrage umgehen. Denn nicht wahr, auch der, der eine Sache um ihrer selbst willen tut, hegt doch die Meinung, daß sich das »lohnt«, eben weil die *Sache* so wichtig ist und sich lohnt. Und auch der Idealist, der ganz einfach sagt: Es ist eben die Bestimmung des Menschen, daß er sittlich handelt, ohne daß er dabei nach Glück und Profit fragt (daß er z. B. als Soldat tapfer ist, daß er als Schwester für die Kranken wacht, daß er hilft, wenn das Haus des Nächsten brennt, und daß er seinen zweiten Mantel abgibt, wenn der andere gar keinen mehr hat), sieht sich ja auch für seine Tat belohnt. In diesem Fall steckt der Lohn eben darin, daß er dieser Bestimmung, daß er dem tiefsten Sinn seines Lebens gerecht wird, wenn er sich und das Seine so opfert. So sagt Walter Flex einmal, es sei recht eigentlich das Glück seines Lebens, daß Denken und Handeln bei ihm im Einklang seien und daß er seine Überzeugung, alles Menschentum sei Opfer und Hingabe, nun auch *leben* dürfe. Eben um dieser Übereinstimmung willen *lohnt* sich das Leben.

So wird uns auch hier wieder deutlich, was wir in ähnlichem Zusammenhang schon früher erkannten: Die Frage nach dem Lohn taucht in *jeder* Weltanschauung auf, und es gibt kein Denken und Handeln, in dem sie nicht ständig gegenwärtig wäre.

Man muß deshalb das Problem anders stellen, nämlich so: *Worin* besteht der Lohn dessen, daß wir unserem Nächsten helfen, daß wir Opfer bringen und ganz für ihn da sind? Dieses Sich-Lohnende, dieser Sinn unserer Nächstenliebe besteht darin, daß wir es um *Gottes* willen, daß wir es ganz einfach deshalb tun, weil er uns in den Ärmsten der Armen begegnen will: »Alles, was ihr tut, das tut von Herzen als dem Herrn und nicht den Menschen.« Und weil wir es um seinetwillen tun, um seines heiligen Opfers willen, weil wir es also tun um des teuren Preises willen, mit dem er auch den Ärmsten und »Lebensunwertesten« erkauft hat, darum wachsen wir liebend und opfernd immer tiefer in seine Gemeinschaft hinein. Darum werden wir immer inniger zur Rebe an diesem Weinstock.

Dies allein, daß wir Glieder an seinem Leibe werden, daß wir die Gesellen Jesu werden dürfen, die er durch Welt, Sünde und Not hindurchführt und die er in diesem und im zukünftigen Leben nicht mehr von sich lassen will, dies und nichts anderes ist unser »Schild und unser sehr großer Lohn« (1. Mose 15, 1). Darum »lohnt« sich unser Tun, darum hat es einen Sinn.

Dies und nichts anderes ist also mein Lohn und *nicht* jene lumpigen Edelsteine, die mein frommes Fleisch sammeln möchte. Gott lohnt nicht mit Dingen (und erst recht nicht mit dem monströsen Möbel einer überschweren Krone), sondern er lohnt mit seinem Herzen.

Luther hat sich in seiner Auslegung des Römerbriefes einmal in einem gewaltigen Gedankenexperiment selbst auf die Probe gestellt, ob auch in diesem Lohngedanken noch egoistische Nebenabsichten verborgen sein könnten, und stellt dabei folgende Überlegungen an:

Es könnte doch sein, daß ich das Glück deiner Nähe genießen möchte, Gott, und daß also alles, was ich tue, daß meine Nächstenliebe und mein Gottesdienst, ja, daß selbst mein Glauben und Vertrauen im Grunde nicht zu deiner Ehre geschähe, sondern daß ich eben jenes edelste Glück deiner Gemeinschaft genießen möchte und daß ich also nicht *dich*, sondern *mich* suchte. Darum bin ich bereit, eine Probe zu bestehen, Gott: Du sollst mich trotz meinem Gottesdienst und meiner Nächstenliebe, ja trotz meinem Glauben an Jesu Wunden in die tiefste Hölle verdammen dürfen, dann will ich auch diese Enttäuschung meines Glaubens ohne Murren tragen und will dich noch in der untersten Hölle loben. Dann will ich auch dort noch ein Zeichen aufrichten, daß du mit mir verfahren kannst, wie du willst. Dann will ich auch dort noch die Probe darauf machen, daß ich dich um keines Lohnes willen liebte. Aber selbst, wenn ich das alles zu denken versuche und wenn ich mir diese äußerste Möglichkeit einer Anfechtung vorstelle, dann weiß ich eben doch, daß du mich nicht in der Hölle läßt, sondern den, der diesen äußersten Glauben wagt, als dein Kind ans Herz ziehen wirst.[1]«

Hier wird in einer letzten und unbedingten und gleichsam in einer äußersten Weise deutlich, was Lohn im Neuen Testament bedeutet: daß ich ganz in die Verheißung und in das Erbarmen Gottes krieche und daß ich es wissen darf: Gott wird mich niemals betrügen, und ich brauche auch in den frömmsten Gedanken nicht darauf bedacht zu sein, das Meine zu gewinnen. Selbst wenn ich mich zwänge zu denken, gleichsam in einer Gewaltaktion meines Intellekts, Gott würde mich zur Hölle hinunter verdammen — trotz all meinem Glauben —, wenn ich also versuchte, in dieser allergewaltsamsten Weise den Lohngedanken zu umgehen, so würde auch in dieser *gedachten* Hölle das Erbarmen Gottes größer sein als mein Herz, dann würde auch hier sein königlicher Lohn auf mich warten. Und wenn ich alle Berechnungen und Spekulationen, ja wenn ich selbst alle mir vom Gotteswort feierlich zugebilligten Ansprüche und alle Berufung auf meinen Glauben von mir würfe, dann würde ich auch in dieser *letzten* Blöße und Selbstpreisgabe noch davon überrascht werden, daß Gott mir Schmuck und Ehrenkleid überreicht und daß er mein Schild und sehr großer Lohn sein will und daß ich eben doch sein Kind und eben darum über alles Bitten und Verstehen belohnt sein darf.

Und nun frage ich: Kann jetzt, wo wir dies alles bedacht haben, das Wort *Almosen* noch jenes »Geschmäckle« an sich tragen, das es in unserer Phantasie nun einmal besitzt? Wir verstehen doch

---

1 Auch Gottfried Keller macht sich einmal im »Grünen Heinrich« auf seine Weise die Unausweichlichkeit des Lohngedankens klar (Ausgabe des Verlags Hermann Klemm, Berlin, Bd. I, S. 301): »Es ist mir begegnet, daß ich einen armen Mann auf der Straße abwies, weil ich, während ich ihm etwas geben wollte, zugleich an das Wohlgefallen Gottes dachte und nicht aus Eigennutz handeln mochte. Dann dauerte mich der Arme, ich lief zurück; allein während des Zurücklaufens dünkte mich gerade dieses Bedauern wieder geziert.«

unter Almosen eine Gabe, die von »oben herab« gegeben wird. Wir verstehen darunter Brosamen, die wir als Herren von unserem Tisch herunterfallen lassen. Und ein Almosenempfänger ist für uns deshalb gerne so etwas wie ein Hündlein, das begierig danach schnappt und von unserer Großmut abhängig ist.

Aber gerade, wenn wir das einmal so sagen — sicher ist es ja eine Karikatur —, so kann uns eben dieses Almosen zum Zeichen dafür werden, was Gott für *uns* tut. Denn so, wie der hilfsbedürftige Mensch oft genug unserer hochfahrenden Phantasie erscheint: nämlich als einer, der gar keine Ansprüche zu stellen hat und der uns auf Gnade und Barmherzigkeit verfallen ist, genau so stehen wir doch nun tatsächlich und ohne alle Einbildung vor *Gott*. *Er* jedenfalls empfindet uns sicherlich nicht als liebenswürdig »als seiner Liebe würdig« — und liebt uns doch: *Wir* haben keine Rechnung an ihn zu schreiben; aber *er* bezahlt unsere Schulden.

Wir kreuzigen den Heiland und tun das täglich neu in unserem Leben, denn wir wollen ja selber unser Herr sein; aber *er* läßt dieses von uns errichtete Kreuz nun *über* uns errichtet sein und macht das Zeichen unseres Widerspiels zum Panier des Friedens.

Muß deshalb unser eigenes Almosen nicht plötzlich ganz anders aussehen, wenn wir erst einmal entdeckt haben, daß wir alle, du und ich, seit dem Sündenfall die Almosenempfänger Gottes sind? Die Menschen, denen wir Almosen geben, spüren das ja auch ganz genau, ob wir uns als die Herrgöttchen zu einer milden Gabe herablassen und damit dem Beschenkten die Ehre nehmen, oder ob wir als solche schenken, die selber überreiche Gaben empfangen haben und die nun aus Dankbarkeit und tiefer Beschämung von diesem allem weitergeben.

Nur der, dem selber Erbarmung widerfahren ist, kann wirklich schenken und helfen, ohne daß es beschämt und entehrt. Darum fließt die wirkliche Gabe — und ich meine damit jene erbauenden, helfenden Geschenke, jene königlichen Zeichen der Barmherzigkeit — auch nicht aus unseren hochmütigen, lässig hin-

werfenden Händen, sondern darum fließt sie aus den stillen Kämmerlein, in denen wir Gott danken für alles, was er an unverdienter Güte in unser Leben gegeben hat, von der geistlichen Gabe, daß wir seine Kinder sein dürfen, bis zu Essen und Trinken, Kleidern und Schuhen, die uns immer noch zu eigen sind.
So laßt uns denn als Schenkende und Opfernde die Botschafter dieser Barmherzigkeit Gottes sein. Laßt uns den geringsten Brüdern ein Bruder sein, damit uns in ihnen unser Bruder Jesus Christus begegnen kann. Das wird dann unser Schild und sehr großer Lohn sein.
Habt acht auf euer Almosen, habt acht auf eure christliche Ethik! Ihr könnt den Heiland gewinnen in euren Menschenbrüdern und könnt zugleich euer Vaterhaus verlieren, obwohl ihr so fromm und so rechtlich seid, o ihr christlichen »Persönlichkeiten«! Ihr seid teuer erkauft, werdet nicht der Menschen Knechte!

GOTT — THEMA ODER GESPRÄCHSPARTNER?

Wenn du betest, sollst du nicht sein wie die Heuchler, die da gerne stehen und beten in den Schulen und an den Ecken auf den Gassen, auf daß sie von den Leuten gesehen werden. Wahrlich ich sage euch: Sie haben ihren Lohn dahin.
Wenn aber du betest, so gehe in dein Kämmerlein und schließ die Tür zu und bete zu deinem Vater im Verborgenen; und dein Vater, der in das Verborgene sieht, wird dir's vergelten öffentlich.
Und wenn ihr betet, sollt ihr nicht viel plappern wie die Heiden; denn sie meinen, sie werden erhört, wenn sie viel Worte machen.

Darum sollt ihr euch ihnen nicht gleichstellen. Euer Vater weiß, was ihr bedürfet, ehe denn ihr ihn bittet.

MATTHÄUS 6, 5—8

Kürzlich las ich in der Lebensbeschreibung des Vaters Bodelschwingh wieder einmal das Kapitel, in dem er davon berichtet, wie ihm seine vier Kinder nacheinander innerhalb eines halben Monats hinwegstarben und die Eltern in furchtbarer Einsamkeit zurückließen.

Was einem an diesem Bericht so nahe geht, ist nicht einmal so sehr das schreckliche Ereignis selbst, obwohl ein Vater, der selber kleine Kinder hat und sie stündlich der tödlichen Bedrohung des Bombenkrieges ausgesetzt sah, sehr betroffen und bewegt sein muß von diesem Überfall des Schnitters Tod auf die unschuldigen und kaum erwachten Blüten.

Das viel Bewegendere an diesem Bericht aber ist die Art, *wie* Bodelschwingh von diesem vierfachen Kindersterben berichtet: daß er nämlich jedes einzelne der jungen Seelchen in die Vaterhände Gottes befohlen habe, wie sie denn auch selbst als »Jesu Schäflein« verlangend nach ihrem Hirten ausgeschaut hätten.

Was ist es denn, das einen bei dieser Erzählung so berührt?

Ich meine, es sei dies: daß Vater Bodelschwingh auch in den schwersten Augenblicken dieser wahrhaft schauerlichen Anfechtung nicht den Kontakt mit Gott verlor und daß sein kindliches Sprechen mit dem Vater im Himmel nicht unterbrochen wurde, daß dieses Sprechen also keinen Augenblick jenem bleiernen Verstummen gewichen zu sein scheint, das viele unter uns von den dunkelsten Tagen ihres Lebens kennen.

Man kann es auch negativ ausdrücken. Bodelschwingh hat zwar später gesagt, er habe erst damals gemerkt, wie *hart* Gott sein könne, aber er hat allem Anschein nach trotzdem nicht gefragt: »Wie kann Gott das zulassen?« oder: »Warum tut mir Gott das?«

Wer nämlich so fragt, redet nicht mehr *mit* Gott, sondern er redet *über* Gott. Er macht ihn gleichsam zum Thema einer Diskussion; er stellt ihn zur Debatte mit dem leisen Unterton: »Seht euch doch einmal diesen Gott genauer an! Sollte man wirklich an ›so etwas‹ glauben können?« und es pflegt denn auch das zu geschehen, was fast in jeder Debatte geschieht, daß ihr Gegenstand zerredet wird und daß einem also Gott zwischen den Händen zerrinnt und daß er in all den Worten erstickt wird, wenigstens insoweit er *unser* Gott ist.
Dieser schreckliche Augenblick des Zweifels und des Gottesmordes trat damals bei Bodelschwingh höchst charakteristischerweise nicht ein, denn er redete nicht *über* Gott und er machte selbst das Grauen noch zu einem Gebet. Darin ist er dem gekreuzigten Heiland gefolgt. Denn auch wenn Jesus in seiner Todesqual ausruft: »Mein Gott, mein Gott, warum hast du mich verlassen?«, dann hat das nichts mit jenem ähnlich klingenden modernen Zweifel zu tun, der ja ebenfalls und doch so anders die Frage nach dem Warum stellt, der aber in Wirklichkeit nur *über* Gott redet und *über* Gott schreit und ihn eben darin *über*-schreit.
Denn selbst in dieser äußersten Anfechtung spricht der Gekreuzigte seinen Vater ja noch *betend* an: »Mein Gott, mein Gott...«; und die Worte der schrecklichsten Qual sind in Worte des Alten Testamentes gekleidet. Er spricht zu seinem Vater gleichsam in den Worten des Vaters selbst. So sehr ist er auch hier noch auf seiner Seite — selbst in dieser äußersten Nacht, da das väterliche Antlitz verschwunden scheint.
Warum ich das alles erwähne? Ganz einfach deshalb, weil es uns lehrt, den Eingang unseres Textes zu verstehen. Denn er setzt ja ein mit den Worten: »Wenn du denn (einmal) betest...« Höre ich recht, so spielt Jesus damit auf die Tatsache an, daß unser Beten keine Selbstverständlichkeit ist, daß wir also viel mehr und viel lieber *über* Gott reden als *mit* ihm. Denn es geht ja hier nicht nur um eine zeitliche Fixierung unserer Gebetsstunde, in dem Sinne

etwa: »Wenn die Stunde deines Betens gekommen ist, sollst du so und so vorgehen«, sondern es geht um einen *Bedingungssatz:* Wenn es denn dahin kommt (*überhaupt* dahin kommt), daß du betest (selbst wenn dieses »überhaupt« durch bestimmte Gebetsregeln und Gebetstermine gleichsam garantiert ist), dann sollst du dies und das tun und lassen.

Das Beten ist also keine Selbstverständlichkeit. Davon, daß wir »allezeit« beteten und mit unserem Vater in Verbindung wären, kann keine Rede sein. Das Beten ist bei uns mehr oder weniger eine Ausnahme. Es ist ein Fall, der je und je eintritt und der sozusagen bestimmter Bedingungen bedarf.

Woran liegt das eigentlich? Woran liegt es, daß wir so an unserem Gebetsleben leiden, statt in ihm den eigentlichen Inhalt und die Freude unseres Daseins zu haben und uns zum Umgang mit dem Vater zu *drängen?* Wie kommt es, daß wir immer wieder so müde und träge sind und daß jede alberne Zeitung und jeder Verdruß oder auch jede Freude unser Gebet zu erschlagen und zu verdrängen vermögen, bis wir schließlich nur noch *über* Gott reden und dann auch *damit* nach einiger Zeit aufhören? Denn wer Gott einmal zum bloßen »Thema« gemacht hat, der pflegt sich nach einiger Zeit aktuelleren Themen zuzuwenden.

Das alles liegt daran, daß das Gebet nicht mehr unsere Heimat ist, deren Luft wir zu atmen begehrten, vielmehr daß die Welt unsere Heimat ist, die Welt mit alledem, was uns bis zum Bersten ausfüllt; die Geld- und Nahrungssorgen; der Brief, den wir empfangen haben oder schreiben müssen; das Zerwürfnis mit unserem Kollegen; die Sorge, wie es wirtschaftlich oder beruflich mit uns weitergeht; die Enge der Mietskaserne mit ihrer Nervenstrapaze; der Schlaf, der uns am müden Abend überfällt oder auch meidet, aber uns in der erzwungenen Wachheit nicht in die Besinnung, sondern in die Nervosität treibt; diese Welt, die uns zerrt und treibt und die uns in Bewegung und Ruhe vibrieren läßt wie ein Auto, in dem beim Fahren und Halten der Motor angestellt bleibt. Diese Welt ist unsere Heimat ge-

worden, ohne uns doch die Geborgenheit der Heimat schenken zu können.
Darum geschieht das »Ver-rückte« (wirklich: das Aus-der-Ordnung-Gerückte), daß wir die Welt des Gebetes als Fremde empfinden, daß es also eines gewissen Aufschwunges, eines Entschlusses, ja einer bestimmten Energie bedarf, um die Bereitschaft zum Beten aufzubringen und um uns von unserer Weltheimat loszureißen.
Wie anders hat Jesus selber gebetet! Wenn er zu den Menschen kommt, um zu predigen, zu heilen, dann kommt er aus der Heimat des Gebetes. Was er zu den Menschen spricht, hat er vorher mit dem Vater besprochen. Er kommt aus der Heimat dieses betenden Umganges mit dem Vater in die Fremde der Welt. Das ist der große Gegensatz zwischen Jesus und uns: *Wir* raffen uns mit Mühe aus dem belastenden Weltgeschäft auf — »Wenn ihr denn einmal betet . . .«; Jesus lebt im Gebet und tritt umgekehrt in die Weltgeschäfte *hinein.* Hier merken wir, was uns fehlt und wie tief wir dem *eigentlichen* Leben entfremdet sind. Und wir hören mit Staunen, was immerhin Luther in der Nachfolge seines Herrn fertiggebracht hat, daß er jeden Tag drei bis vier Stunden gebetet hat und daß aus dieser Stille die unfaßliche Fülle seines Lebenswerkes hervordringt, während wir eher das Umgekehrte vermuten möchten: daß nämlich diese Stunden der Tagesarbeit verlorengegangen seien und daß *wir* uns heute diesen Zeitverlust jedenfalls nicht zu leisten vermöchten.
Sollte es nicht vielleicht ganz anders sein, als unsere so kluge und neuzeitliche Spekulation es meint? Ich habe jedenfalls dies erfahren: Je kürzer und gehetzter unser Beten wird, bis es schließlich zur sekundenschnellen Lektüre der »Losungen« zusammenschrumpft, um so mehr wird es uns tatsächlich eine Last, weil diese Sekunde ohne Saft und Kraft und das heißt hier: weil sie ohne Stille ist und darum dem Tag kein tragendes Fundament mehr gibt, sondern ihm verloren ist — trotz oder gerade wegen ihrer rationell gemeinten Kürze. Das ist die Ironie, mit der sich

die Rationalisierung unseres Gebetslebens rächt und die es ausgerechnet an dem zugrunde gehen läßt, mit dessen Hilfe wir ihm noch ein kleines Notquartier in unserem Leben bereiten wollten.
Wir nüchternen Realisten sind eben auch nüchtern und realistisch genug, um diese geistliche Tempowirtschaft als Defizitgeschäft zu empfinden; und in diesem Teufelszirkel, in den wir geraten, wird unser Beten dann nur noch unlustiger.
Wenn der Fromme des Alten Bundes kein fehlloses und erstklassiges Opfertier weihte, wurde sein Opfer *überhaupt* nicht angenommen. Wer Gott nicht die besten Stunden des Tages weiht, die Stunden seiner größten Wachheit und Frische, sondern wer erst die Zeitung und seine Post lesen oder anderen Lieb- und Böshabereien frönen will, die ihm mehr auf den Nägeln brennen, der wird *überhaupt* nichts von seinem himmlischen Vater empfangen, und der soll seinen Mund lieber ganz und von vornherein halten. Er wird ihm sonst doch geschlossen.
Im Grunde wissen wir's ja auch ganz genau, daß Gott nicht der erste in unserem Leben ist, weder der zeitlich erste in der Tagesfrühe, noch der sachlich erste im Blick auf die Bedeutung, die er für unser Leben hat. Darum meinen wir, es müßten erst bestimmte Bedingungen erfüllt sein, damit wir beten könnten. Zu diesen Bedingungen rechnen wir z. B., daß wir erst einmal Zeit und Ruhe haben müßten (obwohl es doch umgekehrt ist und wir die Ruhe erst *im* Beten kriegen!); ferner daß wir in *Stimmung* sein müßten, wozu wir wiederum Ruhe und vor allem auch das Reizmittel der Feierlichkeit (vielleicht einen Weihnachts- oder Silvester-Gottesdienst) oder einen großen Augenblick in unserem Leben nötig haben. Wer aber Gott eine Bedingung stellt, ist schon von vornherein auf dem Holzwege und soll wiederum lieber seinen Mund halten. Gott schenkt sich nur dann, wenn wir uns bedingungslos in seine Hände geben.
Hier gibt uns unser Text einen entscheidenden Hinweis: Alles Warten auf fromme Stimmungen oder auf den Augenblick, wo uns das Herz so übervoll von Sorge und Angst ist, daß wir dann

einmal gar nicht anders *können* als beten, alles Warten auf diesen Augenblick wird von Jesus durch ein vielfaches »ihr *sollt* beten« durchbrochen.

Ich meine, das könnte uns allen bei unserem Gebetsversagen einen wirklichen Trost bedeuten. Während wir feststellen, daß wir einmal wieder nicht in Stimmung sind oder andere Gedanken im Kopf und im übrigen — wir kennen ja die Tour — »keine Zeit« haben, erreicht uns der Befehl »Ihr *sollt* beten«, ihr *sollt* mein Antlitz suchen (Ps. 27, 8). Nun ist es ganz einfach Dienst und ist sozusagen die amtliche Verpflichtung des Christen, daß er betet — eine Verpflichtung, die in genau demselben Sinne wie unsere Berufsarbeit souverän über die Frage hinweggeht, ob wir morgens Lust dazu haben oder nicht — »Dienst ist Dienst«.

Welche Befreiung kann auch dann in diesem Befehl liegen, wenn wir in bangem Zweifel und Hader mit Gott begriffen sind und wenn uns der Gedanke peinigt, ob beten denn überhaupt Sinn habe, ob es denn hier nicht — wie Rilke einmal in anderem Zusammenhang sagt — um ein Telefon geht, bei dem sich niemals jemand auf der anderen Seite meldet, ob es also nicht völlig sinnlos sei, in den naturgesetzlichen Ablauf eines Krebsleidens mit dem Gebete einzugreifen. Schauen wir nicht alle wie ein Kaninchen, das vom Schlangenauge gebannt ist, auf die furchtbaren Geschicke, die sich im Atomzeitalter vorbereiten, und auf die gewitterhaften Zusammenballungen großer Weltkatastrophen, die sich über unseren Häuptern zu entladen drohen? Sind wir nicht alle im geheimsten Winkel unseres Herzens ein wenig schicksalsgläubig geworden und verzichten deshalb lieber auf die matte Geste unseres Gebetes, die doch nur einem Kinderwimmern während eines Gewitters gleicht, an das sich das Gewitter nicht kehrt?!

Welcher Trost ist es dann, diesen Zweifeln und Hemmungen einfach durch einen Befehl enthoben zu sein, so wie sich ein Soldat selbst dann durch einen Befehl verpflichtet weiß, wenn er diesen Befehl nicht versteht. Das Geheimnis des Betens verstehen wir oft theoretisch nicht, und Diskussionen darüber sind darum ziemlich zwecklos. Aber im Gehorchen und Praktizieren lernen wir es genau so, wie wir den Herrn um so besser verstehen lernen, je mehr wir ihm nachfolgen, und ihn um so mehr mißverstehen, je mehr wir vorher zu verstehen wünschen, »warum« die Nachfolge berechtigt sei und sich lohne.

Das Gebet ist also nicht eine Sache unserer Geneigtheit, sondern es ist die Sache eines Befehls. Wer aber einen Befehl gibt, übernimmt damit die ganze Verantwortung. Jesus hat ihn gegeben. So dürfen wir ihn denn beim Worte nehmen und sollen ihm »den Sack seiner Verheißung vor die Füße werfen« (Luther). Wir kommen nicht nur im eigenen Namen — was sind *wir* denn schon, wir in Hoffnung Trunkenen, von Furcht Geplagten und im Zweifel Zersetzten, wie sollen *wir* denn aus diesem Meer des Irrwahns auftauchen, wie sollen *wir* denn diese Blockade unseres Lebens durchbrechen? — ich sage: Wir kommen ja nicht im eigenen Namen, sondern im Namen des Herrn Jesu. Wir kommen in seinem Namen nicht nur deshalb, weil er uns das Beten befohlen hat, sondern weil er uns durch sein Sterben und Auferstehen wieder zu Kindern unseres Vaters gemacht und uns also das Recht geschenkt hat, unsere Kinderstimme zu erheben und seinem Leiden und Sterben zu vertrauen.

Jesus gibt uns noch einen anderen Hinweis, wie wenig es bei alledem auf uns allein und auf unsere Stimmung ankommt. Er fordert uns auf, beim Beten ins »stille Kämmerlein« zu gehen. Das stellen wir uns vielleicht vor wie einen schlichten, aber feierlichen Raum, womöglich mit einem Herrgottswinkel und einer Goldschnittbibel auf dem Tisch, dazu mit einem Gebetsschemel. Jesus meint aber damit die außerhalb des Hauses gelegene Vorratskammer, in der es sehr unfeierlich und sehr unreligiös und sehr prosaisch aussieht. Das mag uns ein Zeichen dafür sein, wie wenig wir erst ein besonderes Piedestal und eine besondere Stimmungshöhe erklimmen müssen, um unseren Vater zu finden. So, wie wir sind, dürfen wir kommen — einfach deshalb, weil Gott in dem weihnachtlichen Kinde zuerst zu *uns* gekommen ist und weil es auch dabei sehr nüchtern und unfeierlich zugegangen ist. Nur in einem Punkt soll uns das Kämmerlein zum Beten helfen: daß wir mit Gott allein sind und daß dieses Alleinsein weder durch fromme Schauspielerei noch durch die uns von allen Seiten bedrängenden Dinge und Menschen, Eindrücke und Gedanken gestört werde. Wir sollten darum in allem Ernst darauf achten, daß wir die Stunde unserer Andacht ungestört erhalten. Es gibt ja nichts Verwundbareres als diese Stunde der Stille. Und der Teufel arbeitet viel weniger mit Zweifeln und bösen Gedanken als mit den Störungsmanövern der kleinen Alltäglichkeiten. Durch Eile und ruhelose Gedanken, durch Raumnot, in der diese Stille kaum noch zu finden ist; und ich wage zu sagen, daß der Zeitmangel der Großstadtmenschen und die Massenquartiere unserer überfüllten Häuser dem Teufel willkommenere Handhabe bieten, als alle Feuerbachs und Nietzsches und antichristlichen Propagandisten zusammen. Das stille Kämmerlein ist einer der wichtigsten strategischen Punkte in der Wirrnis unserer Zeit: denn wer *Gott* aus den Augen verloren hat (und nur hier findet man ihn ja), weiß auch die Welt nicht mehr zu nehmen. Wie kann man eine Welt gestalten, wenn man die Segensquelle verstopft und wenn der Umgang mit dem unterbrochen ist, der die Welt überwunden hat?

Jesus nennt noch eine letzte Gebetsnot, die unsere Verbindung mit Gott stört. Sie äußert sich darin, daß wir »plappern wie die Heiden, die meinen, sie würden erhört, wenn sie viel Worte machen«.

Das sind tatsächlich die beiden gefährlichsten Krankheitserreger in unserem Gebetsleben: daß wir entweder *zuwenig* Worte machen, weil unser »Kontingent« an Gedanken und Entschlüssen erschöpft und für Menschen und Dinge schon verausgabt ist; oder daß wir *zuviel* Worte machen, weil wir Gott nichts zutrauen.

Es ist ja auch sonst im Leben so: Wenn ein Mensch, der irgend etwas von uns erreichen will, übermäßig viel Worte an uns hinredet, dann gibt es dafür in der Regel zwei Erklärungen: *Entweder* er hat ein schlechtes Gewissen und er hat in seinen vielen Worten auch sehr viel zu verschweigen. Wir müssen aufpassen, daß er uns so nicht unter der Hand zu etwas ganz anderem bringen will, als was er so betont als sein Ziel ausgibt.

So hat Jesus auch recht mit seinem Mißtrauen gegen die frommen Wortemacher: Wollen sie nicht vielleicht auch etwas ganz anderes, als sie angeben? Sie geben an, es gehe ihnen um den Kontakt mit dem Vater, um seine segnende und schenkende Hand. In Wirklichkeit geht es ihnen aber gar nicht um diese Hand, sondern — wie Walter Flex einmal sagt — um die Pfennige in dieser Hand. Sie wollen in ihrer Not oder in ihren Wünschen irgend etwas von ihm erreichen, sie wollen ihn als Mittel für ihre Zwecke, und wenn er ihnen geholfen hat, laufen sie ihm davon, weil das Mittel eben seine Schuldigkeit getan hat und in Gnade oder Ungnade entlassen ist. An diese Menschen — ob wir wohl auch zu ihnen gehören? — denkt Jesus mit großer Traurigkeit, wenn er nach der wunderbaren Speisung sagt (Joh. 6, 26): Ihr sucht mich nicht darum, daß ihr Zeichen gesehen habt (d. h. ihr sucht mich nicht darum, weil ich euch als euer Heiland im Wunder der Sättigung erschienen bin und weil ihr einen Blick in mein Herz und mein liebendes Sorgen tun durftet), sondern ihr sucht mich, weil ihr von dem Brot gegessen habt und satt geworden seid. Kaum daß euer Magen gefüllt ist, habt ihr mich vergessen, und wenn ihr überhaupt noch ein Dankgebet sprecht, dann klingt euer Amen wie ein sattes »Mahlzeit«. Das also wollt ihr mit euren vielen Worten verdecken. O ihr Toren, daß ihr nicht den Geber, sondern die Gaben sucht!

Hat Jesus hierbei nicht dich und mich gemeint? Wie stürmisch war vielleicht die Leidenschaft unseres Betens, als die Bomben über unseren Dächern rauschten, und wie matt war unser Dank,

als die Entwarnung kam! Das rührte daher, daß es uns nur um unser bißchen Leben ging und eben nicht um sein gütiges Herz, das über uns wachte und seine Engel wie eine Wache um uns stellte.
Weil es so dem Beter zu allererst um den Kontakt mit dem Vater und um das Greifen nach seiner Hand geht, haben wohl die alten Kirchengebete die Sitte hochgehalten, mit langen und ausführlichen Anreden zu beginnen. Früher habe ich das nie verstanden und sogar kritisch darüber gedacht, weil ich meinte, vor lauter Anreden sei man schon so erschöpft, daß man den eigentlichen Gebetsinhalt gar nicht mehr in sich aufnehmen könne. Aber vielleicht verstehen wir jetzt, was die Väter in diesen »langatmigen« Anreden erreichen wollten, warum hierin auch ein Hinweis für unser eigenes Beten liegen kann. Es ging ja den Vätern darum, daß sie nicht nur ihre Sorgen und Hoffnungen im Gebet aussprachen, sondern vor allem darum, die Verbindung mit jener Instanz herzustellen, der sie sich mit diesen Sorgen und Hoffnungen nahten. Es kann sonst allzu leicht sein, daß wir an dem, was unser Herz an Angst und Hoffnung erfüllt, hängen bleiben und daß unser Gebet uns nicht freiwerden läßt von uns selbst, weil der »Adressat« überhaupt nicht gefunden, ja nicht einmal angegangen wurde.

Es gibt aber noch eine *zweite* Erklärung dafür, daß ein Mensch uns mit einer Inflation von Worten überschüttet, wenn er etwas von uns erreichen will. Sein Wortreichtum kann nämlich auch daher rühren, daß er uns *mißtraut*. Er tritt gleichsam das Energiepedal, um uns in Schwung zu bringen, weil er mit Recht oder Unrecht annimmt, wir seien von uns aus zu träge. Oder er drückt mit vielen Worten und drastischen Schilderungen auf unsere Tränendrüsen, um uns zu rühren, weil er meint, wir hätten ein steinernes und erbarmungsloses Herz. Oder er will uns verzweifelt zu einem Verständnis seiner Lage bringen, weil er annimmt, wir seien unverstehend und kalt.

Genau und eben dies wirft Jesus denen vor, die im Gebet so viele Worte machen. Auch sie treten das Energiepedal, weil sie meinen, sie müßten es von sich aus schaffen, und weil sie Gott nicht zutrauen, daß er schon eher an uns dachte, als wir überhaupt zu denken begannen. Sie drücken auch im Gebet gleichsam auf die Tränendrüse, weil sie dem Vater sein grenzenloses Erbarmen nicht glauben. Was sie treiben, ist Werkgerechtigkeit in Gebetsform.

Und weil wir also zu diesen Leuten gehören, die Gott mißtrauen und die selbst im Gebet nicht aus ihrem Aktivismus herauskommen und es darum nicht fertigbringen, sich einfach in die Hand Gottes fallen zu lassen, ruft Jesus uns zu: »Der Vater weiß doch, wessen ihr bedürft, ehe ihr ihn bittet.« Er ist ja immer schon eher da als eure Not. Er ist eher da als die Wellen, die euch verschlingen wollen. Ich, euer Heiland, bin eher da als eure Sünde, ihr braucht nur etwas in Anspruch zu nehmen, was für euch bereit liegt. Denn der Segen und die Hilfe und das Heil sind ja *da*. Merkt ihr denn nicht, daß ihr mit euren Anstrengungen, eurem Plappern, eurem Schreien eine offene Tür einrennt? Und merkt ihr nicht, welch ein schreckliches Mißtrauen gegen den darin liegt, der euch die Tür geöffnet hat und auf euch wartet, wie der Vater auf den verlorenen Sohn? Ihr schreibt gleichsam in euren nervösen, wilden Gebeten Brandbriefe an euren Vater, daß er verpflichtet sei, euch zu helfen, derweil dieser Vater Tag und Nacht euer gedenkt und auf das erste Zeichen wartet, daß ihr heimkommen wollt.

Wenn ihr von jemandem wißt, daß er euch liebt und euch nahe steht, bedarf es nicht vieler Worte, sondern nur eines verhaltenen Zeichens, eines Winkes mit den Augen, einer kleinen Andeutung, und er wird euch verstehen. Und mit eurem Vater sollte es anders sein? Mit eurem Vater, der weiß, »wessen ihr bedürft, ehe denn ihr ihn bittet«?

Gerade diese Worte bringen die große Ruhe in unser Gebet. Wir brauchen keine langen und wohlgesetzten Reden zu halten:

Gott versteht auch die Seufzer, er versteht auch die dummen und unreifen Worte — ganz einfach deshalb, weil er uns liebt und weil er uns tiefer kennt als wir selber. Und das Seufzen eines sterbenden Gotteskindes, das nicht mehr sprechen kann und schon jenseits der Zone lebt, in der menschliche Worte noch gelten, sind ihm lieber als die berechnende Gebetsrhetorik manches Frommen und manches klugen und »religiösen« Weltkindes.

Aber dies alles gilt ja nur unter einer einzigen Bedingung: daß wir im Namen dessen kommen, der uns dies Beten lehrte. Wie sollten wir denn von uns aus zu der Annahme kommen, daß uns ein Vater hört, der ein Interesse an uns nimmt, der auf unser Seufzen lauscht und der in unserem armen Kämmerlein Wohnung nehmen will? Die Menschen, die uns Christen vorwerfen, es sei vermessen, daß wir Gott mit unseren Kleinigkeiten bemühten, wir taxierten uns dabei wohl entschieden zu hoch ein und machten aus Gott einen allzu menschlichen Menschen, diese Ankläger haben ja eigentlich recht. Wenn wir in Christus nicht Gottes väterliches Herz erkennen dürften, wenn wir in ihm nicht den göttlichen Zug nach unten sähen, der ihn zu den zerschlagenen Herzen, zu den geistlich Armen, zu den Witwen und Waisen, den Kranken und Elenden, also zu seinen verlorenen und geliebten Kindern treibt, wenn wir nicht die Todesnacht des Kreuzes kennen dürften, in welcher der Gottessohn sich in Abgründe und Höllen stürzen läßt, gegen die auch die grausamste menschliche Tiefe noch ein grünendes Tal ist: ja, dann allerdings würden wir besser schweigen, weil es mutiger ist, in Haltung ein Unglück zu ertragen, als sich mit Illusionen und frommer Romantik zu trösten.

Aber nun *ist* dieser Heiland erschienen, nun *ist* die Tür des Vaterhauses geöffnet, nun *darf* uns nichts mehr scheiden von der Liebe Gottes.

Wenn ich soeben sagte, daß uns das Beten befohlen sei, dann muß jetzt noch dieses Letzte hinzugefügt werden: Eine solche

Aufgabe wäre sinnlos, wenn nicht das Entscheidende von allem eben doch die *Gabe* wäre, die Gabe nämlich, daß uns in Jesus Christus die freudige und unbeschreibliche Überraschung zuteil wird, daß wir einen Vater haben, der uns liebt, daß es Schultern gibt, auf die wir alle Sorgen laden dürfen, und daß ein Auge über uns wacht, das allen Jammer und alle Sehnsucht sieht, daß ein Ohr auf uns lauscht, das das Seufzen und Röcheln zu deuten vermag.

»Aus der Tiefe rufe ich, Herr, zu dir.« Ja, das darf ich nun wirklich, wo dies alles gilt. Gelobt sei der, der uns hören kann, weil er selber bei uns ist in allen Tiefen, in denen nur immer geschrien und gebetet werden mag. Sein Ohr ist unserem Munde zugeneigt, und sein Herz ist unvorstellbar bereit zu hören, zu verstehen und über Bitten und Verstehen zu helfen.

Wir sind ja bei unserem Namen gerufen, wir brauchen nun bloß zu antworten, wir brauchen nur Laut zu geben und mit aller Kraft »hier« zu rufen.

Dieses Antwortgeben auf den Ruf, der uns erreicht hat: das heißt »beten«. Und nun von Herzen darauf vertrauen, daß es der Vater ist, der da gerufen hat, und dabei tapfer ins Dunkle schreiten und in einem fort zurückrufen, vielleicht so rufen, wie Petrus geschrien haben mag, als er zu versinken drohte: das heißt glauben.

DIE HEIMKEHR

Wenn ihr fastet, sollt ihr nicht sauer sehen wie die Heuchler; denn sie verstellen ihr Angesicht, auf daß sie vor den Leuten scheinen mit ihrem Fasten. Wahrlich ich sage euch: Sie haben ihren Lohn dahin.

Wenn du aber fastest, so salbe dein Haupt und wasche dein Angesicht, auf daß du nicht scheinest vor den Leuten mit deinem Fasten, sondern vor deinem Vater, welcher verborgen ist; und dein Vater, der in das Verborgene sieht, wird dir's vergelten öffentlich.

MATTHÄUS 6, 16—18

Es ging in den ersten Jahren nach dem Krieg ein großes und erschütterndes Fasten durch unser Land. Fast jeder von uns hat es einmal schmerzlich kennengelernt. Zahllose Mütter wissen, wie das war, wenn die Kinder nach Brot schrieen, und es war keins da. Die Spalten unserer Zeitungen enthielten bewegende Berichte, wie gehungert wurde. Da war von keinem Salben des Hauptes die Rede, wohl aber vom Engerschnallen des Leibriemens. Da war von keiner frommen Übung die Rede, wohl aber vom Zusammenbruch der Moral und vom Schwarzen Markt. Da war von keiner freudigen Askese die Rede, wohl aber von einem schauerlichen Zwang, der über die leibliche Existenz verhängt war und in dessen tödlicher Umklammerung alle edleren Regungen dem nackten und brutalen Kampf ums Dasein weichen mußten.

Soll ich deshalb etwa anfangen, jetzt vom Segen des Hungers zu sprechen, und der Situation der Entsagung noch eine gute Seite abgewinnen, statt daß wir einfach zusammenstehen und alles, aber auch alles tun, um den Zwang des Hungers in der Welt zu brechen? Soll ich davon schwärmen, daß die Hungerleiderei eine fromme Vorübung für den Himmel sei, statt daß wir im Diesseits hier und jetzt unserem darbenden Nächsten helfen?

Ich glaube nicht, daß diese religiöse Verklärung des Hungers im Sinne dessen wäre, der uns um das tägliche Brot bitten lehrte, der die Hungernden speiste und den Leidenden seine Hand auflegte, damit sie wieder in Ordnung kämen. Er hat Nahrung und Kleidung für uns zum Gegenstand des Dankes und der Bitte und eben nicht der »Entsagung« gemacht. Und wie könnte man ernsthaft für etwas danken und um etwas bitten, das man nicht zugleich mit dem Einsatz aller Kräfte zu erreichen sucht?

Es ist vollkommen klar, was der Herr, der ein Heiland der Seelen und der Leiber ist, von uns fordert: nämlich nicht vom Segen des Hungers zu reden, sondern den Hungernden zu helfen, weil sie seine Brüder sind. Ich bin hungrig, speist ihr mich? Ich bin es, der euch aus den Gesichtern der Abgezehrten, der zu Tode Geschwächten ansieht, wollt ihr mir denn nicht helfen?

Aber unser Text hat in Wirklichkeit eine ganz andere Fragestellung. Er spricht vom Ernst der Buße, vom Bruch mit der Welt und von der Überwindung dessen, was uns gefangennehmen und daran hindern will. Dazu kann auch der Bauch gehören, und zwar der satte *und* der leere Leib. Das alles macht Jesus uns an der damals üblichen Bußpraxis, speziell am Fasten, deutlich. Aber das Fasten ist nicht die Sache selbst, sondern nur ein Mittel der Illustration. Die Sache ist die Buße. Was heißt das?

Buße heißt zunächst gar nichts anderes als Umkehr, Heimkehr. Damit klingt das Thema wieder an, das die ganze Bergpredigt durchzieht. Dieses Thema besagt: Es geht in dem, was Jesus von uns will, gar nicht darum, daß er unser Leben »reicher« machen wollte, daß er ihm sozusagen noch den Sektor des Jenseits und der Religion angliedern wollte. So wird er ja oft verstanden und mißverstanden. Man sagt z. B.: Es gibt einen wirtschaftlichen, einen kulturellen und politischen Sektor unseres Lebens. Es gibt außerdem aber noch einen kirchlich-religiösen Bereich, und wehe etwa dem Staatsmann, der diese Bezirke nicht in seine Berechnungen einkalkulierte. Er übersähe einen wesentlichen Faktor der Menschenführung. Er stellte bestimmte Seelenkräfte nicht in Rechnung, die nur von der Religion aus ansprechbar und zu mobilisieren sind. Der Nur-Politiker ist ein schlechter Politiker; bei Christus aber könnte er sich über diese wichtige Eigenschaft des Religiösen unterrichten; denn keiner hat sich darüber so klar und eindrucksvoll ausgelassen wie er. Sagen nicht manche sogar, daß selbst atheistische Staaten das sogenannte »religiöse Potential« wieder entdeckt hätten und wieder anzuerkennen begännen?

Wie sehr würde man aber den Herrn mißverstehen, wenn man glauben wollte, er würde den sonstigen Bereichen des Lebens, er würde unseren sonstigen Bedürfnissen nur einen weiteren Sektor hinzufügen, nämlich den religiösen Bereich mit seiner besonderen Art der Weltbetrachtung und seinen religiösen Bedürfnissen! Dann wäre die Nachfolge eine bequeme Sache: Man lernte dann zu alledem, was man sowieso schon weiß, noch einige weitere Dinge hinzu, z. B. was nach dem Tode mit uns los ist — was wir vorher eben nicht wußten, was wir aber in der Bibel scheinbar erfahren —, welche Seelenkräfte der sogenannte Glaube auszulösen vermag, und endlich, wie man alle möglichen Komplexe und Zerrissenheiten in sich überwinden kann mit Hilfe eines Seelenfriedens, der in diesem Zusatz-Sektor unseres Lebens zu haben ist.

Aber nun frage ich: Sehen die Jünger, sehen überhaupt die Menschen des Neuen Testamentes, die in das Kraftfeld Jesu Christi treten, auch nur entfernt so aus, als ob sie derart an Erfahrungen bereichert würden und als ob ihr Gesichtskreis nach der religiösen Seite eine bloße »Erweiterung« erführe? Ist nicht das, was sie in Jesus erleben, sehr viel weniger harmlos? Sind es nicht alles Leute, die wie durch einen Orkan aus der Bahn geschleudert werden, die vom Blitz getroffen niedersinken? Sind es nicht Leute, bei denen die Tür ihrer Vergangenheit, die Tür ihres bisherigen Lebens, ja, bei denen das mächtige Tor der Welt selbst zuknallt und die sich nun in einen ganz neuen Raum versetzt sehen, in dem sie nach gänzlich anderen Gesetzen leben als bisher? In einem Raum, in dem sie das für klein und für Kot halten müssen, was bisher als Größe erster Ordnung ihr Leben bestimmte? In dem sie verbrennen müssen, was sie bisher verehrt haben, und in dem sie verehren, was sie früher verbrannten? Blicken diese Menschen nicht alle auf diese zuschlagende Tür in der tiefen Verwunderung, ja beinahe im Erstarrtsein darüber, daß wirklich das Alte vergangen und alles neu geworden ist, daß sie noch einmal geboren sind, und daß das frühere Leben, in dem sie haßten und liebten, aßen und freiten, interessiert und gleichgültig waren, wie ein unwirklicher Traum hinter ihnen liegt, während jetzt erst die Stunde der Wahrheit, der Nüchternheit und der wirklichen Realitäten für sie angebrochen ist? Erlebt nicht jeder Christ genau dieselbe Verwunderung?

Was sie und was wir alle bei Jesus erleben, das ist keine Erweiterung unseres Lebens, sondern das ist neues Leben, vor dem das alte versinkt und durchgestrichen wird. Es ist kein Additionsexempel in dem Sinne, daß unserem bisherigen Leben ein neuer Bereich — eben der religiöse — angegliedert würde, sondern es ist der Akt einer unerhörten Zertrümmerung und des Neuaufbaues auf einem unter Schmerzen und Schrecken planierten Gelände, das eben noch mit den Schlössern und Burgen und Gärten unseres alten Lebens bedeckt war.

Wie vollzieht sich aber nun dieses entscheidende Ereignis, das wir soeben als Umkehr, Umwertung, Türzuschlagen und Planierung beschrieben?

Kommt etwa die Abkehr vom bisherigen Leben dadurch zustande, daß man seiner überdrüssig wird, daß man seine Hohlheit durchschaut und es einen anekelt? Es gibt ja allerhand »Philosophen des Überdrusses«. Man nennt sie Pessimisten, und sie sagen offen oder durch die Blume, das Leben sei eine Fremde und ein Schweinetrog. Aber das, was sie meinen, ist eine andere Art des Überdrusses; es ist ein Ekel, der nicht wirklich freimacht von dem, wovor einen ekelt, sondern der einen nur tiefer hineinstößt und dazu zwingt, in der Menschenverachtung, in der Nichtigkeit des Lebens, in der großen Wunde der Weltangst herumzuwühlen. An dieser Art des Ekels entsteht nur eine Resignation ohne Heimkehr und eine traurige nihilistische Verzweiflung.

Man braucht ja nur einmal den »verlorenen Sohn« zu beobachten, um die ganz andere Luft zu spüren, die im Neuen Testamente weht. Wie kam es denn dazu, daß er plötzlich aus der Fremde und vom Schweinetrog hinweg aufbrach? Kam es daher, weil es so furchtbar stank, weil ihn der Bauer ärgerte, der ihm nur Treber zu essen gab, und weil ihn sein erbärmlicher Lebensstandard beelendete? Das alles hätte ihn nicht zum Aufbruch angetrieben, wohl aber hätte er sich vielleicht aufgehängt und auf diese Weise Schluß gemacht.

Aber daß er auf die Beine sprang, daß diese Beine unter ihm zu laufen begannen, nach Hause, zum Vater zu laufen begannen, daß ein Kraftgefühl ihn durchströmte und er aktiv wurde, das lag daran, daß ihm auf einmal sein Vaterhaus vor der Seele stand und daß er im Geiste den Vater winken und locken sah und daß er plötzlich dessen gewiß wurde: Der Vater nimmt mich auf, wenn ich komme; und also darf ich kommen. Sicher hat es ihn auch vor der Fremde und all dem Plunder und all dem Tingeltangel geekelt, den er einmal so ernst genommen hatte. Aber das war nur nebenbei. Die Hauptsache war ganz einfach die Freude: Ich darf heimkommen. Darum wird die Buße immer wieder als Freude beschrieben, und ein Zeichen dessen, daß man sich freut, ist es, daß man sein Haupt salbt.

Der verlorene Sohn hätte sicher den Bürgermeister seines Heimatortes nicht wenig erstaunt angesehen, wenn der ihn gefragt hätte: »Hast du denn Aufenthaltsverbot in der Fremde bekommen, daß du auf einmal in die alte Heimat zurückkommst?« Der Heimkehrer wäre um eine Antwort sicher nicht verlegen gewesen: »Was meinst du? Mir wäre es *verboten* worden, in der Fremde zu bleiben, und deshalb wäre ich jetzt hier? Keine Spur von einem Verbot, Herr Bürgermeister! Aber das *Angebot*, daß ich wieder heimkommen darf und daß mein Vater mich nicht verstoßen hat, *das* bringt mich her.« — Und wenn der Bürgermeister nun gesagt hätte: »Aber ein zweites Mal wird dir dein Vater sicher verbieten, in die Fremde zu gehen?« so hätte ihn der verlorene Sohn sicherlich ausgelacht und ihm gesagt, da sei kein Verbot mehr nötig. Wenn man einmal wisse, was die Hut und der Friede des Vaterhauses bedeute — ohne Bild: wenn man wisse, was die Gemeinschaft mit Gott und was der Friede in Jesus Christus sei —, dann ginge man ganz von selbst nicht mehr.

Geht man dann wirklich nicht mehr? Bleibt man wirklich ganz

von selbst zu Hause und im Frieden des Vaters, wenn man einmal heimgekehrt, wenn man einmal »bekehrt« ist? Vollzieht sich dann alles weitere automatisch und gleichsam krisenlos? Hätte also der verlorene Sohn, wenn er so antworten würde, wie wir es ihm unterstellen, nicht unrecht? Mit dieser Frage stehen wir im Zentrum unseres Textes.

Denn dieser Text setzt doch voraus und billigt es offenbar, daß es gewisser geistlicher Übungen und Anstrengungen, daß es sozusagen eines geistlichen Trainings bedarf, um heimzukommen oder daheim zu bleiben. Und zu diesem Training kann z. B. das Fasten gehören.

Die Sache mit dem Nachhausekommen und Zuhausebleiben sieht also gar nicht so selbstverständlich aus, und ähnliche Beobachtungen können wir auch sonst im Neuen Testament machen. So sagt Paulus: »Ich betäube meinen Leib und zähme ihn, daß ich nicht den andern predige und selbst verwerflich werde« (1. Kor. 9, 27). Man kann also, auch wenn man heimgekommen ist, auf eine sehr verborgene Weise wieder verwerflich werden und ein Bein in der Fremde haben. Ein anderes Mal sagt er: Ich bin zwar ein freier Mann, es gibt für mich, da ich Kind im Vaterhause bin, kein einengendes Gesetz; ich darf essen und trinken, fröhlich sein und lachen, tanzen und schwimmen, aber »es soll mich nichts gefangennehmen« (1. Kor. 6, 12; 10, 23). Im Namen der evangelischen Freiheit, die mir das Vaterhaus gewährt, kann ich also gleichsam aus Versehen wieder in die Fremde abgleiten. Und der erste Petrusbrief mahnt deshalb: »Seid mäßig und nüchtern zum Gebet«, d. h. doch wohl: Wenn eure Nerven fiebern, euer Fleisch erregt ist und euer Gaumen Orgien feiern will, dann kommt es eben nicht zum Gebet, dann bricht der Kontakt mit dem Vater ab.

Das alles sieht ja nicht gerade danach aus, als ob man nun im Vaterhaus geborgen wäre und als ob die lockenden Stimmen der Fremde ein für allemal schwiegen. Das alles sieht doch erheblich nach Alarmbereitschaft, nach Kampf und Aufpassen aus. Und eben dies will uns Jesus in der Tat sagen: Der Friede Gottes ist keine Lebensversicherung! Er ist nicht etwas, worauf man sitzt, sondern wonach man sich dauernd strecken muß. Und wer da meint, er stehe — er stehe z. B. diesseits der Schwelle des Vaterhauses, wo ihm nichts mehr passieren könne —, der sehe ja zu, daß er nicht falle und daß er sich nicht auf einmal draußen vorfinde.

Vielleicht fragt mich der eine oder andere jetzt: Ist das nicht entsetzlich, was du soeben gesagt hast? Ist Jesus nach deiner Meinung denn nicht mächtig genug, daß er diese Gefahr ein für allemal bannen kann, wenn er seine Hand auf uns gelegt hat? Ist sein Blut, das er für mich vergoß, denn ein zu schwacher und unwirksamer Stoff, als daß er mich genügend immunisieren könnte? Und ist sein Kreuz denn wirklich nur eine Banknote ohne reelle Deckung, statt ein Zeichen des Triumphes und ein Zeichen dessen, daß alle, die es umfassen, nun unantastbar und geborgen sind?

Wie gut, daß wir zweifeln und den Zweifel nun auch offen herauslassen. Denn Zweifelnde strecken ihre Hände aus und können eben darum auch bei dieser Hand *genommen* werden.

Jesus ist nämlich so mächtig, daß er alle seine Feinde zu einem konzentrischen Angriff auf den Plan ruft, gerade weil sie ihre tödliche Bedrohung erkennen. Wie wild werden die Dämonengeister der Besessenen, wenn Jesus sie ansieht! Wie schließen sich in der Leidensgeschichte alle auch noch so feindlichen Gegenkräfte einig zusammen, von Herodes bis Pontius Pilatus, wenn es ihn zu vernichten gilt! Wie erfährt es jeder bekennende Christ, daß der Widerspruch und das Ärgernis gegen ihn aufstehen! Und genau so ist es auch in uns selbst. Sobald wir uns Jesus Christus zu eigen gegeben haben, wird der Widersacher auch in uns selbst schlechthin alles an Gegenkräften mobilisieren — von der massiven Sinnlichkeit bis zu den raffinierten Zweifeln unseres Geistes —, um Jesus aus dem Felde zu schlagen und unser Herz frei zu kämpfen.

Freilich ist die teuflische Regie viel zu gerissen angelegt, als daß sie sich auf frontale Angriffe beschränkte und uns mit faustdick aufgetragenen Verführungskünsten käme. Denn frontale Angriffe erkennt man in der Regel schon in der Entwicklung und kann sich auf sie vorbereiten. Statt dessen pflegt der Widersacher auf Nebenkriegsschauplätzen zu beginnen. Er stürzt uns etwa in chronischen Zeitmangel, der zunächst eine höchst profane Angelegenheit zu sein scheint. Aber unter der Hand entzieht uns der Zeitmangel die Stille zum Gebet. Oder er legt uns die Zeitung morgens auf den Frühstückstisch, die uns mit den Erregungen der Tagesereignisse die Stille des Gebetes raubt. Oder er umzingelt uns mit tausend Sorgen, deren fratzenhafte Gesichter durch unsere Gebetsworte wie durch Glas hindurchsehen und damit zur eigentlichen Füllung unseres Herzens werden. Oder er läßt uns die evangelische Freiheit preisen und macht sie unter der Hand zum Deckel der Bosheit. In dem allem wird deutlich, daß der Jünger Jesu in einen gesteigerten Kampf geführt wird. Denn mit alledem werden ihm ganz einfach Arbeitsaufgaben angewiesen, mit denen er sich täglich und ganz praktisch auseinandersetzen muß. Es ist eine höchst praktische und nüchterne und klar umrissene Aufgabe, mit dem Zeitmangel fertig zu werden, die Zeitung nicht über die Bibel Herr werden zu lassen und darauf bedacht zu sein, daß die Sorgen wohl als dunkle Vögel unser Haupt umflattern, aber kein Nest darauf bauen.
So ist der Friede Gottes keine anfechtungsfreie Etappe, sondern ein gesteigerter Kampf, gerade weil Jesus so mächtig ist. Wer einen so großen Herrn hat, hat auch die Ehre, viele Feinde zu besitzen.

Die schlimmste Gefahr in diesem Kampfe ist nun das, was der Herr in unserem Text die »Heuchelei« nennt. Wir haben schon in den früheren Abschnitten von ihr reden müssen. Sie ist ja viel mehr als ein bloßes Verstellungsmanöver etwa in dem Sinne, daß einer den primitiven Versuch unternähme, sich nach außen frömmer zu geben, als er in Wirklichkeit ist. Jesus spricht hier zweifellos von der *unbewußten* Heuchelei; er spricht davon, daß man, ohne es recht zu wissen, nach außen hin Gottesdienst treibt und in Wirklichkeit sich selber und dem Teufel dient. So kann die Heuchelei eine grausige Verirrung unseres Lebens sein — auf seinem tiefsten Grunde und hinter unserm Rücken.

Jesus zeigt uns in unserem Text, wie und wann es dazu kommt. Dann nämlich, wenn unser Leben, auch unser inneres Leben, sich nicht in erster Linie in der Gemeinschaft mit Gott, sozusagen im Alleinsein mit dem Vater abspielt, sondern wenn es nach außen zu den Menschen hin gelebt wird, oder wenn ich der Zuschauer meiner eigenen Frömmigkeit bin. Wenn dieses innere Leben also, statt ein »Schatz im Himmel« (Matth. 6, 20), statt »verborgen mit Christo in Gott« (Kol. 3, 3) zu sein, zu einer Ausstellungsware im Schaufenster unseres Lebens wird.

Vielleicht lächelt jetzt der eine oder andere heimlich und sagt zu sich selber: Das kann mir nicht passieren, ich mache weder ein besonders saures oder frommes Gesicht, noch gucke ich in der Kirche allzu lange und allzu demonstrativ in meinen Zylinder (was ungefähr dem Beten an den Straßenecken gleich käme), noch bin ich in irgendeiner Weise das, was man einen Frömmler oder religiösen Angeber nennen könnte. Wirklich nicht? Auch hier kann ich nur davor warnen, daß wir uns dieses Geschehen unseres inneren Lebens zu plump und zu dick aufgetragen vorstellen. Die Netze, mit denen uns der Widersacher fangen will, sind immer hauchdünn und fast unsichtbar gesponnen. Erst im Lichte Jesu beginnen sie verräterisch aufzuleuchten, so daß man sie erkennen kann.

Am besten reden wir einmal ganz praktisch von dieser raffinierten Form der Heuchelei.

Ich denke z. B. daran, daß es in vielen christlichen Kreisen üblich ist, sogenannte »Bekenntnisse« abzulegen. Wie sollte man auch nicht? Wes das Herz voll ist, des geht der Mund über. Warum sollte man nicht die Geschichte erzählen dürfen, die man mit seinem Heiland Jesus Christus erlebt hat? Die Geschichte also, wie man erst im Unfrieden, in der Heimlichkeit dunkler Bindungen und Ketten dahinlebte, wie er einem dann zu stark geworden ist und uns endlich in den Frieden seines Kreuzes, in das Glück der Vergebung heimgeholt hat. Ich kenne manchen Menschen, der von einem solchen Zeugnis überwältigt und bekehrt worden ist, und das hatte vorher keine Predigt fertiggebracht. Haben die Apostel dasselbe nicht auch getan? Das Zeugnis ist wirklich eine echte Gestalt der Verkündigung.

Aber nun können wir an uns selber und an anderen doch immer wieder dieses beobachten: Bei vielen Zeugnissen, besonders wenn sie in Form ständig wiederholter Bekehrungsgeschichten vollzogen werden und wenn sozusagen eine immer neu abgespielte Platte daraus wird, pflegt sich unter der Hand der Blickpunkt zu verschieben. Dieses Zeugnis handelt nicht mehr von dem Herrn, der an uns gehandelt hat, sondern es spricht von der Ebene, auf der dieses Handeln stattgefunden hat, und diese Ebene sind wir selber — wir, die wir eine sehr interessante Rolle dabei spielen. Wir meinen wirklich, unseren Herrn mit alledem zu preisen (soli Deo gloria!), aber in Wirklichkeit ist ein Stück Autobiographie und Wichtigtuerei daraus geworden. Wir machen Eindruck damit, und das gefällt uns; darum wiederholen wir es auch oft. Alles aber, was der Ehre des Menschen dient und Gott deshalb die Ehre nimmt, wird zur Lüge. So pflegt schließlich eine verlogene Schwarz-Weiß-Malerei dabei herauszuspringen.

Es hat mir deshalb nicht geringen Eindruck gemacht, als einmal ein alter Knecht Gottes einem andern, der gar nicht aufhören wollte, von seinem Bußkampf und seiner Bekehrung zu erzählen, etwas Wasser in den Wein seiner frommen Bekenntnisse goß mit den Worten: »Peterle, mach's Pfröpfle zu, sonst verriecht's«, sonst verfliegt nämlich der feine Duft, der nur in der Stille mit Gott da ist.

Hier liegt in der Tat genau das vor, was Jesus meint und was man die Zweigleisigkeit und den Selbstwiderspruch unseres Lebens nennen möchte. Wir treiben zwar mit unseren Worten Gottesdienst, wir bekennen. In Wirklichkeit aber haben wir das Thema verfälscht, weil wir von uns selber reden. Und eben das hat der heimliche Blick auf die Menschen fertiggebracht, auf die wir Eindruck machen wollen. Das ist der schreckliche Widerspruch, in den wir uns oft verwickeln und auf den hin wir uns einmal gründlich und mit eiskalter, aber heiliger Nüchternheit prüfen sollten.

Darum muß jeder Christ, der seinen Herrn bekennen will — und das wollen und müssen wir ja alle, keineswegs nur der Prediger—, immer wieder in die Einsamkeit mit Gott gehen, in die Stille des Gebetes, dorthin, wo kein Mensch zuhört. Nur *die* Worte können unsern Herrn wirklich groß machen und den Menschen nahebringen, die aus diesem stillen Gespräch mit dem Vater, aus dieser Verborgenheit, hervorwachsen. Alles, was ich mit den Menschen bespreche, muß ich vorher mit meinem Vater besprochen haben. Und Jesus selbst konnte nur darum so gewaltig und mit solcher Vollmacht zu den Menschen reden, weil er sich Zeit und Stille nahm, ganz abseits von aller Eitelkeit und allen noch so frommen Zwecken mit dem Vater zu reden.

Wie viele Menschen finden Gott nicht, weil sie solche Heuchler sind und weil sich in ihr Gottsuchen ein falscher Ton und eine falsche Perspektive einschleicht —, ja, auch in ihr Gottsuchen! Wie viele gefallen sich nicht in diesem Ringen um die Wahrheit, um Gott, um die letzten Hintergründe des Lebens! Sie gefallen sich als faustische Gottsucher so sehr darin, daß sie im Grunde gar nicht am Ziele ankommen wollen. Man erkennt sie an ihrer Manie, immer religiöse und philosophische Diskussionen führen zu müssen, ihren Geist und den Ernst ihres Suchens brillieren zu lassen. Und der Friede Gottes, um den sie zu ringen scheinen, ist ihnen im Grunde viel zu »einfältig«, als daß er ihnen noch genügend Gelegenheit gäbe, sich damit zu produzieren.

Genau dieser Typ, der besonders unter den Gebildeten verbreitet ist, ist der Typ des von Jesus beschriebenen Heuchlers, des Menschen im Widerspruch: Das Thema seines inneren Kampfes scheint Gott, scheint der Friede zu sein; aber in Wahrheit ist er selbst dieses Thema. Er gefällt sich in der Pose des Suchenden und in seiner faustischen Koketterie. Er sammelt Schätze im Schaufenster, die er wie ein Narziß genießt. Darum kann solch ein Mensch nicht zum Frieden kommen. Er gehört zu den Schmerzenskindern des Seelsorgers, denen am schwersten beizukommen ist und an denen der Heilige Geist seine größten Wunder tun muß.

Denn der Vater sieht in das Verborgene. Hier und nur hier muß man beginnen, ein Christ zu werden. Lieber nach außen hin fluchen und den Eindruck des Windhundes machen, als der Leidenschaft zum Schaufenster verfallen und sich in den Netzen der Selbstgefälligkeit verfangen. Die Eitelkeit vor sich selber ist dabei immer noch schlimmer als die Eitelkeit vor den andern. Und wer sich »tragisch« vorkommt, schließt sich vom Reiche des Heiligen Geistes hermetisch ab.

Wenn nur die Verborgenheit mit Gott in Ordnung ist und wenn es eine Stille des Gebetes, eine Stille der geistlichen Übung, eine Stille des Kampfes gibt! Nach dieser Stille und nach nichts sonst wird Gott den Wert und das Gewicht unseres Lebens berechnen, wenn die Stunde der Abrechnung gekommen ist und wenn es um die öffentliche Vergeltung geht.

Wir haben also gesagt, daß es in der Botschaft unseres Textes gar nicht nur um das Fasten geht, sondern darum, daß wir zum Kampf unseres Glaubens gerufen werden. Weil wir einen mächtigen Herrn haben, strengen sich auch seine Feinde mächtig an. Alles ist gegen ihn versammelt und will statt seiner unser Herz besitzen: die Leidenschaft unseres Blutes, das in seinem wilden Rauschen nicht mehr hören kann; der Mangel an Zeit, der uns nicht mehr zum Zwiegespräch mit dem Vater kommen läßt; der Sorgengeist, der jedes Gebet erschlägt, weil er uns in Unruhe und Glaubenslosigkeit stürzt; die Eitelkeit und die Koketterie,

weil sie uns den Raum der Verborgenheit nehmen, weil sie uns zum Wichtigtun verführen wollen und in gleichem Maße Gott unwichtig werden lassen.
Auch Sattheit und Hunger gehören hierher. Satte Menschen vergessen oft, daß sie friedlos sind und daß ihnen etwas Entscheidendes fehlt. Und die reichen Menschen, die alles haben, gelten im Neuen Testament immer als die am meisten gefährdeten. Aber auch der Hunger, den so viele von uns kennengelernt haben, ist von Haus aus wahrhaftig keine geistliche Übung und bringt uns der ewigen Heimat nicht näher. Eher scheint das Gegenteil einzutreten. Verzweiflung und Dumpfheit, Sorge und Gebetsmüdigkeit pflegen als dunkle Trabanten hinter ihm drein zu folgen.
Es gibt aber nichts im Leben — weder Sattheit noch Hunger, weder Kultur noch Trümmer, weder Heimat noch Fremde —, das nicht zum Träger unendlicher Gnaden werden könnte, wenn das alles die trifft, die Gott lieben. Denn nun gilt es, ganz einfach die Verheißung so realistisch und wörtlich wie nur möglich zu nehmen, daß denen, »die Gott lieben, *alle* Dinge zum Besten dienen müssen«: die Sorge, wie es mit Deutschland weitergeht, die Angst vor der Zukunft unserer im tiefsten verwirrten Welt, Nahrungs- und Kleidungsnot und alle anderen Nöte sind ja zunächst nichts anderes als eine Frage an uns, und diese Frage lautet: ob wir uns dies alles zur Traurigkeit, zur Verzweiflung und zum Verzagen dienen lassen wollen, oder aber, ob wir einfach einmal das Ungeheure und doch so Einfältige wagen und jenen Worten des Herrn blindlings vertrauen, daß es uns zum Besten dienen solle, und zwar in demselben Augenblick dienen solle, wo wir es wagen, weniger diese Dinge zu fürchten, als Gott zu lieben.

Das Gegenteil von Angst ist nämlich nicht der Mut (Mut ist nur verdrängte Angst); sondern das Gegenteil der Angst ist die Liebe zu dem, der die Welt überwunden hat und der einem deshalb auch die Angst abnimmt, die in der Welt herrscht. Die gleichen Nöte, mit denen der Teufel unsere Verzweiflung heizt, können auch zu dem Material werden, aus dem der Heilige Geist unsern Glauben formt. Und ich wage deshalb zu fragen: Wem wäre eine größere Chance gegeben, die Wunder des Glaubens und die Geborgenheit des Vaterhauses und die unaussprechliche Fürsorge unseres Gottes zu erleben, als denen, die leere Hände haben und nun sehen dürfen, wie Gott sie dennoch füllt; die Hunger und Durst haben und die es nun sehen und schmecken dürfen, daß Gott sich nicht vergeblich um das tägliche Brot bitten läßt und daß er die Vögel unter dem Himmel und noch viel mehr seine teuer erkauften Kinder nährt? Laßt uns darum wachsam und nüchtern sein und unsere Augen wirklich auf den richten, der sich um Vögel und Lilien — *und* seine Kinder kümmert (im Sinne jenes Trainings und jener geistlichen Arbeit, die wir besprachen, laßt uns das tun), damit sich diese Augen nicht in das Dunkel verirren, sondern nach der Hand des Vaters Ausschau halten.

So laßt uns denn auch die Not und die Sorge, die Lebensangst und den Hunger der Leiber und Herzen in die Hand dessen legen, der alles verwandeln kann, der aus Wasser Wein, aus Verzweiflung Glauben und aus der Angst der Fremde den seligen Frieden der Kinder Gottes zu machen vermag.

DIE ÜBERWINDUNG DER ANGST

Ihr sollt euch nicht Schätze sammeln auf Erden, da sie die Motten und der Rost fressen und da die Diebe nachgraben und stehlen. Sammelt euch aber Schätze im Himmel, da sie weder Motten noch Rost fressen und da die Diebe nicht nachgraben noch stehlen. Denn wo euer Schatz ist, da ist auch euer Herz. Das Auge ist des Leibes Licht. Wenn dein Auge einfältig ist, so wird dein ganzer Leib licht sein; ist aber dein Auge ein Schalk, so wird dein ganzer Leib finster sein. Wenn nun das Licht, das in dir ist, Finsternis ist, wie groß wird dann die Finsternis sein! Niemand kann zwei Herren dienen: entweder er wird

den einen hassen und den andern lieben, oder er wird dem einen anhangen und den andern verachten. Ihr könnt nicht Gott dienen und dem Mammon.
Darum sage ich euch: Sorget nicht für euer Leben, was ihr essen und trinken werdet, auch nicht für euren Leib, was ihr anziehen werdet. Ist nicht das Leben mehr denn die Speise? und der Leib mehr denn die Kleidung? Sehet die Vögel unter dem Himmel an: sie säen nicht, sie ernten nicht, sie sammeln nicht in die Scheunen; und euer himmlischer Vater nährt sie doch. Seid ihr denn nicht viel mehr denn sie?
Wer ist aber unter euch, der seiner Länge *eine* Elle zusetzen möge, ob er gleich darum sorget? Und warum sorget ihr für die Kleidung? Schauet die Lilien auf dem Felde, wie sie wachsen: sie arbeiten nicht, auch spinnen sie nicht. Ich sage euch, daß auch Salomo in aller seiner Herrlichkeit nicht bekleidet gewesen ist wie derselben *eine*. So denn Gott das Gras auf dem Felde also kleidet, das doch heute steht und morgen in den Ofen geworfen wird: sollte er das nicht viel mehr euch tun, o ihr Kleingläubigen? Darum sollt ihr nicht sorgen und sagen: Was werden wir essen, was werden wir trinken, womit werden wir uns kleiden? Nach solchem allem trachten die Heiden. Denn euer himmlischer Vater weiß, daß ihr des alles bedürfet.
Trachtet am ersten nach dem Reich Gottes und nach seiner Gerechtigkeit, so wird euch solches alles zufallen. Darum sorget nicht für den andern Morgen; denn der morgende Tag wird für das Seine sorgen. Es ist genug, daß ein jeglicher Tag seine eigene Plage habe.

MATTHÄUS 6, 19—34

I

Alle idyllischen Bilder dieses Textes von den sorglosen Vögeln, den glücklichen Lilien und der strahlenden Herrlichkeit Salomonis können uns nicht darüber hinwegtäuschen, daß es hier um ein sehr aufregendes Wort Jesu geht; aufregend einfach deshalb, weil es aus dem Lichte der Natur nun in das Grau unseres Alltags übersetzt werden soll. Und eben diese Frage, ob eine solche Übersetzung von dem einen in das andere möglich sei, macht unseren »lieblichen« Text zu einem so harten Brocken. Denn unser Alltag ist doch nun einmal von sehr handfesten und realistischen Sorgen erfüllt, die man nicht einfach wegzaubern kann: Der Kaufmann quält sich mit der Frage, wie er sein Lager auffüllt und wieder entleert. In Zeiten der Konjunktur fürchtet er die Vergänglichkeit des Glücks und sieht bangend den Rückschlägen entgegen. Die Mütter sorgen sich um die Zukunft ihrer Kinder, die jungen Leute, ob sie nichts versäumen, was das Leben bietet. Der Student sorgt sich um sein Examen, und die alternde Frau leidet an Torschlußpanik.

Soll ich diesen Teufelszirkel der Sorge, in den wir gebannt sind, soll ich diese Schlange, die sich ständig in den Schwanz beißt, noch weiter ausmalen? Ich glaube nicht, daß wir zu diesem Zweck zusammengekommen sind, um das alte Lied, das uns Tag für Tag in den Ohren liegt, nun auch im Gottesdienst noch einmal hören zu müssen.

Aber sind wir denn zusammengekommen, um das Gegenteil zu tun? Um nämlich die quälende und zermürbende Welt für einen Augenblick zu vergessen? Zu vergessen, welche Sorgen uns die Spannung zwischen Ost und West macht? Zu vergessen, was mit unserem kranken Manne, mit den Entwicklungsschwierigkeiten unseres Kindes wird? — Nun, wir wollen auch darin nicht wühlen, sondern nur die Frage stellen, ob wir denn zum Vergessen hierher gekommen sind und dazu, uns in der alltagsenthobenen Welt der Frommen einige Atemzüge der Narkose zu gönnen und ein bißchen romantische Zoologie zu treiben, indem wir nach den Vögeln unter dem Himmel und ihren offenbar glücklicheren Daseinsbedingungen Ausschau halten.

Aber damit würden wir dem Worte Gottes wahrhaftig nicht gerecht. Denn dieses Wort will ja gerade in unsere Sorgen und in unsere Angst *herein* und will uns eben darum doch trösten und aufrichten durch die Nachricht, daß der, der diese Worte von den Lilien und Vögeln gesagt hat, alle Schmerzen und Ängste, alle Foltern und Todeskämpfe am eigenen Leibe ertrug, weil er nicht nur allmählich darüber schweben, sondern als unser Bruder Mitleiden haben und sie also mit-leiden wollte. Wie sollten wir ihn dann aber als Rauschgift des Vergessens und als Mittel einer frommen Ekstase mißbrauchen dürfen?

Aber gerade weil das so ist, fällt uns der Text so schwer. Denn wie sollte sich der Lebensstil des sorglosen Vogels in unsere sorgenreiche Welt übertragen lassen? Was soll uns angesichts ganz brutaler Existenzprobleme die Aufforderung: »Sehet die Vögel, schauet die Lilien!«? Wir fürchten die reaktionären Träume von der guten alten Zeit, weil wir darüber den Augenblick versäumen könnten. Wir fürchten aber auch die Romantik der Natur, weil sie zur Flucht vor der Wirklichkeit und eben darum unehrlich zu werden vermag.

Aber ich meine, wir müßten nun doch aufhorchen, wenn ausgerechnet *der* uns auf die Sorglosigkeit der Vögel und der Lilien weist, dessen Erdengang wirklich alles andere als lerchen- und lilienhaft war. Ragen nicht schon in diese Stunde der Bergpredigt die düsteren Schatten des Kreuzes? Sieht Jesus nicht den »kommenden Tag« seines eigenen Lebens, dessen ängstliche Besorgung er uns verbietet, von dunklem Gewölk erfüllt, von einem Gewölk, aus dem schon sehr bald ein Blitz herabfahren wird, um ihn zu fällen? Und sieht er nicht, wie er gerade durch diese Worte, die er spricht und selber lebt, eben jenen Blitz auf sich zieht? Sollte er keine Ahnung von der Furchtbarkeit dieser Entladung haben? Keine Ahnung davon, daß sehr bald ein »anderer Tag« kommen wird, an dem er seinen Vater bitten muß, dieser Kelch möge an ihm vorübergehen?

Nicht wahr, es kommt eben alles darauf an, wer ein solches Wort von den Vögeln und den Lilien spricht. Wer wie Jesus Christus den menschlichen und den außermenschlichen Bereich des Kosmos von Rissen, Bedrohungen und widergöttlichen Einbrüchen durchzogen sieht und wer sich selber so mit seiner Existenz da hineinwirft, und wer nicht nur die Fanale seines eigenen, sondern auch die Fanale des Weltunterganges am Horizonte blitzen sieht und schon um die Stunde weiß, in der uns die Berge bedecken und Sonne und Mond ihren Schein verlieren werden, in dessen Munde muß die Predigt von den Vögeln und den Lilien und ihrer königlichen Sorglosigkeit etwas anderes bedeuten als im Munde der Naturromantiker und Schwärmer.

So fragen wir denn ganz einfach, was der Bergprediger wohl mit der »Sorge« meinen könnte. Versteht er darunter denn jede Art von Sorge und Vorausdenken?

Es gibt doch auch die sorgende Liebe der Mütter, und wer möchte die Runen der Sorge und Fürsorge im Antlitz der alten Mütter nicht mit Ehrfurcht betrachten? Sollten sie wirklich die Runen einer Schuld sein?

Und ist nicht die »Sorge« auch mit jeder Art ernsthafter Arbeit gegeben? Ich *muß* mir doch ganz einfach Gedanken, vielleicht sogar quälende Gedanken darüber machen, ob ich einer Aufgabe gewachsen bin, weil ich sie bewältigen soll, in welche Arbeitsstadien ich sie zerlege, welche Hindernisse und Widersprüche ich zu überwinden habe. Und muß sich nicht auch nach Jesu eigener Aussage jemand, der einen Turm bauen will, überlegen und also »Sorge machen«, »ob er's auch habe, hinauszuführen« (Luk. 14, 28)? Sollte er wirklich dem Sämann die Arbeit und damit auch die Sorgen verbieten wollen?

Wir ertappen uns dabei, daß wir hier auf einer falschen Fährte sind. Denn das, was Jesus mit der Sorglosigkeit meint, kann unmöglich in dieser Richtung gesucht werden.

Aber nun lenkt er eben unseren Blick auf die Tatsache, daß wir trotz und mit dieser berechtigten Sorge Gott untreu werden können; dann nämlich, wenn wir alle die Gaben und Aufgaben, die wir doch aus der Hand Gottes empfangen, nun über den Geber stellen und wenn wir also dem Geschöpf vor dem Schöpfer den Vorzug geben. Diese Umkehrung bedeutet aber in der

Sprache der Heiligen Schrift nichts anderes als — Götzendienst treiben.

So sorgen wir uns z. B. um Nahrung und Kleidung. Wer wüßte nicht, daß wir sie aus den Händen Gottes als seine lieben Kinder empfangen dürfen. Er ist es doch, der alles Leben und also auch alle Lebensmittel schafft. Aber wie gleichgültig ist uns oft diese schenkende Hand gegenüber dem Geschenk selbst. Es ist eben immer wieder typisch für uns: Wir sorgen uns nicht darum, ob wir in der Hand Gottes geborgen bleiben, was auch diese Hand mit uns tun möge, sondern wir sorgen uns um die Art und Weise, eben um die Mittel, mit denen uns die Hand Gottes helfen soll. Ich sage: »soll«; denn wir haben es uns partout in den Kopf gesetzt, daß uns nur auf diese und jene Weise geholfen werden soll. Wir müssen Brot und Kleider zu *dem* Termin, aus *der* und *der* Quelle, in *dieser* und *jener* Menge haben. Gewiß, wir sind uns schon klar darüber, daß Gott es ist, der uns dabei helfen muß und daß es ohne ihn nicht geht (wir sind doch keine Atheisten!), und darum bitten wir ihn denn um die Quellen, die Termine und die nötigen Mengen. Wir bestimmen damit sozusagen der berühmten und oft zitierten »Vorsehung« den Aktionsradius ihrer Fürsorge und auch das Aktionsprogramm. Gott soll uns eben nur so helfen dürfen, daß er *die* Tür öffnet, auf die wir gerade blicken, und daß er *das* Hilfsprogramm verwirklicht, das wir uns ausgedacht haben. Es ihm selber zu überlassen, wie er uns helfen wird, ihm, der »Weg' hat allerwegen«, das erscheint uns denn doch zu abenteuerlich und verwegen. Daß Gott in seinen höheren Gedanken sich eben selber Gedanken machen könnte darüber, wie er uns helfen wird, und daß er seine Hilfe »unversehens«, also *wider* alle unsere Programme und Überlegungen, also in Gestalt von »Überraschungen«, hereinbrechen läßt, das scheint uns eine Überbeanspruchung unseres Vertrauens. Und doch sind wir immer wieder überrascht und beschämt, wenn er es tatsächlich so macht und wenn gerade das auf die unglaublichste und pünktlichste Weise kommt, was wir brauchen.

Weil wir so an den Mitteln und Wegen und eigenen Programmen kleben, werden wir auch unseres Gebetes nicht froh und sind so oft nur mit halbem Herzen dabei. Denn die andere Hälfte unseres Herzens verweilt schon wieder bei dem »andern Tag«, sie schweift schon wieder ab. Sie überlegt und rechnet schon wieder, ob Gott die erbetenen Mittel auch zur Verfügung stellt und wie wir uns helfen, wenn die göttliche Intervention ausbleibt. Und darüber werden die Worte unseres Gebetes schal und muffig. Sie machen uns nicht frisch und froh, wie es doch beim Besten ein sollte, sondern sie schrauben sich mit Ach und Krach bis zur Zimmerdecke empor, aber ganz bestimmt nicht bis in den Himmel. So sind wir zwischen Glauben und Zweifel, Angst und Vertrauen zerrissen. Wie sollten wir in diesem Zustande auch fröhlich mit dem Vater sprechen und ihm alles — unsere Sorgen um Kleider und Schuh, Essen und Trinken — vertrauend in die Hand legen können? Wie sollten wir in diesem Zustand unsere eigenen Hände so festzuhalten wagen, wie es die Geste des Gebetes doch symbolisch zum Ausdruck bringt, wie sollten wir in diesem Zustand nicht vielmehr dazu neigen, sie nervös auf den Tisch zu trommeln oder sie heimlich nach der Klinke jener Tür greifen zu lassen, von der wir meinen, daß nur durch sie die Hilfe Gottes hereinbrechen könnte — wie es unsere herrischen und vertrauenslosen Gedanken sich ausgerechnet und uns vorgelogen haben?

Darin sieht Jesus den Fluch der Sorge: daß wir im Sorgen immer wieder auf unseren Weg blicken und nicht auf die Ziele Gottes, die er mit unseren Wegen hat. Darum lehrt er uns zunächst einmal dieses Ziel mit aller Kraft zu fixieren: das Reich Gottes und also das, worin Gott seine höheren Gedanken ganz verwirklicht und wo er also alles in allem sein wird. Wenn wir das einmal zu tun wagen, nämlich das *Ziel* Gottes über unserer Welt und unserem Leben ernsthaft ins Auge zu fassen, dann werden wir unter allen Umständen auch dessen ganz gewiß werden, daß uns alles andere *zufallen* wird, d. h. daß Gott uns nun auch alles überschwenglich geben und darreichen wird, was wir brauchen, um zu diesem Ziel zu gelangen.

Vielleicht brauchen wir Brot und körperliche Rüstigkeit für viele Jahre, weil wir noch lange in seinem Dienst stehen und weil wir auch anderen helfen sollen, das Reich Gottes zu finden. Vielleicht brauchen wir es auch, weil Gott noch eine lange Erziehung und Zubereitung an uns üben muß, damit wir als alte Männer und Frauen nach tausend Irrwegen und Torheiten ihn endlich doch noch finden dürfen.

Vielleicht aber — wer weiß das? — brauchen wir auch Hunger und Blöße und Gefangenschaft, damit wir das Trauen auf unsere eigene Kraft verlieren und den Segen der leeren Hände und der physischen und geistlichen Armut verstehen lernen, die uns erst lehrt, nach dem Reichtum und der Fülle der väterlichen Hände zu rufen. Wir wissen ja oft genug nicht, was wir beten sollen, wir sind oft in Verlegenheit darüber, was wir brauchen und was wir uns wünschen sollen. Vielleicht ist es gut für uns, wenn wir bald aus der Gefangenschaft entlassen werden, vielleicht ist es aber gerade für mich gut, wenn ich noch länger in dieser Schule bleibe. Und wie mancher schreibt es mir oder hat es mir in der Rückschau auf diese dunkle Zeit seines Lebens gesagt, daß er seiner Gefangenschaft froh geworden sei und daß er keinen Augenblick dieser harten Führung Gottes, weil sie eben die Führung *Gottes* gewesen sei, entbehren möchte.

Von hier aus verstehen wir schon besser, warum das Stieren auf unsere Wege und unsere Vorteile und warum das ewige Sorgen um beides so töricht und gefährlich ist. Wir verrennen uns nur in uns selbst und fangen uns in dem Zirkel eines endlosen Wahns, statt unsere Häupter zu erheben und auf die Ziele Gottes zu blicken. Es mag uns dann genügen, zu wissen, daß Gott für alle Wege sorgen wird, die zu diesem Ziele führen müssen: Der Geldbriefträger und auch die Krankheit (oder die Genesung), die wir brauchen, werden auf die Minute genau kommen. Aber wir werden nur dann durch beides gesegnet werden, wenn wir zu

vertrauen wagen, daß Gott *sein* Thema über unser Leben geschrieben hat, so daß nun alles, aber wirklich alles der Ausführung dieses Themas dienen muß.
Wie können wir aber irgend etwas, das uns trifft, wirklich aus den Händen Gottes nehmen, wenn wir nicht vor allem dieses Thema selber im Auge behalten und wenn wir nicht dieses eine, das not ist, auch unsere einzige und letzte Sorge sein lassen?
Wer sich vor dieser Sorge drückt — vor der Sorge also, er könnte dieses Gnadenziel aus den Augen verlieren —, der muß sich nun um alles *andere* sorgen: um den Baum, gegen den er mit seinem Auto fährt, um die nächste Steuererklärung und um jedes Wetterleuchten im Gesicht seines Chefs. Und umgekehrt: Wer diese *eine* Sorge, daß er den Kontakt mit den Händen Gottes nicht verliert, beharrlich in seinem Herzen bewegt, der wird in allem, was er nun pflichtmäßig zu besorgen und worum er sich zu bekümmern hat, eine königliche Sorglosigkeit walten lassen können, einfach deshalb, weil er bereit ist, in jeder Stunde neu seine eigenen Pläne und Programme von Gott durchstreichen und wegwerfen zu lassen. Denn er weiß ja, daß der Rotstift seines Vaters im Himmel nicht das Schreckinstrument eines bösen und unberechenbaren Zensors ist, sondern daß Gott uns nur so zu seinem königlichen Ziele führen kann, und daß darum jeder rote Strich nicht nur ein Zeichen des Gerichtes, sondern ein Gnadenzeichen ist über unsern kurzsichtigen und irrlichternden Augen und eine Versicherung dessen, daß eben *er* am Werke ist und daß er uns unseren gutgemeinten Torheiten und Plänen nicht in die Hände fallen lassen wird.
An alledem erkennen wir deutlich, warum die Sorge »Abgötterei« ist. Wir beten das geschöpfliche Brot an, von dem wir satt werden, statt daß wir den Herrn anbeten, der uns sättigt auf vielerlei Art.
Wir beten das Geld, die Sachwerte an und werden doch nicht glücklich dabei, weil sie von Motten und Rost gefressen werden. Und weil wir das auch ganz genau wissen, sammeln wir immer

mehr und werden immer besorgter, daß wir das Wettrennen mit Motten und Rost auch gewinnen. Nicht nur die Lust, auch die Angst und die Sorgen wollen »tiefe, tiefe Ewigkeit« und steigern sich ins Unendliche. Wir sorgen weiter, daß die Diebe kommen und uns das, was wir gewonnen haben, nehmen können: eine Inflation oder eine Deflation oder das Finanzamt. Für den, der die Verbindung mit Gott verloren hat, füllt sich der verlassene Himmel sofort mit Gespenstern und Fratzen. Jede Wolke erschreckt ihn, denn es kann ein Blitz aus ihr zucken. Sogar der Horizont ist voller beklemmender und sorgenerregender Geheimnisse. Man weiß nicht, was hinter ihm wartet und morgen schon kommen kann. Es wird eine Welt der Sorgen und Gespenster, und man begreift das schaurige Bild, das unsere germanischen Vorfahren für diese vom Horizont kommende Gefahr und für diese Ursorge des Lebens gebrauchten: das Bild von der Midgardschlange, die um den Erdkreis herumliegt und die unseren ganzen Weltkreis in ihrer furchtbaren Umklammerung zerbrechen kann. Die Welt in der Umzingelung durch die Schlange, das ist die Welt ohne den Vater, das ist die Welt der Sorge.
Wer immer auf die »Mittel« blickt, mit denen Gott helfen kann (wer sich auf die Wundermänner der Geschichte verläßt, auf Parteien und Reformprogramme, besonders wenn sie auf »ismus« enden), der vertraut sich den falschen Göttern an und weiß im Grunde doch ganz genau, daß sie ihn betrügen. Es ist ein schrecklicher Teufelszirkel: Der Mensch, der sich Sorgen macht, betet die falschen Götter an, und die falschen Götter stürzen ihn immer wieder in neue Sorgen und Unruhen.
Es geht beim Problem der Sorglosigkeit gar nicht um eine besser ausbalancierte Lebenstechnik, die sozusagen nervensparender wäre, sondern es geht darum, daß wir aus der Knechtschaft der falschen Götter herauskommen. Erst wenn wir uns das klar machen, können wir den Frieden ermessen, der uns segnend und beseligend entgegentritt aus Jesu Wort, daß der Schatz, den wir im Himmel deponieren, diebessicher und rostfest untergebracht

ist. Wer den Schatz seines Vertrauens in göttlichen Guthaben anlegt und wer damit zu der rechten Bank geht, der allein ist nicht betrogen — weder in dieser, noch in der kommenden Welt —, weil er bei dem geborgen ist, dessen Herz in Treue und Liebe für ihn schlägt, dessen Auge über ihm wacht und dessen Hände bereit sind, ihm aus ewiger Fülle darzureichen, was er braucht.

Wie furchtbar ist es, wenn man das alles nicht mehr sieht, wenn das Auge zum Schalk wird und den Sinn für die wirklichen Proportionen des Lebens verliert, wenn es dann die lumpigen Pfennige und die kümmerlichen Brotkrumen höher achtet als jene Hand, die sie darreicht und die doch unendlich viel mehr an Segen und Fülle schenken will als jene Pfennige und Krumen, um die wir sorgen.

Nur eines, wirklich nur eines ist not: diese Hand des Vaters, die Jesus Christus selber ist. Wenn wir sie halten, haben wir alles, haben wir Leben und Seligkeit und Freude und Sorglosigkeit, und ganz nebenbei, wirklich »nebenbei«, wirklich im Schlaf — wie das königliche Wort der Schrift das ausdrückt — wird uns auch das geschenkt, was die Hand enthält an Pfennigen und Krumen, an Essen und Trinken, Kleidern und Schuhen und allem, was wir zum Leben brauchen.

Und umgekehrt: Wer diese eine Hand nicht hat, versinkt in Sorgen und Angst, in Diebesfurcht und Mottenkomplexe und Verfolgungswahn, und kein Pfennig ist zu erbärmlich und keine Brotkrume zu klein, als daß sie nicht wie Zentnerlast und Alpdruck auf seiner Brust liegen und ihm als falscher Götze und schreckliches Nachtgespenst den Schlaf rauben könnten.

Das Gegenteil der quälenden Sorge ist nicht die Sorglosigkeit derer, die mit allen Gegenständen des Bedarfes reichlich und sicher versorgt sind — fragt doch nur einmal an, ob man in den Villen wirklich ruhiger schläft als in den Baracken! —, nein, das Gegenteil der Sorge ist der Friede Gottes, den ich dann haben darf, wenn Jesus Christus meine Hand in die Hand des Vaters zurückgelegt hat.

Sorglos ist man nicht, wenn das Meer ruhig ist und das Schifflein unseres Lebens behaglich dahingleitet. Sondern sorglos darf man sein, wenn zwar die Wogen hoch gehen, wenn aber der Herr in diesem unserem Lebensschifflein schläft und wir nun wissen, daß es nicht untergehen kann und daß Wind und Wetter uns nichts anhaben dürfen, weil der bei uns ist, der die Macht hat, ihnen augenblicklich zu gebieten. Die einzige Sorge, aber wirklich die einzige, die uns umtreiben soll, ist die, daß wir das Vertrauen auf den Herrn, der in unserem Lebensschifflein schlafen will und der über die Wogen zu schreiten vermag, nicht wegwerfen. Sobald wir unsere Sorgen an die falsche Adresse richten, nämlich an die Adresse der Wogen, packt uns der Jammer der Todesangst und wir versinken genau so wie Petrus. Die falsche Sorge ist nicht mit Hilfe einer künstlichen und verkrampften Sorglosigkeit zu bekämpfen — das wäre sterile Werkerei und würde zu nichts anderem führen als zur Vogel-Strauß-Politik. Sorge kann nur durch Sorge geheilt werden. Die Sorge um das Viele wird dadurch gesund, daß an ihre Stelle die rechte Sorge tritt: nämlich die Sorge um das »eine, das not ist«. Das ist die Homöopathie der göttlichen Heilungen.

Aber noch eine letzte Frage wird uns vielleicht bedrängen: Der Petrusbrief sagt uns doch: »Alle eure Sorge werfet auf ihn!« Also *dürfen* wir doch Sorgen haben und sie unserem Herrn und Heiland bringen. Vielleicht dürfen wir ihm also *doch* mit den vielen Kleinigkeiten unseres Lebens kommen. Denn nicht wahr: Der größte Teil dessen, worum wir uns sorgen, hat ja nichts mit den sogenannten welthistorischen Perspektiven zu tun, sondern besteht aus Lappalien. Sollten wir das denn nicht mehr im Gebete bringen dürfen? Sollten wir denn immer nur sagen dürfen: »Dein Wille geschehe!«? Und müssen wir denn im Namen dieser Bitte unsere kleinen Sorgen verachten und uns einfach romantisch treiben lassen?
Ich brauche es nur so auszudrücken, damit wir sehen: So kann

es ja nicht gemeint sein, denn das Vaterunser lehrt uns doch gerade, die Sorge um das tägliche Brot dem Vater darzubringen. Wir dürfen eben mit *allem* zum Vater gehen; und Jesus Christus, der uns zu ihm bringt, hat die verlassene Mutter in ihrer Trauer und Zukunftssorge getröstet, hat den Armen geholfen, die nicht wußten, wie sie den nächsten Tag überstehen sollten. Sogar die Getränkefrage auf einer Hochzeit hat er ernst genommen. So sehr hütet und begleitet er unsere kleinen Sorgen. Damit hängt es nun wieder zusammen, daß wir ihm auch im Gebet sagen dürfen, welche Mittel und Wege wir sehen, daß uns aus unserer Sorge geholfen werde: woher wir hoffen, unser Brot kriegen zu können, und daß Gott doch nun auch *diese* Türe aufmachen möge; welche Menschen eine hilfreiche Beziehung zu haben scheinen und daß Gott doch ihr Herz günstig stimmen möge. Es wäre unnatürlich, uns diese Bitten um bestimmte Mittel und Wege zu verwehren, denn darauf beziehen sich doch gerade unsere Sorgen, die wir auf ihn werfen sollen, und Gott will doch gar nicht, daß wir die Sorge unterdrücken und nicht herauslassen, sondern daß wir sie ihm offen und frei bringen. Dafür sind wir doch um Jesu Christi willen seine Kinder. Und welcher irdische Vater wollte wohl, daß sein Kind ihm aus Scham etwas verschwiege?

Aber dann, wenn wir das getan haben und auch tun durften, ist es nun Zeit, die andere Bitte auszusprechen: »Dein Wille geschehe« und »nicht wie ich will, sondern wie du willst«. Diese Bitte bedeutet: So, lieber Vater, nun habe ich dir alles gesagt, was mich bedrückt, ich habe dir auch alle meine Gedanken darüber gesagt, wie mir vielleicht geholfen werden könnte, und habe dich gebeten, daß du nun in Gnaden mir helfen mögest, wie ich es mir überlegt und zurechtgelegt habe. Aber sieh, lieber Vater, nun mache ich einen Strich darunter, und nun will ich das alles vergessen und dahintenlassen, nun mache mit mir, was du willst. Dein Wille geschehe — und eben nicht meiner. Die ganze Weltgeschichte mit ihren Schrecken und Sinnlosigkeiten muß ja doch einmal an deinem Throne enden. Du wirst sie auch aller Opposition und Besserwisserei der Menschen zum Trotz dorthin zu bringen wissen. Auch mein Leben mit seinen Sorgen und Mühen willst du an deinem Herzen enden lassen. Und du, lieber himmlischer Vater, solltest die Wege nicht kennen und nicht wunderbar zu ebnen wissen, die dahin führen? Du solltest nicht Wege aller Wege haben, um unser Sorgen und Grämen zu beschämen und uns auch das Schwerste zum Besten dienen zu lassen?

Wer viele Sorgen hat, hat auch die größte Chance des Glaubens, gerade weil er seinem Herrn so viel zu bringen hat und weil das alles in ein großes Vertrauen gewandelt werden soll.

Es gibt viele Nöte, aber nur *eines ist not.* Und wenn wir dies *eine* haben, kommt das andere — im Schlaf. Das ist die königliche Verheißung Gottes und auch die königliche Erfahrung aller Gotteskinder: »Unser Grämen zu beschämen, wird es unversehens sein.« Dieses »unversehens« ist das Ende unserer Programme und unserer sorgenden Phantasie. Gottes Werk kann ja erst beginnen, wenn unsere Möglichkeiten zu Ende sind. Oh, ihr Kleingläubigen, warum seid ihr so furchtsam?

Geschieht denn etwas anderes als Gottes Wille?

II

Sorge ist eine mit Zittern und Zagen an die Zukunft gestellte Frage. Sie ist die bange Frage, wie es denn werden soll. Denn diese Zukunft ist ja voll bedrohender Möglichkeiten. Da ist die gefährdete Ernte, die von einer unbarmherzigen Sonne verbrannt wurde; da sind die bedrängenden Fragen der Weltpolitik; das Knistern im Weltgerüst scheint mehr und mehr in das Geräusch des Berstens überzugehen, und wir warten auf den Augenblick, wo der Einsturz dieses mühsam in Balance gehaltenen Gerüstes erfolgt und wo die wilden Flammen einer neuen Katastrophe aus den Fenstern schlagen.

Wir wissen es eben ganz einfach, wie das ist: hungern müssen, vertrieben werden, in die schrecklichen Hände der Menschen fallen. Wir wissen es, wie das aussieht und sich anhört, wenn die Heimstätten stürzen und wenn es keine menschliche Hilfe mehr gibt. Wir wissen es deshalb, weil unsere eigenen Augen die rote Glut gesehen und unsere Ohren das Stürzen und Fallen und die Schreie gehört haben.

Wundert es uns, daß wir Sorgen haben, dies alles könne wiederkehren oder das alte Katastrophenthema könne weiter variiert werden? Wir wissen, zu welchen Qualen diese unsere Welt fähig ist. Sollten diese Sorgen deshalb Sünde sein? Ist das Wissen und Erlebthaben des Grauens, das Wissen darum, was alles »möglich« ist, Sünde?

Ich glaube das nicht und meine vor allem, daß wir auf diese Weise nicht an jenes Geheimnis herankommen, das Jesus im Auge hat, wenn er vom *Ungehorsam* und von der *Schuld* des Sorgens spricht. Denn dies alles, was ich soeben erwähnte: die Erlebnisse, die uns wissend gemacht haben und die darum auch die Zukunft so besorgniserregend sein lassen — dies alles gehört ja nun zum Bereich jener Dinge, die von außen her in unsern Mund, in unsere Augen und Ohren hereingekommen sind. Und eben dieser Bereich — so hat es der Herr einmal ausgedrückt — verunreinigt den Menschen nicht (Matth. 15, 15ff.); lediglich das, was aus dem Herzen kommt und von innen nach außen dringt, verunreinigt uns und macht schuldig. In diesem unserem Herzen steigen ständig die argen Gedanken wie giftige Sumpfblasen empor, und zu diesen argen Gedanken gehört auch die Sorge. Hier ruht deshalb das Geheimnis des Sorgengeistes; hierhin müssen wir blicken.

Wenn wir darum unsere Sorgen und die ewige Qual des Hangens und Bangens und all die damit zusammenhängende Nervosität loswerden wollen, dürfen wir nicht den Versuch machen, die Nöte des kommenden Winters zu verharmlosen oder die weltpolitische Lage optimistisch zu beurteilen — das führt nur zu einer vorübergehenden Narkose, der ein katriges Erwachen allzubald folgen muß —, sondern dann müssen wir uns ein neues *Herz* schenken lassen. Wenn dieses Herz entgiftet ist, können ihm auch die bösen Gase und Wahnvorstellungen der Angst nicht mehr entsteigen.

Wenn wir uns deshalb nun ein wenig mit diesem unserem Herzen, mit diesem trotzigen und verzagten Ding, mit diesem Behälter unserer Schuld und unserer Angst beschäftigen, dann ist das gewiß ein schlimmer Gegenstand für unsere Betrachtung. Und mancher denkt vielleicht: Ach, wenn er doch heute alle düsteren Gegenstände aus seiner Predigt verbannte und uns lieber von güldenen Gassen und kristallenen Strömen spräche. Das Düstere und Bange umlagert uns doch schon übergenug.

Nun aber dürfen wir ganz einfach als *Christen* von unserem Herzen sprechen; und da ist es plötzlich kein düsterer Gegenstand mehr. Denn eben diesem Herzen gelten nun alle Verheißungen Gottes: daß es der Ort des Friedens und der Furchtlosigkeit werden darf, weil Jesus Christus da ist und es den düsteren Mächten entrissen hat. Nun dürfen wir so davon sprechen, wie Jesus selbst es in der Bergpredigt tut, nämlich so, daß er zunächst sagt: Selig seid ihr. Ihr *seid* ja schon in meiner Hut geborgen. Nun könnt ihr die schrecklichen Abgründe ohne Furcht und Zittern sehen. So ist dieses Herz geheimnisvoll verwandelt, so wird der Gegenstand des Schreckens zum Orte des Wunders. So kann euch an diesem schrecklichen Herzen klar werden, aus welchen Tiefen ihr gerissen seid und welche Größe der Liebe daraus spricht, daß Gott dieses wilde Herz in Jesus Christus zu seinem eigenen Herzen machte. Einem vom Tode gezeichneten Mann mag man den Spiegel vorenthalten. Es könnte ihn tödliches Erschrecken aus dem Glase anspringen, wenn er sich in seiner furchtbaren Entstelltheit sähe. Aber einem Genesenden mag man schon ein Bild aus seiner schlimmsten Krankheitszeit zeigen; nun kann es ihm nichts mehr schaden, nun kann es ihm statt dessen zum Anlaß eines heißen Dankes werden.

In diesem Sinne, als solche nämlich, die von Jesus bei ihrem Namen gerufen und den Abgründen der Angst und der Schuld entrissen sind, wollen wir den Blick in unser sorgendes, beladenes und selbstquälerisches Herz wagen. Wir schauen es ja an im Angesichte Jesu Chisti, wir sehen ja den Streit und den Hader unserer Gedanken vom Frieden her.

Wie kommt denn die Sorge in unser Herz? Faust sagt einmal von ihr:

»Sie deckt sich stets mit neuen Masken zu,
sie mag als Haus und Hof, als Weib und Kind erscheinen,
als Feuer, Wasser, Dolch und Gift.
Du bebst vor allem, was nicht trifft,
und was du nie verlierst, das mußt du stets beweinen.«

In diesen Worten erkennen wir alle unser natürliches Herz wieder. Denn hier wird uns gesagt, daß der Geist der Sorge nicht von außen her in unser Herz eindringt: daß es nicht die bedrohte Situation meiner Familie oder meiner Gesundheit ist und auch nicht die bedrohlichen Konstellationen der Weltpolitik sind, die uns Sorgen machen — alle diese Nöte könnten ja auch das Gegenteil der Sorge in uns bewirken; sie könnten uns dazu dienen, daß wir alles Trauen auf menschliche Hilfe wegwerfen und daß wir uns verzweifelt und getrost zugleich der Gnade Gottes verschreiben. — Vielmehr wird uns hier gesagt, daß die Sorge aus unserem *Herzen* kommt: ich fürchte Schützen, die aus einem Hinterhalt nach mir zielen, Denunzianten vielleicht oder Neidlinge oder anderes Gelichter. Aber es *wird* ja gar nicht geschossen. Ich fürchte Kurzschlüsse und Hausbrände; aber die Leitungen sind intakt. Ich fürchte Vergewaltigungen und den Tod meiner Kinder, aber meine Schwelle bleibt verschont, und die Kinder spielen munter in der Sonne: »Du bebst vor allem, was nicht trifft, und was du nie verlierst, das mußt du stets beweinen.«

Dieses Herz hat einen großen Vorrat von Angst und Wahn und Unfrieden in sich, und nun wirkt es gleichsam wie ein unheimlicher Kinoapparat, der diesen Vorrat an Angst und Unfrieden in schreckliche Bilder übersetzt. Es geht mir dann genau wie dem Zuschauer im Film: Ich bin in der Illusion befangen, als träten mir diese Bilder leibhaftig von der Wand her entgegen. Ich lebe förmlich mit diesen Menschen und ihrem Schicksal und lebe genau so mit den schrecklichen Wahnvorstellungen meiner Sorgen, als ob sie Wirklichkeit wären. Und derweil stammt es alles aus meiner Brust, sind es alles Hirngespinste dieses trotzigen und verzagten Dinges.

Wie kommt das?

Als Faust diese furchtbaren und doch so hellsichtigen Worte über die Sorge sagt, hat er gerade in gotteslästerlichem Selbstbewußtsein ausgerufen: »Ich Ebenbild der Gottheit«, und im nächsten Moment wird er sich dem Teufel verschreiben.

Das ist sehr wichtig, um das Geheimnis der Sorge zu begreifen: Wer die Welt und das Leben nicht aus dem Frieden der Gemeinschaft mit Gott ansieht, muß sie so betrachten, wie sie unter der Herrschaft des Teufels aussieht. Da aber ist die *bedrohte* Welt: Endet nicht alles im Tode? »Vorbei und reines Nichts, als wär' es nichts gewesen«, sagt der Teufel zynisch in der Todesstunde Fausts. Auch die größten Geister holt am Ende der Knochenmann. Von Sinn ist keine Spur zu entdecken, so behauptet es der Teufel (denn der Teufel ist ein Nihilist): Wie viele Halunken und Schieber machen sich einen guten Tag und wie viele Fromme gehen elend vor die Hunde! Mit dieser Beobachtung hat der Teufel schon den Hiob verrückt gemacht, indem er ihn, den Frommen, mit einer Katastrophennachricht nach der andern schlug und es den Prassern und Schiebern gut gehen ließ. Dadurch wollte er ihm einreden: Das ganze Leben ist ein wirres Spiel des Zufalles, denkbar unväterlich, denkbar ungöttlich. Ein Tor, wer auf die göttliche Gerechtigkeit wartet und wer so dumm ist, sich einzubilden, daß das Gute belohnt und das Böse bestraft wird. Haben wir diese Anfechtung des Hiob nicht alle schon an der eigenen Seele gespürt? — »Ohne Wahl zuckt der

Strahl«, so hat es der Teufel in den Bombennächten in die Herzen geflüstert, und die Menschen haben ihn verstanden und haben in furchtbarer Resignation »Schicksal« gesagt, wenn so manche Kathedrale niederbrannte und so manche Animierkneipe den Sturm überstand.

So sieht die Welt aus der Perspektive des Teufels, so sieht die Welt »diesseits Gottes« aus: ein blindes Würfelspiel des Schicksals, eine schauerliche Fahrt ins Blaue, oder vielmehr ins Dunkle. Versteht ihr, in dieser Welt ist alles möglich, schlechterdings alles: Du kannst Millionär werden oder ein armer Schlucker, du kannst morgen tot sein, weil dir ein Ziegel auf den Kopf fällt, oder kannst ein alter lebensmüder Greis werden. Du kannst Minister werden oder morgen ins Gefängnis kommen oder beides zugleich. Es ist Unsinn, nach Sinn und Verstand in alledem zu fragen. Es muß dir genügen, daß in dieser Welt des Durcheinanderbringens alles, aber auch schlechthin alles »möglich« ist.

Für dieses Wissen, daß alles »möglich« ist, hat der moderne Mensch den Begriff der Lebensangst geprägt. Frühere Generationen kannten so etwas wie Todesfurcht. Der heutige Mensch aber hat Angst vor dem Leben. Nicht etwa deshalb, weil er besonders furchtsam wäre, wenn es in den Krieg oder in die Bombennacht geht. Im Gegenteil, er ist eher mutiger als frühere Generationen und manchmal sogar tollkühn. Aber er hat Lebensangst. Er fürchtet all das, was passieren *könnte* in dieser unberechenbaren, mit allen »Möglichkeiten« geladenen Welt. Er fühlt sich so entsetzlich allein dem allem ausgeliefert. Wüßte er, daß einer bei ihm ist, ja wüßte er, daß einer dies alles schickt, so furchtbar es auch sein mag, und wüßte er, daß dieser eine sich etwas dabei denkt, daß er ein Ziel dabei im Auge hat und vielleicht so etwas kennt wie Liebe, dann würde er alles ertragen.

Aber das alles weiß er eben nicht. Darum ist er hilflos in den Taumeltanz des Lebens hineingegeben. *Darum muß er alles fürchten, weil alles »möglich« ist.* Darum entsteigen seinem Herzen dann die schrecklichen Bilder, und der Projektionsapparat dieser Le-

bensangst malt sie ihm leibhaftig an die Wand und »was er nie verliert, das muß er stets beweinen«. Er muß es beweinen, weil er eben alles verlieren *könnte*, weil alles »möglich« wäre — in dieser Welt des Teufels, die Hiob bis in den bittersten Grund durchleiden mußte.
Seht ihr nun, wie letzten Endes das unerlöste Herz hinter unsern Sorgen steht und nicht die gefährlichen Dinge selbst, auch nicht die Mißernte, auch nicht der Konflikt zwischen Ost und West? Eben dieses Herz ist es, das die Welt nun voller Rost und Motten, voller Atombomben und Katastrophen sieht und Angst vor alledem hat, was »möglich« ist und eintreten könnte in einer unberechenbaren Welt.

Hier stoßen wir auf die tiefsten Geheimnisse unseres Glaubens. Im 73. Psalm wird uns die ganze Not eines Menschen gezeigt, der die Führungen Gottes nicht mehr durchschaut, der die schreckliche und sinnlose Verkehrung von Lohn und Strafe ähnlich wie Hiob beobachten muß und der deshalb in Sorge und Angst gegenüber der Unberechenbarkeit der Welt gestürzt ist. Hat letzten Endes nicht doch der Teufel die Regie? Fast wäre der Psalmist so weit, diese schauerliche Feststellung zu treffen. Und er unterläßt es zunächst nur deshalb, weil er damit alle Kinder Gottes verdammen und ihren Glauben als Teufelsgaukelei verstehen müßte. Darum zuckt er vor dieser letzten zweifelhaften Feststellung zurück.
Aber dieses Zurückzucken ist noch nicht die Heimkehr in den Frieden Gottes. Es ist nur die Flucht vor einer Konsequenz, die allzu schrecklich wäre. Und doch wölbt sich über dem Schluß des Psalms dieser Friede Gottes wie ein versöhnender Regenbogen, und die frohe Botschaft von der heimbringenden Gnade Gottes und der Ruhe an seinem Herzen dringt friedvoll und beseligend an unser Ohr.
Wie kommt der Psalmist zu diesem Frieden mitten in der Unberechenbarkeit der Welt? Etwa dadurch, daß er am Ende seines

Grübelns doch noch hinter den Sinn gekommen und daß es ihm plötzlich wie ein Licht aufgegangen wäre: Aha, »deshalb weil« Gott dich reifer machen wollte am Leiden, »deshalb weil« er meinen Glauben in dieser unberechenbaren, verrückten Welt prüfen wollte, »deshalb weil« . . . hat er mich um Amt und Brot kommen lassen, hat er mir die Heimat geraubt und den liebsten Menschen genommen. Dieses »deshalb weil« suchen wir aber im ganzen Psalm vergeblich. Auf dieses »deshalb weil« richten sich die fiebernden Gedanken der Weltweisen, die den Sinn des Lebens meinen ergründen zu können. Aber der Psalmist verschmäht es. Nein, statt eines »deshalb weil« sagt er: »Dennoch bleibe ich stets an dir.«

Wie ist dieses merkwürdige »Dennoch« zu verstehen? Wie kann es die Lösung aus der Lebensangst bringen?

Wenn es mir an *einer* Stelle aufgehen und klar werden könnte, daß über dieser Welt ein lebendiges Herz schlägt, dann wäre mir die Angst mit einem Schlag genommen. Dann dürfte mich ja nichts mehr treffen, das nicht vorher die Zensur dieses Herzens passiert hätte und von diesem Herzen als mir förderlich und gut erkannt worden wäre. Dann wäre in allem, was mich quält und wovor mir graut, das geheime Thema der Liebe wirksam, auch wenn *ich* es aus den wirren Takten dieser aus den Fugen gekommenen Welt nicht herauszuhören vermöchte. Es würde mir dann ganz einfach genügen, daß dieses alles vom Herzen Gottes kommt und wieder zu ihm dringt.

Und dieser eine Punkt, an dem mir dieser unerhörte, dieser erlösende Trost sichtbar und greifbar wird, ist Jesus Christus. Ich gebrauchte früher schon einmal das Bild vom Vergrößerungsglas: Nur wenn wir durch die Mitte dieser Lupe blicken, sehen wir den Gegenstand dahinter schärfer und klarer umrissen. Je mehr wir uns von ihm entfernen und je mehr unser Blick an die Ränder schweift, um so verzerrter und unerkennbarer werden die Gegenstände. Genau so ist es mit der Art, wie Jesus Christus uns hilft, in das Leben hineinzublicken: Nur wenn wir durch ihn, durch die Mitte der Geschichte, das Geheimnis des Lebens betrachten, gewinnt es seine alte Klarheit; denn durch ihn schauen wir mitten in das Herz Gottes hinein. Je mehr wir uns aber von diesem Zentrum entfernen und unseren Blick auf die Ränder hin entweichen lassen, um so verzerrter und undurchdringlicher und teuflischer wird alles, was dann in unser Gesichtsfeld tritt. An den Rändern herrscht die Lebensangst. Nur in jenem Brennpunkt, in Jesus Christus, sehe ich den Vater und wie er's mit mir meint. Ich sehe, wie er den Hungernden und Dürstenden hilft und wie er in Jesus Christus selber ein Hungernder und Dürstender, ein Gefangener und Bloßer wird. Hier sehe ich, wie Gott in seinem Sohn alles das durch sein eigenes göttliches Herz zittern und pulsieren läßt, was meine Qual und meine Lust ist: den Rausch der Macht und die Bewunderung der Menschen und alles, was an fürchterlichen Abgründen in meinem Leben gähnt. Denn in der Versuchungsstunde in der Wüste nimmt der Gottessohn ja dieses mein wildes Herz mit allen seinen Versuchungen, mit seinem Rausch, mit seiner Angst in seine eigene Brust. So sehr liebt er mich. Er erbarmt sich nicht nur über die, die in Finsternis und Schatten des Todes sitzen, sondern er erträgt selber die Finsternis der teuflischen Mächte und stirbt selber den schrecklichen Tod.

Wenn ich in meinem Heiland Jesus Christus dieses Herz des Vaters erkennen darf, dieses für mich schlagende und um meinetwillen verwundete Herz, dann weiß ich zwar ebensowenig wie der Heide und wie der sich sorgende Faust, ob ich morgen noch leben werde und ob die Atombombe jene sommerliche Landschaft nicht in Schutt und Asche legen wird, die mir eben noch Lob- und Dank- und Freudenlieder über die Herrlichkeit der Schöpfung auf die Lippen trieb. Ich weiß auch nicht (ebensowenig wie der Heide, wie Faust), warum der geliebteste Mensch, der Reichtum und der Inhalt meines Lebens, im Osten verschollen ist, während der Mann meiner Nachbarin heimkam, um den alten ehelichen Krach wieder aufleben zu lassen. Das alles weiß ich nicht, auch als *Christ* nicht. Und doch ist mir die Sorge und die Lebensangst geheimnisvoll genommen, weil ich nun Ja sagen kann und weil mir Gott in seiner Gnade die Kunst des Annehmens geschenkt hat. Darum schaue ich nicht mehr in krampfhafter Abwehrbewegung in die Zukunft, voller Sorge, was sich da jetzt wieder an Unberechenbarem zusammenbrauen wird, sondern ich nehme es an, einfach weil es mir von einer Hand dargereicht wird, welche die Hand meines Heilandes ist.

Wenn es wirklich diese göttliche Hand gibt und wenn ich nun nicht anders kann, als darüber jubeln (denn nicht wahr, was kann eine Hand bedeuten, wenn ich schwer krank bin oder wenn es sehr dunkel ist und ich die Orientierung verloren habe oder wenn ich in abgründiges Leid gestürzt bin), wie sollte ich dann nicht auch alles das annehmen wollen, was nun *in* dieser Hand ist, oder wie sollte ich nicht freudig den Weg zu gehen wagen, den diese Hand mich führt? Es ist ja letzten Endes ganz belanglos, ob ich den Sinn meines Lebens in seinen merkwürdigen Führungen »verstehe«. Es kommt vielmehr alles darauf an, daß ich die Verbindung mit dieser Hand behalte, denn dann kann ich Ja sagen, dann kann ich annehmen.

Wer sich für mich geopfert hat und für allen meinen Schaden gut gewesen ist, der kann es auch mit den schwersten Lasten und den rauhesten Wegen nur gut mit mir meinen und wird nur das an mich heranlassen, was mir zum Besten dient.

Das Gegenteil der Sorge ist also nicht der Optimismus, der sich einredet: Es ist ja alles nicht so schlimm und wird sich schon zurechtschaukeln. Die sogenannten Optimisten aus Grundsatz sind im allgemeinen nur Windhunde und oberflächliche Naturen, die nicht seriös oder tapfer genug sind, den wirklichen Realitäten standzuhalten.

Das Gegenteil der Sorge ist vielmehr der *Glaube*. Es ist der Glaube, der um die Ungewißheit der Zukunft weiß und der allen Rätseln und scheinbaren Sinnlosigkeiten des Schicksals standhält, der einfach sagt: Dennoch bleibe ich stets an dir.

Ich bitte zu bedenken, daß er nicht sagt: Dennoch bleibe ich stur auf meinen Beinen stehen; »was mich nicht umbringt, macht mich stärker«. Das könnte jeder Büffel auch sagen, wenn seine Gehirnmasse ihn nicht hinderte, einen philosophischen Satz zu denken. Sondern der Glaube sagt: Ich falle vielleicht und bin oft hilflos, aber du hebst mich auf. Mein Verstand steht schier still oder wird irre angesichts des Übermaßes an Leid in der Welt, aber du *lässest* mich nicht, und so hält dich dann auch *meine* Hand fest. Denn ich darf es ja wissen, daß deine Liebe ihren Weg auch in der größten Dunkelheit hat. In diesem Sinne ist der Glaube das Gegenteil der Sorge. Und so hat es der Herr selber ausgesprochen, wenn er sagt: »Fürchte dich nicht, glaube nur!« (Mark. 5, 36).

Wenn wir uns dieses Vertrauen schenken lassen, dann bekommen wir ein wenig von der königlichen Freiheit der Kinder Gottes zu schmecken, und unter der Hand verändert sich unser ganzes Verhältnis zur Zukunft. Unser erstes Interesse gilt nicht mehr der Frage (der bangen und zweifelnden Frage), ob Gott helfen wird, sondern es gilt der andern Frage (der fröhlichen, gewissen und gleichsam neugierigen Frage), *wie* Gott helfen wird. In diesem Sinne sagt Pascal einmal, es sei herrlich, im wilden Wetter auf einem Schiff zu fahren, wenn man wisse, daß es nicht untergehen könne.

Das ist die stürmische Freude des Christenlebens, das ist auch sein Lachen und sein Humor und seine sieghaft überwindende Kraft, daß unser Leben nun ein solches Schifflein ist, in dem Jesus Christus schläft und das nicht untergehen kann. Ich kenne einen wahren Christen, der durch schwerstes Leid und durch große Gefahren gegangen ist und gegenwärtig geht und der mir einmal sagte: Die geistliche Gefahr meines Lebens besteht gar nicht mehr darin, daß ich zuwenig mit Gott und auf Gott rechne. Nein, Gott hat mich durch seine unzähligen und unglaublich pünktlichen Durchhilfen fast tollkühn gemacht in der Art, wie ich ihn nun wirken lasse und mitmache. Dieses Sichtreibenlassen

ist jetzt ein Zustand, der mir zur geistlichen Gefahr werden könnte.
Nun, wie dem auch sei: Jedenfalls hatte dieser Mann etwas von der Fürsorge Gottes und der Sorglosigkeit seiner Kinder erfahren.

Damit kommen wir nun zum Schluß und fragen noch, wie wir denn nun ganz praktisch zu dieser Sorglosigkeit im Angesicht Jesu Christi kommen.
Wir hören dazu einige ganz praktikable Regeln, wie sie uns das Evangelium an die Hand gibt.
1. Die erste heißt, daß wir uns von unseren Sorgen nicht künstlich *ablenken* sollen (etwa durch Dauerhören des Radios oder Kinorennerei oder andere Betriebsamkeit), sondern daß wir unsere Sorgen auf den hinlenken sollen, der alle unsere Schuld und all unser Leid und also auch unsere Sorgen brüderlich tragen und teilen will. Nicht ablenken, sondern hinlenken. Das ist es. Jesus hat ja nicht gesagt: Sehet den Vogel Strauß an, wie er seinen Kopf im Wüstensand vergräbt und damit die Sorge vor der Gefahr loszuwerden versucht. Sondern er hat gesagt: Sehet die Vögel unter dem Himmel an, haltet eure Augen offen, reckt euch gerade empor und schaut mitten in die Höhe der Welt, in der Gott die Signale seiner Gnade und Fürsorge zu erkennen gibt.
2. Die zweite damit zusammenhängende Regel lautet: Du sollst deine Sorgen nicht unterdrücken, sondern sie frei herauslassen. Du sollst sie auch nicht auf die Goldwaage legen und besorgt fragen, ob sie dir vielleicht vom Teufel eingegeben seien und aus dem Unglauben stammen, oder ob sie gar salonfähig und wichtig genug seien, um deinem himmlischen Vater damit zu kommen. Hat sich Jesus nicht in barmherziger Herablassung selbst der kleinen Hausfrauen angenommen, als den Hochzeitsleuten der Wein ausging, und hat er nicht auch *jene* törichte Sorge in seine Hand genommen, als die Frau des Zebedäus ihre Söhne im Reiche Gottes zu seiner Rechten und zu seiner Linken placiert

sehen wollte? Wie sollte der, der uns die Schuld vergibt, nicht über unsere Torheit lächeln, — in *Güte* lächeln, statt uns böse zu sein? Wie sollte der, der uns kleine Menschen liebt, nicht auch das Kleine selbst an uns mitlieben? Wie sollte er uns nicht mit allem, was wir sind, mit unserer männlichen Tatkraft und unserer Kinderangst, mit unserem Heroismus und mit unserer kleinen, oft so dummen Sorge in sein unendliches Erbarmen hüllen, wenn dieses sein Erbarmen ihn doch dazu treibt, zu uns zu kommen und die Glorie des Himmels zu verlassen?

Weil er dann also unser Bruder und Gefährte ist, laßt uns mit Gott reden, wie die lieben Kinder mit dem lieben Vater.

3. Wir dürfen keinen Augenblick mit unseren Sorgen und unserer Angst allein bleiben und dürfen ihnen keine einzige Minute der bangen Nacht ein Anrecht auf unser Herz gewähren. Und das heißt nun ganz praktisch: Kaum, daß die Sorgen da sind, müssen sie in ein Gebet verwandelt werden. Sie sind ja von hochexplosiver Natur, und wenn wir sie zu lange in unserer Hand behalten, zerreißen sie uns. Und wenn wir die sorgendurchfurchten, zerquälten Gesichter in den Bahnen und auf den Straßen sehen, dann erfahren wir immer wieder mit Schrecken, daß sie solchen zerfetzten Leichnamen gehören, die den Sprengkörper ihrer Sorge in der Hand behielten, statt ihn von sich zu schleudern und statt die Sorge auf den zu werfen, der in seiner grenzenlosen Güte für uns zu sorgen verheißen hat und gegen dessen Herz jene gefährlichen Dinge nichts zu tun vermögen.

Wenn wir aber die Sorgen in Gebete verwandeln, dann vollzieht sich wirklich eine »Verwandlung«, wie mit allem, was wir unter die Augen Jesu bringen. Denn dann lassen sie uns viel näher zum Herzen des Vaters dringen, als wenn wir keine Sorgen hätten. Wer sich viel sorgt, der wird auch viel geliebt, und wem viele Tränen zu trocknen sind, der erfährt die linde Hand Gottes vor andern. Um sich von Gott trösten zu lassen, wie einen eine Mutter tröstet, muß man eben ein Kind werden mit seiner Angst und Hilflosigkeit und seiner Furcht im Dunkeln. Und

dieses Kind lebt auch im stärksten Manne. Wer es aber nie wagt, »Abba, lieber Vater« zu schreien, erfährt es nie, daß das Kind in ihm nach Erlösung ruft; und statt des königlichen Friedens der Gotteskinder bleibt er mit dem künstlichen Krampf seiner sogenannten Tapferkeit allein. Und umgekehrt: Wer sofort und täglich jede Sorge in ein Gebet verwandelt, der steht zwar auch noch vor den Rätseln des Lebens und seinen geheimnisvollen Führungen. Aber diese Rätsel dürfen ihn nicht mehr quälen, weil er betend den Kontakt mit dem väterlichen Herzen hält, mit jenem Herzen, das ihn in seinem Bruder Jesus Christus anblickt und in dem alle unverstandenen Geheimnisse des Lebens sich als Geheimnisse der Liebe erweisen und darum trostvoll und beseligend werden. »Dennoch bleibe ich stets an dir.«
Das ist kein Trotz, der Gott eine Art »sturer Treue« halten möchte, sondern das ist Ausdruck jener Seligkeit und Freude darüber, daß mir die dunkle Zukunft und das oft so sinnlose Würfelspiel des Lebens nichts mehr tun, daß sie mich nicht irre machen dürfen und daß ich in allen Orkanen und Stürmen eine Stätte des Friedens haben darf, da ich mein Haupt hinlege, und daß ich genau so schlafen und mich fallen lassen darf, wie Jesus Christus in dem wirbelnden Schifflein schläft, während die kleingläubigen Jünger vor Angst schier verrückt wurden.
4. Die ganze Weltgeschichte mit ihren Schrecken und Ungewißheiten muß einmal an seinem Throne enden, auch wenn schreckliche Trübsalsfluten mit Atombomben und Panzern noch einmal über uns hinwegrasen sollten — wer weiß das? — Dann wird auch das jedenfalls Gottes Pläne und letzte Ziele nicht durchkreuzen können; dann müßte uns auch das unter Schrecken und Wehen dem Ziele nur näherbringen.
Am Ende aber ertönt über den vielen Leichenfeldern, über der verbrannten Erde und den alles verschlingenden Sintfluten das Lob Gottes, in das alle Engel und Verklärten und alle, die überwunden haben, einstimmen, weil Jesus Christus der Sieger ist. *Am Abend der Welt wird der Sieg Gottes gefeiert werden!*

Und darum die letzte Regel wider die Sorge: Wenn die Angst vor der nächsten Zukunft, vor Hunger und Kälte, Krieg und Tod allzu groß wird, dann solltest du einen Augenblick das Schreien und Flehen lassen. Dann solltest du Gott einmal mitten in den Wettern zu loben wagen, wie ihn die Jünger im Gefängnis lobten. Denn Gott loben heißt, die Welt von ihrem Ende, vom großen Siege Gottes her sehen. Und in diesem Lobe Gottes kann sich dann unser übernächtigter, ins Kampfgewühl verstrickter Blick erholen und wieder Maß und Richtung gewinnen.
Das ist vielleicht die größte Gnade, daß wir Christen, die wir um den Sieg unseres Herrn wissen, Gott schon jetzt — und nicht erst am Ende selbst — loben dürfen, einfach, weil wir um das Ende wissen, einfach, weil wir wissen, daß Fremde und Heimatlosigkeit, Hunger und Durst, Rätsel und Geheimnis von dem sieghaften und strahlenden Thema bestimmt sind: Näher, mein Gott, zu dir!
Wer es wissen darf, daß am Ende der Friede Gottes steht, der darf nicht nur aus der Tiefe *schreien*, der darf auch aus der Tiefe *loben*. Wer aber Gott lobt, fürchtet sich nicht.

DER VERKLAGTE RICHTER

Richtet nicht, auf dass ihr nicht gerichtet werdet. Denn mit welcherlei Gericht ihr richtet, werdet ihr gerichtet werden; und mit welcherlei Maß ihr messet, wird euch gemessen werden. Was siehest du aber den Splitter in deines Bruders Auge, und wirst nicht gewahr des Balkens in deinem Auge?
Oder wie darfst du sagen zu deinem Bruder: Halt, ich will dir den Splitter aus deinem Auge ziehen, — und siehe, ein Balken ist in deinem Auge?
Du Heuchler, zieh am ersten den Balken aus deinem Auge;

darnach siehe zu, wie du den Splitter aus deines Bruders Auge ziehest!

Ihr sollt das Heiligtum nicht den Hunden geben, und eure Perlen sollt ihr nicht vor die Säue werfen, auf daß sie dieselben nicht zertreten mit ihren Füßen und sich wenden und euch zerreißen.

MATTHÄUS 7, 1–6

Wir leben in einer Zeit unablässiger und nicht endenwollender Gerichte[1]. Die Spalten unserer Zeitungen sind erfüllt mit Berichten darüber, wie man allenthalben abrechnet: Man stellt die Schuldigen der hinter uns liegenden Schreckensherrschaft vor Gericht. Man richtet die Politiker, die Wirtschaftsführer, die leitenden Ärzte. Man fragt nach der Kollektivschuld oder jedenfalls nach der Kollektivhaftung des ganzen Volkes. Man fragt im Gericht die einzelnen Stände nach ihrem Anteil an der Weltkatastrophe, man fragt das Bürgertum, man fragt die Intelligenz. Man geht anklagend auf den Soldaten zu, der unter einer falschen Fahne kämpfte. Jeder von uns ist dabei Fragender und Gefragter zugleich. Es ist ein ständiges Hin und Her und Auf und Ab im Gerichtssaal unserer Welt, ein ewiger Wechsel zwischen Richterstuhl und Anklagebank. Die Welt ist ein Gerichtshaus geworden. Und sie wird es wohl auch weiterhin bleiben. Nur mit Beklemmung wagt man sich vorzustellen, welche Wildheit gegenseitigen Richtens losbrechen wird, wenn die an sich so ersehnte Stunde kommt, in der die getrennten Teile unseres Vaterlandes wieder vereinigt werden.

---

[1] Die folgenden Bemerkungen beziehen sich auf die vielfachen Gerichts- und Entnazifizierungsverfahren der ersten Nachkriegszeit. Wenn wir die Erinnerung daran hier noch einmal deutlich werden lassen, dann deshalb, weil sie einen besonders eklatanten Ausbruch des in der Welt vorhandenen „Richtgeistes" darzustellen scheinen und insofern symptomatische Bedeutung haben.

Was steckt als letztes Motiv hinter dieser Leidenschaft des Richtens, Verhörens und Anklagens, mit der die Welt förmlich geladen ist? Was steckt hinter den beschwörenden Versicherungen der Unschuld und den ebenso feierlichen Selbstbezichtigungen und Schuldbekenntnissen? Was steckt hinter diesem Schicksal unserer Welt, die ein Gerichtshaus geworden ist und die uns mit ihren schrecklichen grauen Mauern umfängt?

Ich glaube, es ist ganz einfach dies:

Wir spüren alle, daß unsere Welt im *Innersten* (also nicht nur politisch, wirtschaftlich und kulturell) aus den Fugen gegangen ist und daß ein tiefer Riß durch das Weltgebäude klafft. In diesem Hause kann man nicht mehr ruhig weiterleben, denn es droht Einsturzgefahr. Darum müssen wir mit aller Kraft unserer Leidenschaft zu erkennen suchen, wie der Riß da hineingekommen ist und wer in wahnwitzigem Frevel die Fundamente unterwühlt hat. Hinter der wilden Suche nach dem Schuldigen steht also das Wissen, daß wir bedroht sind, daß ein Frevel vorliegt und daß wir keine Ruhe kriegen, bis der Frevel entdeckt und die Schuld gesühnt ist.

Es ist wie in der griechischen Tragödie: Die Stadt ist von der Anwesenheit der Sphinx bedrängt, und jeder weiß, daß ein Frevel vorliegt und daß dieser Frevel gesühnt werden muß. Wir müssen ins reine kommen, wenn wir weiterleben wollen. Der Rauchpilz von Hiroshima steht wie ein schwerer Schatten über unserer Welt, und wenn wir mit dem Richten nicht zu Ende kommen, wird das Hinrichten einsetzen und der Kopf unserer ganzen Welt — einschließlich aller Richter, Angeklagten, ja der Scharfrichter selbst — ist schon in unübersehbarer Weise auf den Block gelegt. Diese dumpfe Ahnung steht hinter der Leidenschaft des Richtens.

Und so schwirren denn die Urteilssprüche über uns, von aufgeregten, weil selber bedrohten Richterkollegien gesprochen; und unsere eigenen Stimmen und Sprüche sind darunter.

Der eine Urteilsspruch lautet:

»Es ist ein frevelhaftes Spiel mit der *Macht* getrieben worden, man muß deshalb — so sagen die Richter — die neue Welt ›demokratisch‹, d. h. so aufbauen, daß in ihr die Macht sinnvoll verteilt ist, und also dem Frevel der Übermacht gewehrt wird.«
Aber schon erfolgt das Gegengericht, das verkündet: »Seht euch doch die Demokraten an! Vielleicht fungiert der Staat in ihnen tatsächlich nicht als Träger der Macht und des brutalen Egoismus; aber dafür sind sie ein System von Gruppen-Egoismen, von interessierten Wirtschaftsverbänden, von politischen Parteien und anderen ideologischen Mächten.« — Und das Gegeneinander der Gerichte, der rasende Wechsel zwischen Richterstuhl und Anklagebank, will nicht zur Ruhe kommen.
Da lautet ein anderes Urteil:
»Unser Elend liegt daran, daß die Würde des menschlichen Antlitzes verlorenging, daß wir die Humanität preisgegeben haben. So mußte es dann zur Versklavung der Völker, so mußte es zu Irren-Morden und Judenverfolgungen kommen. Darum müssen die Schänder des Menschenbildes gerichtet und darum muß die Menschlichkeit neu aufgewertet werden.«
Aber schon folgt auch hier das Gegengericht, diesmal vielleicht von seiten der Christen gesprochen: »Ihr *könnt* ja gar nicht die Humanität wiedergewinnen, auch wenn es euch noch so ernst damit ist, denn ihr habt Gott ja genau so verloren wie wir. Nur wer Gott ernst nimmt, kann auch den Menschen ernst nehmen. Darum ist es eine hohle Deklamation, wenn ihr von der Erneuerung des menschlichen Bildes sprecht. Das könnt ihr ja gar nicht! Die Schuld liegt daran, so richten die Christen, daß die ganze Welt auf der Flucht vor Gott ist, und ihr Humanitätsleute seid ja mitten in dem großen Treck der Gottesflüchtlinge. Auch unter euren Händen muß sich darum das Bild vom Menschen zu einem nichtigen Schatten verflüchtigen. Gegen euren Willen müßt ihr also selbst dazu beitragen, den Riß im Weltgebäude zu verbreitern.« —

Auch bei diesem Thema will das Weltgericht nicht zur Ruhe kommen. Auch hier wogen die Anklagereden hin und her.
Selbst auf der Straße wird Gericht gehalten.
Da sieht man die deutschen Mädchen in der Gefolgschaft der Besatzungsmächte, geschminkt und gekleidet und onduliert nach einem anderen Geschmack und mit fremdgewordenen Gesichtern. Der Richter in uns beginnt mit Menschenverachtung zu kämpfen und will zynische Worte durch die Zähne zischen: »Pfui Teufel!« Aber auch hier ist das Gegengericht zur Stelle und versetzt uns auf die Anklagebank, denn die Mädchen antworten: »Seht ihr nicht den ungeheuren Frauenüberschuß, seht ihr darum nicht unsere Torschlußpanik und wie wir ohne Hoffnung dem Verwelken preisgegeben sind, weil diejenigen, die unsere Männer werden sollten, auf den Schlachtfeldern liegen? Begreift ihr nicht, daß auch *unser* Blut nach einer Erfüllung ruft, daß auch *wir* ein wenig Schwerelosigkeit und Freude und einige schöne Dinge möchten, die ihr Älteren so selbstverständlich genossen habt? Wer hat uns denn in diese Lage gebracht? Wir verklagen die Mörder unseres Glückes. Wir sind nicht Verbrecher, wir sind Opfer, darum schweigt mit eurem Gericht über uns, wenn wir nach dem kümmerlichen Schatten eines Glücks fahnden, das euch noch in der Fülle zuteil wurde und um das ihr uns betrogen habt!«
Wer soll nun in all dem Gericht vor wem verstummen? Wer ist denn nun schuldig, der Mörder oder der Ermordete? Es ist eine entsetzliche Hilflosigkeit über die Welt gekommen, seitdem sie ein Richthaus wurde. Wir stehen vor dem furchtbaren Bankerott des Richtens: Richtet nicht, auf daß ihr nicht gerichtet werdet! Weiß Gott, wir beginnen etwas von der Unseligkeit des Richtens zu erleben. Wir sehen mit schrecklicher Deutlichkeit, wie alles menschliche Richten die Schuld eben nicht zu richten vermag, sondern sie nur noch steigert. Es löst ja sofort und automatisch das Gegengericht aus. Es steht unter dem schrecklichen Gesetz des Echos.

Wie kommt es denn, daß über allen menschlichen Gerichten jener Fluch ruht, auf den Jesus hier unübersehbar deutet?
Alles menschliche Richten hat immer wieder einen egoistischen Zug. Im Richten erhebe ich mich über den andern und komme mir besser vor. Das ist der heimliche Pharisäismus, der dem Richter von Natur her innewohnt. Im Richten erhöhe ich mich selbst und suche den andern zu drücken. Darum hilft ihm das Gericht auch nicht weiter, sondern verbittert und verhärtet ihn. Er fühlt sich oft genug — wenn es um diese natürliche Gestalt des Richtens geht — nicht der Gerechtigkeit, sondern dem Egoismus und Selbstgefühl des Richters ausgeliefert. Darum ist es kein Wunder, wenn sich auch ausgesprochen brutale Formen des Richtens hinter dem Richterspruch der Menschen verbergen.
So horchen wir also auf, wenn Jesus hier vom Fluche des Richtens spricht. Wir empfinden dieses Wort im Gerichtshaus unserer Welt als eine lösende und befreiende Botschaft.
Und doch müßten wir keinen gesunden Menschenverstand haben, wenn uns nicht sofort ein Bedenken und ein Zweifel kämen. Gewiß, es mag ein Fluch über dem Richten liegen, denken wir; aber ist das Gegenteil des Richtens, ist die »konsequente Barmherzigkeit« nicht ebenso unmöglich? Läßt sich die Welt denn wirklich mit Vergebung und Liebe regieren, statt mit dem harten Gesetz von Vergeltung und Strafe? Führt das nicht zu einer furchtbaren Laxheit, ja zu einer Erweichung aller Ordnung, und wird die Bosheit dann nicht ungezügelt und unkontrollierbar ihr Werk zu treiben wissen? Sollen wir etwa den Alliierten raten, das Dritte Reich nicht zu verurteilen und sie auf den Balken in ihren eigenen Augen hinweisen? Sollen wir sie — nun unsererseits pharisäisch richtend — darauf aufmerksam machen, daß sie »kein Recht« besaßen, den Stab über uns zu brechen, und daß sie wahrhaftig Grund genug hätten, Gnade für Recht ergehen zu lassen?
Schon bei Jesu Worten über die Feindesliebe sahen wir uns vor

ähnliche Fragen gestellt. Und wir erkannten bereits damals: Wir würden den Herrn ganz falsch verstehen, wenn wir sein Verbot des Richtens als Freibrief für Laxheit und Unentschiedenheit verstehen würden. Jesus läßt das, was böse ist, böse, und das, was gut ist, gut sein, und zwar in radikaler Weise. Gibt es eine schärfere Verurteilung als z. B. den Hinweis auf die Säue, vor die man seine Perlen nicht werfen soll, und vor allem die klare Einteilung der Menschen in Böcke und Schafe? Wir würden uns in einer ganz falschen Richtung bewegen, wenn wir Jesu Ruf zur Barmherzigkeit »sentimental« verstehen würden. Jesus spricht hier keineswegs gegen die Juristen, Staatsanwälte und Spruchkammervorsitzenden. Er spricht auf keinen Fall gegen das harte Gesetz einer Rechtsordnung oder gegen Sühnemaßnahmen, sondern es geht ihm um etwas ganz anderes.

Er wendet sich gegen das menschliche Richten für den Fall, daß wir damit das Endgericht Gottes vorwegnehmen wollen und also vergessen, daß wir alle selber (vom Nürnberger Gerichtshof bis zur kleinsten Spruchkammer) dem Jüngsten Gerichte entgegengehen. Wenn wir nämlich vergessen, daß wir alle einmal vor Gottes Richterstuhl stehen werden, und wenn wir statt dessen wähnen, selber in unantastbarer Majestät auf jenem Richterstuhl zu sitzen, dann kommt in unser Richten der Ton der Selbstgerechtigkeit und der göttlichen Anmaßung, dann vergessen wir den Balken in unserem Auge, und dann fühlt der Gerichtete auch sofort, daß er so nicht behandelt werden darf, daß dem Richter das hohe Roß und der hohe Thron nicht zukommen, daß es nicht — »gerecht« ist, wenn er ihn von daher anspricht. Darum wird er verbittert und gerät in die innere Opposition. Er sieht sich eben einem Richter ausgeliefert, der kein sündiger und vergebungsbedürftiger Mensch mehr sein will und der mit ihm, dem Angeklagten, nicht mehr in einer letzten Solidarität steht, sondern er sieht sich dem wilden Wahnsinn einer heuchlerischen Himmelsstimme gegenüber.

So kommt es dann immer wieder, daß z. B. die alten Nazis,

statt in die dringend nötige Umkehr geleitet zu werden, der Verhärtung überantwortet sind. Sie spüren allzuoft, und leider allzuoft mit Recht, daß diejenigen, die richtend mit Fingern auf sie weisen, oder auch die, welche von Berufs wegen über sie zu richten haben, so herzlich wenig davon durchblicken lassen, in welchem Maße jeder von uns, auch der berufsmäßige Richter, auch der Mann der Spruchkammer, selber unter dem Gerichte steht, daß wir *alle* Kompromisse gemacht und geschwiegen haben und den schrecklichen Balken im eigenen Auge tragen. Sie *müssen* ja verbittert werden, wenn jetzt auch die auf sie mit der Geste des Richters zeigen, die manchmal nur durch ihre Trägheit, Spießbürgerlichkeit und Temperamentlosigkeit (und keineswegs deshalb, weil sie Gott mehr gehorchen wollten als den Menschen!) daran gehindert waren, den Schwung und die Vitalität jener unheilvollen Bewegung mitzumachen.

Und eben dieses, gerade dieses Richten verbietet uns der Herr, dieses Richten vom Weltenthrone Gottes her, auf dem kein Mensch sitzen darf, vor dem aber jeder Mensch erscheinen muß. Wer selber zu sagen wagt: »Ich bin ohne Sünde«, oder wer nur so *tut*, als ob das der Fall wäre, der erhebt den Anspruch, Gottes Endgericht zu vollziehen, der treibt also Götzendienst und gräbt den Riß nur noch tiefer in das Weltgemäuer.

Aber was helfen uns denn alle diese Feststellungen weiter? Was hilft uns das Heilandswort, daß dieses gotteslästerliche Richten mit Fluch beladen ist? Was hilft es, wenn wir täglich sehen, wie das Gerichtshaus der Welt mehr und mehr zu einem Narrenhaus wird und wie also Jesu Wort eine grausige Illustration erfährt? Was hilft uns das alles, wenn wir nicht einmal wissen, wie schon unser eigenes kleines Ich davon loskommen soll? Denn nicht wahr: Hier muß es doch anfangen! Das Unheil der Welt geht doch — so steht es auf jeder Seite der Bibel — von diesem meinem Herzen aus, von meinem Abfall, von meinem Ungehorsam. Darum müssen wir hier, an dieser winzigen Stelle in der großen Welt, erst wieder in Ordnung kommen.

Unsere ganz praktische Frage lautet nun so: Hat Jesus zu diesem entscheidenden Punkt, zu dieser positiv weiterführenden Seite des Problems etwas Hilfreiches zu sagen? Und nicht nur zu »sagen«. Hat er hier etwas zu schenken, was nur er geben kann und womit er uns ein Loch durch das dunkle Gemäuer des Weltgerichts schlägt und uns ins Freie und Weite führt und uns die Frische der Gotteswelt wieder atmen läßt?

Wir achten, um diese Heilungskräfte in den Worten des Heilandes zu erschließen, einmal auf den zweiten Vers: »Mit welcherlei Gericht ihr richtet, werdet ihr gerichtet werden; und mit welcherlei Maß ihr messet, wird man euch messen.«

Das ist eine schreckliche *Drohung*. Denn wer könnte bestehen, wenn er selbst einmal von jenen unbarmherzigen Maßstäben betroffen würde, die er seinem Nächsten gegenüber benutzt oder unwillkürlich anzuwenden pflegt?

Aber nun müssen wir dieses Wort des Heilands einmal so hören, wie es in seinem Munde klingt. Wir müssen es uns einmal unter der Voraussetzung gesagt sein lassen, daß eben er — und nicht ein anderer — es zu uns spricht; daß er es sagt, der im Namen der Vergebung und nicht des Richtens zu uns gekommen ist und der aus übergroßer Liebe sein Blut für uns vergossen hat. Dann erhebt sich hinter der schrecklichen Drohung auf einmal ein ganz anderes Wort, das wir plötzlich wie einen köstlichen Kern aus der dunklen Schale springen sehen, und dieses Wort heißt dann — es ist die genaue Umkehrung des Drohwortes —: »Denn mit welcherlei Gericht ihr gerichtet *seid*, sollt auch ihr richten, und mit welcherlei Maß ihr gemessen *seid*, sollt auch ihr messen«. Und nun wissen wir es ja, mit welchen Maßen wir gemessen sind: Es ist das Maß der Barmherzigkeit, und es ist das Maß der unbegreiflichen Erbarmung, es ist das Maß des Opfers, das am Kreuz für uns dargebracht wurde. Wir sind (genau wie im Gleichnis!) der Schuldner, dem alles geschenkt ist, obwohl der Richterspruch auf Begleichung nach Heller und Pfennig hätte lauten müssen und auch gelautet hat (Matth. 18, 21—35). Und nun sollen wir eben — das würde doch in jenen Worten stecken — keine Schalksknechte sein, die sich ihrem Nächsten gegenüber auf das hohe Roß setzen, nachdem sie gerade selbst aus dem tiefsten Schmutz emporgehoben wurden.

Wenn wir uns in dieser Weise klarmachen, *wer* das Verbot des Richtens ausspricht, und daß es in diesem Munde ja viel mehr als ein gesetzliches Verbot, daß es doch der Hinweis darauf ist, daß wir ja selber (du und ich!) dem Gericht entnommen und ganz einfach begnadigte Sünder sind, dann gewinnt auch die Drohung des Herrn (»mit welcherlei Maß ihr messet, wird euch gemessen werden«) noch einen furchtbareren Sinn. Sie heißt nämlich nun so: Wenn ihr also doch richtet, obwohl ich als euer Heiland euch die Vergebung bringe, dann stellt ihr euch damit außerhalb dieser meiner Gnade und außerhalb der Folgerungen, die das nun für euer eigenes Verhältnis zu euren Nächsten zu bedeuten hat. Dann stellt ihr euch ja doch wieder auf die Ebene des Abrechnens, und darum werdet ihr selbst die ersten Opfer eures Standpunktes sein. Wenn ihr aller Gnade Gottes zum Trotz das Gericht haben wollt, bitte, ihr könnt es haben. Aber wendet dann, wenn es euch selber trifft, nicht ein: »So habe ich es nicht gemeint und gewollt, ich wollte es nur meinem Nächsten gegenüber gelten lassen.« Siehst du denn nicht, daß auch dein Nächster (der also, der dich beleidigt hat, der dich pharisäisch maßregelt), daß der ebenfalls unter die Vergebung des Kreuzes gerufen ist, daß ich auch für ihn starb?

Und wie sollte der Segen, den du ihm absprichst, dann noch dir gelten dürfen? Du kannst und darfst die Ebene bestimmen, auf der du stehen willst: die Ebene des Gerichtes oder der Gnade; und welche von beiden du nun erwählt hast, das entscheidet sich daran, wie du mit deinem Nächsten umgehst (und nicht an deinen platonischen Versicherungen, ob du auf einem christlichen Standpunkt stehst oder Sympathie für die Kirche besitzest). Und diese Ebene, die du so betreten hast und die sich in deinem Verhältnis zum Nächsten verrät, wird zugleich darüber entscheiden, wie dir nun Gott gegenübertritt, ob als Richter, vor dem du verstummen mußt, oder als der Gekreuzigte, dem du zurufen darfst: »Erbarme dich mein.«

Wir würden also den Herrn ganz falsch verstehen, wenn wir seine Worte gegen den Richtgeist so auslegen würden, daß wir nun jeden in uns aufsteigenden Gedanken dieser Art herunterwürgen, verdrängen und unterdrücken sollten. Jesus will ja keine sogenannten Moralischen aus uns machen, die das Herz voll arger Gedanken haben, die aber nun eifrig darauf trainieren, sie nicht herauskommen und zur Tat werden zu lassen. Das führt nur zu Verkrampfungen und zu inneren Vergiftungserscheinungen. Denn böse Gedanken, die man bloß unterdrückt, die rumoren ja nun im Herzen weiter, vergiften die Phantasie und beunruhigen die Träume. Außerdem hätte Jesus für dieses moralische Training nicht zu sterben brauchen. Er wollte uns ja nicht zur Verdrängung verhelfen, sondern er wollte uns erlösen, freimachen, positiv machen.

Wenn wir uns deshalb dabei ertappen, über ein Mädchen zu richten, das sich so herumtreibt, wie ich es am Anfang beschrieb, dann sollen wir uns daran erinnern, daß Gott um dieses Mädchen trauert und daß Jesus auch an *es* gedacht hat, als er rief: »Es ist vollbracht.« Und wenn wir einen Kollegen haben, der uns schikaniert, weil er uns unsere Stellung und unseren Erfolg nicht gönnt, und wenn uns darüber die Menschenverachtung packen will, dann wollen wir ganz einfach daran denken, welche dunklen Gedanken vielleicht in *uns* aufsteigen würden, wenn *wir* in dieser Situation wären, und welche dunklen Neid- und Haßtriebe auch unser Herz kennt, und daß uns Jesus dennoch zu sich gerufen und uns mit seinem Erbarmen beschenkt hat. Dann kommt es schon ganz von selbst dahin (und ich weiß, was ich sage), daß ich meinen Richtgeist gar nicht zu bekämpfen *brauche*, weil er von einer höheren Hand besiegt ist. Aus meinem Herzen wird dann ganz von selbst (wirklich von selbst) ein Strom des Erbarmens quellen. Das wird dann ein Wunder sein, ähnlich dem, das Gott vollbrachte, als Mose an den harten Felsen schlug, in dem kein Mensch das rettende Wasser vermutet hätte, und der Fels sich öffnete und das rauschende, quellende Wunder geschah. Ich brauche mein eigenes Herz, diesen harten Felsen, nur dem Strom der göttlichen Liebe und Erbarmung zu öffnen, dann wird es ganz von selbst in tausend Rinnsalen von mir weiterströmen; nicht, weil mein Herz plötzlich so absonderliche Eigenschaften kriegte (es bleibt ein trotziges und verzagtes Ding), aber der göttliche Strom hat eine reißende Gewalt und will durch mein Herz hindurch und wieder herausfließen, und all die bösen Richt- und Plagegeister müssen täglich darin ersäuft werden.

Und für noch etwas anderes ist dann »ganz von selbst« gesorgt: daß dieses Erbarmen nicht weich und lax wird im Namen der albernen Maxime: »Alles verstehen heißt alles verzeihen.« Wer könnte denn ein größeres Verstehen haben als der allwissende Gott? Aber hat er uns deshalb alles verziehen, weil er alles so genau verstanden hat und weil er die Motive und Hintergründe der Tat kennt?

Der Sänger des 139. Psalmes ist jedenfalls nicht dieser Meinung und zieht die entgegengesetzte Folgerung daraus. Er sagt nämlich — und zwar sagt er es mit allen Zeichen des Schreckens —, daß es entsetzlich ist, der Tatsache ins Auge zu sehen, daß Gott alle meine Gedanken, Worte und Werke kennt, daß er das alles »versteht«. Der Psalmist sagt jedenfalls nicht: Weil du alles verstehst, wirst du mir auch alles verzeihen; sondern er sagt umgekehrt: Weil du alles verstehst, darum verfolgst du mich, darum gibt es nichts, was ich vor dir verstecken könnte, und darum gibt es keine Finsternis, die mich deinem richtenden Zugriff entzöge.

Nein, wir sollen nicht deshalb alles verzeihen, weil wir alles verständen. Damit wäre jenem verkommenen Mädchen und wäre auch dem rachsüchtigen Kollegen kein Gefallen getan. Ich werde beiden vielmehr entgegentreten, ich werde vielleicht hart schelten und zufahren und beiden den Kopf waschen müssen.

Aber ich werde das eben nun anders tun als vorher. Ich werde jetzt aus dem *Erbarmen* heraus strafen und richten. Ich werde es tun, um zu helfen. Und der andere wird merken, daß ich das jetzt tue als einer, der selber unter dem Gericht gestanden hat und auf tausend nicht eins zu antworten wußte, der aber nur durch Gottes Gnade und Christi Kreuz seinem Urteil entronnen ist und der deshalb ihn, den andern, nun in der Solidarität der Verurteilten und Begnadigten sieht und ihm darum (!) eine helfende, positive, befreiende Botschaft zu sagen hat.
Die helfende Botschaft kann nur von denen in diesem Richt- und Tollhaus unserer Welt verkündet werden, die nicht auf dem Richterstuhl Gottes sitzen, sondern die *vor* ihm stehen, die vielleicht vor ihm zusammengebrochen sind, die aber in den Zügen des Richters auf einmal den Vater ihres Heilandes Jesus Christus entdeckt haben.

Ein Christenmensch wird ja in der Jüngerschaft seines Herrn immer barmherziger, weil er sein eigenes Herz tiefer und tiefer kennenlernt und weil er im Kraftfeld der Vergebung auch immer mutiger und freier wird, sich selbst so zu sehen, wie er ist, und sich nichts mehr vorzumachen. Darum darf er dann auch — als einer, der einen Balken in seinem eigenen Auge erkannt hat und ihn nun losgeworden ist —, den Versuch wagen, an den Splitter im Auge seines Nächsten heranzutreten. Dazu gehören zarte und barmherzige Hände. Dazu gehört auch die Erfahrung des Schmerzes und der Befreiung, die man erlebt, wenn an das empfindlichste Organ gerührt und ein Fremdkörper entfernt wird. Nur die selber Verwundeten können Wunden verbinden. Nur die, denen selber Vergebung widerfuhr, tragen heilende Kräfte in diese Welt. Sie holen ihren Bruder aus der stickigen und bösen Luft des Gerichtssaales heraus in das freie Draußen, wo man atmen kann und wo die Sonne Gottes über die Bösen und über die Guten scheint. Und erst wer hier zu atmen begonnen hat, merkt, wie schrecklich nicht nur die Pein der ewigen

Anklage, sondern wie schrecklich auch der Zwang ist, dauernd vom Richtgeist gepeinigt zu werden und ständig der verzweifelten Mühe unterworfen zu sein, sich in die Mähne des hohen Rosses hineinzukrallen, damit man nicht herabfalle und nicht merkt, was für ein armer Geselle man ist.

Das führt uns noch auf eine letzte Feinheit in unserem überreichen Text. Wenn die Schuld hier in Jesu Worten als Balken oder Splitter im Auge bezeichnet wird, dann heißt das doch, daß sie ein »Fremdkörper« ist, daß etwas in die feinsten Organe des Menschen eingedrungen ist. Wer nicht unterscheiden kann zwischen dem Organ selbst und dem Fremden in ihm, ist nicht geschickt zum Arzt oder Seelsorger.

So hat Jesus ja nun die Menschen immer angesehen. Wenn die Dirnen und Zöllner und Lumpen vor ihm standen oder auch die Besessenen und Geisteskranken, dann wußte er: Das ist ja gar nicht der eigentliche Mensch, so wie er aus Gottes Vaterhänden hervorgeht, sondern da ist etwas Fremdes hineingekommen, und ich muß das Fremde und das Eigentliche nun wieder voneinander scheiden. Für ihn war auch der böseste Mensch nicht eine durch und durch verdorbene Masse, sondern ein Kind Gottes, das von etwas Fremdem befallen war und dessen entstellende moralische Eiterbeulen auf einen Fremdkörper zurückzuführen waren. Darum sind alle diese Heilungen eigentlich »Austreibungen«, wie das am deutlichsten wird an den Besessenengeschichten; es sind Scheidungen des Eigentlichen von dem Fremden; es sind Operationen, bei denen ein »Fremdkörper« entfernt wird.

Und schon indem die kranken und schuldigen Menschen den Blick Jesu so auf sich ruhen spürten, begann die Genesung. Es war etwas Besonderes an seinen Augen. Das ist nun gar nicht sentimental, sondern sehr realistisch gemeint. Sie spürten eben, daß Jesus das »Eigentliche« in ihnen sah; daß er nicht der optischen Täuschung verfiel, der wir Menschen immer wieder erliegen:

als ob der andere nur ein einziger Splitter sei, an dem man kaum noch ein menschliches Auge erkenne; sondern er sah zuerst und vor allem das Auge, sah das Kind, das verirrt war oder in dessen Auge sich der Splitter verirrt hatte. Und indem die Zöllner und die Dirnen und Besessenen merkten: Jesus Christus sieht uns selbst, er sieht das Eigentliche an uns, er sieht, daß wir Kinder sind, daß wir geliebt sind, daß Gott trauert um uns, wurden sie gesund. So hatte sie noch niemand angesehen.

Wenn wir Jesu Jünger werden, wandelt sich auch unser *Auge*. Es wandelt sich nicht nur in dem Sinne, daß der Balken daraus entfernt wird, sondern es wandelt sich auch in dem Sinne, daß es ganz andere Dinge und Seiten an den Dingen sieht wie vorher. Es sieht nun nicht mehr nur den Splitter im Auge des andern, sondern es sieht das Auge selbst, in dem Gott sein königliches Abbild schuf. Es sieht nicht nur das Dirnenhafte des Mädchens — den Splitter —, sondern es sieht das betrauerte und unglückliche Kind, aber eben das *Kind;* und es sieht nicht nur das Giftspeiende, Intrigante des bösen Kollegen oder des Denunzianten, sondern es sieht den Menschen, der doch zur königlichen Freiheit der Kinder Gottes berufen ist und der statt dessen in der Knechtschaft seines Hasses lebt; es sieht den, der teuer erkauft ist und der Blut gekostet hat und der sich in all seiner Kostbarkeit zu verlieren droht.

Wer dieses Auge geschenkt erhält, verlernt das Richten, weil er begnadigt ist, etwas anderes zu sehen als Splitter. Er steht vor den Wundern der Liebe Gottes, die überall blühen wollen, wenn *wir* sie nur nicht durch unsere Unbarmherzigkeit und unsern Richtgeist gewaltsam niederhalten würden.

Ein Christ ist ein Mensch, der auszieht, die Kinder Gottes zu entdecken, und sie nun überall sieht. Sicher wird er dabei auch die Splitter erblicken, denn Liebe macht scharfsichtig und erkennt die geringsten Veränderungen an dem, den sie liebt. Aber sie, die selbst eben die rettende Operation überstanden hat, entdeckt den Splitter, um mit linder Hand zu helfen, und sie entdeckt den Splitter nicht mehr, um triumphierend den Balken des eigenen Auges zu vergessen.

Jesus Christus macht alles neu. Nicht nur die Herzen, auch die Augen. Die Welt sieht buchstäblich und wahrhaftig anders aus für den, der ihr Licht nun in diesem Licht sieht. Und sie sieht nicht nur anders aus, sie *wird* auch anders. Durch Atombomben wird sie nur in Schach gehalten, aber heimlich brechen ihre Abgründe auf. Durch die Erlösung der Herzen und Augen aber *erneuert* sie sich. Wir leben im Namen dieses Wunders und sollen und dürfen Gott stillehalten, damit dies Wunder an uns geschieht und damit die Heilungskräfte unseres Erlösers in diese dunkle und fiebernde Welt einziehen können.

ELEMENTARKURS DES GLAUBENS

BITTET, SO WIRD EUCH GEGEBEN; SUCHET, SO WERDET IHR FINDEN; klopfet an, so wird euch aufgetan.

Denn wer da bittet, der empfängt; und wer da sucht, der findet; und wer da anklopft, dem wird aufgetan. Welcher ist unter euch Menschen, so ihn sein Sohn bittet ums Brot, der ihm einen Stein biete? Oder, so er ihn bittet um einen Fisch, der ihm eine Schlange biete?

So denn ihr, die ihr doch gar arg seid, könnt dennoch euren Kindern gute Gaben geben, wie viel mehr wird euer Vater im Himmel Gutes geben denen, die ihn bitten!

Alles nun, was ihr wollt, daß euch die Leute tun sollen, das tut ihr ihnen auch. Das ist das Gesetz und die Propheten.

MATTHÄUS 7, 7—12

Man müßte einen dumpfen Schädel und ein Herz von Stein haben, wenn man nicht die Frische und die Realistik spürte, die einen aus dem ersten Vers des Textes anweht.

Hier geht es kurz und bündig darum, daß wir bitten, suchen und anklopfen sollen. Wenn wir das machen — so wird uns in lapidarer Knappheit versichert —, dann passiert dies und das: dann wird nämlich die Bitte erfüllt, das Gesuchte gefunden und die beklopfte Tür aufgetan. Und nun *macht* das einmal, nun probiert dieses Rezept! Darum geht es.

Mit anderen Worten: Bei dem Wunsche, mit Gott in Kontakt zu kommen, bei dem Wunsche, so etwas wie »Frieden« zu kriegen, ja nur ein Blinkzeichen von drüben zu erhaschen, ob überhaupt jemand da ist, der mich hört und sich für mich interessiert, bei alledem kommt es nicht auf große Überlegungen an. Es kommt z. B. nicht auf die Überlegung an, was denn eigentlich alles dafür und auch dagegen spricht, daß einer da ist, der die Welt regiert und der ein Herz für mich hat. Bei alledem kommt es auch nicht auf das Gefühl an, z. B. auf das Gefühl der Gebetsstimmung oder darauf, daß ich gerade an einem besonders markanten Punkt meines Lebens stehe, daß ich gerade den liebsten Menschen aus der Gefangenschaft wieder erhalten oder aber seine Todesnachricht empfangen habe. Es kommt nicht darauf an, daß ich von einem Konzert aufs tiefste ergriffen bin oder auch von dem rührenden Abendgebet eines kleinen Kindes, das mich selber in eine fromme Gebetsstimmung drängt. Bei solchen Überlegungen kommt ja gar nichts heraus, und diese Gefühle vergehen in der Nüchternheit der nächsten Stunde.

Sondern es geht hier ganz einfach darum, daß etwas *praktiziert* wird und daß wir vor eine klar umrissene und unerhört einfache

Aufgabe gestellt werden, nämlich zu bitten, zu suchen und anzuklopfen.

Wenn man vor einer großen Aufgabe steht, sagen wir einmal vor der Gründung eines Geschäftes oder vor der Niederschrift eines Buches oder vor dem Beginn eines Studiums, dann überfällt einen leicht der Kleinmut, weil man plötzlich alle zu bewältigenden Probleme auf einen Fleck konzentriert sieht. Dann mag uns die Frage überfallen: Woher kriege ich die Räume für das Geschäft, woher das Betriebskapital? Und wenn ich das alles glücklich haben sollte, ist es immer noch nicht sicher, ob alles klappt. Denn das wenigste hängt ja in einer so chaotischen und krisengeschüttelten Zeit von *mir* und *meiner* Initiative ab. Es können ganz andere Bestimmungen kommen, veränderte Währungslagen alle Kalkulationen über den Haufen rennen; es kann einen weltgeschichtlichen Erdrutsch geben.

Wenn ich mir das alles überlege, könnte meine Initiative zu einem Häuflein Elend und Verzagtheit zusammenschrumpfen.

Genau so ist es, wenn ich einmal an die große Aufgabe gehen möchte, mein Verhältnis zu Gott in Ordnung zu bringen. Das möchte ich ja gerne tun, denn ich bin so friedlos und unbefriedigt. Es ist keine Mitte in meinem Leben. Meine Arbeit, auch wenn sie erfolgreich ist, kommt mir vor wie ein Dreschen von leerem Stroh; es fehlt der Segen, es fehlt die Gnade, und darum fehlt auch die Freude. Deshalb möchte ich schon gern einmal das Fundament meines Lebens in Ordnung bringen, möchte Kontakt mit dem Vater haben, möchte in aller Unruhe und Vitalität zum Frieden kommen.

Aber dann treten die *Schwierigkeiten* vor mein Auge, die dem entgegenstehen. Ob ich den Christenstand denn auch durchzuhalten vermag, ob ich die Disziplin aufbringe, nun auch täglich die nötige Zeit und Konzentration zur Rede mit Gott und zum Hören auszusparen, ob nicht manches in meinem Leben leichter zu managen und zu drehen wäre, wenn ich *nicht* täglich unter den Augen der göttlichen Majestät verweilen müßte und wenn ich höchstens unter der Kontrolle meines brüchigen Gewissens stände, das ja dauernd durch die Finger zu sehen bereit ist und mit dem man schon bei zweifelhaften Geschäften handelseinig werden könnte. Und dann die Hauptsache: ob die eigentliche und letzte *Voraussetzung* denn überhaupt stimmt, ob denn Gott überhaupt ist und ob ich also die ganzen religiösen Strapazen meines Lebens nicht auf Sand und Illusionen gegründet und sie also für nichts und wieder nichts geleistet hätte?

Wir alle kennen solche Erwägungen, bei denen man mutlos werden kann. Es ist nun gerade so, wie wenn Jesus uns dabei ertappt hätte, denn er gibt uns gleich zu Anfang die entscheidende Hilfe wider solche Angstgedanken.

Sieht man nämlich eine zu große Aufgabe vor sich, dann ist das Beste, man teilt sie in kleine Abschnitte, sozusagen in Arbeitsetappen ein, dann sieht gleich alles anders aus. Und von einer solchen Arbeitsteilung ist ja hier die Rede. *Euer* ist das Bitten, Suchen, Klopfen, sagt Jesus. *Gottes* ist das Erfüllen, Sichfindenlassen, Auftun. Darum brauchst du dich einfach nicht zu kümmern. Du brauchst nicht nervös zu werden bei dem Gedanken, ob Gott denn auch die Macht habe, ob er wirklich deine Not kenne, ob wirklich dein flehendes Wort an sein Ohr gedrungen sei. Für alles dies hat Gott die Garantie übernommen. Diese Sorge soll und braucht nicht deine Sorge zu sein.

Man könnte überhaupt das Evangelium auf diese allerkürzeste Formel bringen: Es lehrt uns, *was alles nicht unsere Sorge zu sein braucht!* Es braucht nicht unsere Sache zu sein, daß wir selig werden; es braucht nicht unsere Sache zu sein, daß wir Frieden kriegen; es braucht auch nicht unsere Sache zu sein, daß wir wissen, wie es weitergeht, wie aus dieser vollkommenen Ausweglosigkeit unserer politischen Lage doch noch ein Ausweg gefunden werden soll — das alles ist nicht unsere Sache, dafür *ist* gesorgt, seidem es Gott gefiel, in Jesus Christus unser Bruder zu werden und leidend und sterbend und auferstehend unser

Schicksal zu teilen. Nun will dieser Jesus Christus bis ans Ende der Tage in unserem Schifflein schlummern und bei uns sein, während es hoch über die Wellen geht. Es ist einfach nicht unsere Sache, daß *wir* die Wogen überstehen und den lieben Jüngsten Tag erreichen. Dafür ist gesorgt durch den, der bei uns schlummert und in dessen Hand jene wilden Wogen nur eine Lache sind.

So ist es denn auch nicht unsere Sache, theoretisch über das Bitten Klarheit zu gewinnen, sondern zu *bitten*. Hier geht es um eine Sache, die praktiziert werden muß. Man wird bei Jesus immer sofort an die Arbeit gestellt. Und indem man diese Arbeit tut, indem man betet, wird man merken, was daran ist; aber nur so. Es ist damit genau wie mit einem Experiment, das man machen soll: Du mußt es einmal mit dem Beten versuchen und *wieder* versuchen.

Jesus spricht freilich von diesem Experiment des Betens nicht wie ein Forscher, der zum erstenmal diesen Versuch macht, wie ein Forscher z. B., der zum erstenmal die Atomzertrümmerung versucht und noch nicht weiß, wie es ausgeht, weil die Naturgesetze, die hier im Spiel sind, sich erst im Experiment enthüllen sollen. Sondern Jesus spricht von diesem Experiment des Betens eher wie ein Lehrer, der es schon hundertmal gemacht hat, der die Naturgesetze des Reiches Gottes, die dabei wirksam sind, nicht nur kennt, sondern sie gleichsam von innen sieht und der deshalb sehr wohl weiß, wie es ausgeht. Es geht nämlich so aus, daß der, welcher bittet, Erfüllungen über Erfüllungen erfährt und daß dem, der klopft, die schwere Tür vor den göttlichen Geheimnissen aufspringt.

Man darf freilich bei alledem nicht von der Gestalt absehen, die diese Worte spricht. Denn alle diese Gesetze gelten nur unter der *einen* Voraussetzung, daß Jesus Christus da ist. Nicht nur, weil er das *gesagt* hat und weil er eine Autorität ist, dürfen wir das Experiment des Betens riskieren, sondern wirklich, weil er da ist. Wer ist er denn? Er hat sich ja selbst einmal als den Weg zum Vater bezeichnet, ein anderes Mal als die Tür zur Gemeinde und damit wiederum als die Tür zum Vater selbst. Folglich gibt es diesen Weg und nicht nur das ausweglose Dschungel des Lebens mit seinen Schlingpflanzen, seinen beklemmenden Geräuschen und fremden Stimmen, mit seiner Angst. Folglich gibt es — eben in *ihm* — eine solche Tür und nicht nur die große schwarze Wand der Hoffnungslosigkeit, an die wir immer wieder stoßen. Und also und nur deshalb, weil es diesen Weg und diese Tür gibt, ist das Beten möglich! Darum geschieht es auch wieder — wissentlich oder unwissentlich — im Namen Jesu. Darum hebt auch der Begriff des Experimentes sich schließlich selbst auf. Denn ein Experiment ist immer eine besonders überlegte, methodisch sinnvolle Frage an die Natur, bei der die Antwort meine Erwartungen bestätigen oder auch verneinen kann. Hier aber ist die Antwort *eher* da als die Frage, der Weg eher als das Suchen, die Tür eher als das Klopfen.

In Jesus Christus ist dir alles schon geschenkt: der Friede und die Antwort, die Seligkeit und die Gemeinschaft mit dem Vater. Es geht nur darum, daß du sie entdeckst, oder besser: daß du darauf eingehst, daß du nicht streikst, daß du den Weg nun in Anspruch nimmst und die Tür benutzest. Alles andere ist nicht mehr deine Sorge. Aber es *ist* für alles gesorgt, und schon, indem du die Sache beginnst, darfst du wissen, daß du gefunden bist. Und darum darfst du also fröhlich suchen und beherzt klopfen, denn ohne dieses dein Tun gibt es auch kein Auftun.

Aber ich ahne schon, was du nun sagen wirst. Du wirst sagen — und sprichst damit in der Tat eine Erfahrung aus, von der Heiden und Jünger Jesu gleichermaßen wissen —: Haben wir alle nicht schon hundertmal angeklopft? Wer hätte denn noch nicht zu beten versucht, einschließlich aller Spötter, Skeptiker und Atheisten? Aber niemals hat es »Herein« gerufen. Es blieb ganz entsetzlich stumm, und ich habe nichts gehört. Wer klopft darum überhaupt noch? Wer klopft noch von all denen, die da an den Straßenbahnhaltestellen stehen und deren Gesichter so leer und müde sind? Wer klopft überhaupt noch von all denen, die sonntags in der Kirche versammelt sind? Nachdem wir das Schweigen hinter der Tür so oft gemerkt haben, meinen wir immer zu wissen, was passiert: nichts. Wir hörten immer nur unseren eigenen Atem und unsere eigenen Worte.

Ich nannte früher schon einmal das Wort Rilkes aus seinen Briefen: Was soll uns dieses Telefon Jesus, in das fortwährend hineingerufen wird: »Hallo, wer dort?« und niemand antwortet! (Bassermann »Der späte Rilke«, S. 335.)

Aber nun möchte ich fragen, haben wir denn wirklich schon den Hörer abgenommen und richtig gewählt? Oder haben wir uns *selbst* gewählt? Dann hört man nämlich nichts, dann brummt es nur.

Ohne Bild würde das heißen: Wir wählen uns selbst, wenn wir bei unserem Beten nur an uns selber denken, nur an die Dinge, die wir haben wollen: an das Brot, an die Beförderung, an die Heimkehr des vermißten Sohnes und an die Mangelware, die wir so dringend brauchen, und wenn wir also nicht *daran* denken, wer der ist, mit dem wir hier zu reden gedenken, und daß wir füglicherweise seinem grenzenlosen Erbarmen, seiner Allmacht und seinen höheren Gedanken die Wege und Mittel überlassen sollten. Dann aber kann unser Beten eben nicht die Bannzone des eigenen Ichs durchbrechen, dann geht es nur bis zur Zimmerdecke, dann hören wir nur jenen höhnenden Brummton, aber niemals das befreiende, beglückende Wort: Hier bin ich, mein liebes Kind!

Mit dem Anklopfen und dem Anrufen ist es also eine eigene Sache. Es gibt aber keineswegs nur solche Leute, die das Anklopfen verlernt haben, weil sie es falsch machten und darum niemals ein Herein hörten, sondern es gibt auch andere Leute, die der festen Meinung sind, so etwas wie Anklopfen überhaupt nicht nötig zu haben. Das sind die sogenannten religiösen Menschen. Um Gott z. B. draußen in der Natur oder bei einer Beethovenschen Symphonie zu erleben, brauche ich ja in der Tat nicht anzuklopfen oder ähnliche Umstände zu machen. Da brauche ich nur in die Fülle der Gottheit hineinzuspringen, weil sie ja überall ist, in jedem Baum, in jeder glitzernden Welle, in jedem Alpenglühen, in jedem Takt der unsterblichen Musik. »Wie ein Fluß durch ein Urgebirg«, so bricht er (nämlich der religiöse Mensch, sagt Rilke in dem gleichen Brief) durch zu dem einen Gott, mit dem sich so großartig reden läßt jeden Morgen, ohne das »Telefon Christus«, und wir können hinzufügen: ohne daß ich vorher anklopfen, ohne daß ich eine Tür durchschreiten müßte.

Ich erwähne das nicht, weil ich sozusagen zum Fenster hinausspreche und an denen »draußen« Kritik üben möchte, sondern deshalb, weil uns gerade durch diesen Blick zum Fenster hinaus (der gleichzeitig ein Blick in uns selbst ist) ein Hinweis auf die besondere Bedeutung dessen gegeben wird, was uns Jesus hier mit dem »Anklopfen« sagen will. Denn das Anklopfen ist doch eine Respektsbezeugung. Es besagt, daß ich nicht einfach »durchgehen« darf, daß ich hier kein Verfügungsrecht habe, wie ich es im eigenen Hause besitze, wo ich nach Belieben ein- und ausgehen darf und nicht anzuklopfen brauche. Denn dort, wo ich anklopfen muß, an der Tür eines Amtes etwa oder an einem fremden Haus, da beginnt die Zone, da beginnt das Kraftfeld, da beginnt der Hoheitsbereich eines anderen Menschen, und hier darf ich nicht einfach eintreten, sondern muß davor Halt machen. Und eben das ist mit dem Anklopfen doch jedenfalls auch gesagt. Gott ist nicht so billig und selbstverständlich zu haben wie die Natur, in die ich nur hineinzuspringen brauche. Es ist nicht selbstverständlich, daß ich eintreten darf. Denn Gott ist heilig, und ich müßte unter seinem Blick verbrennen, wenn ich mit unreinen Lippen und unreinen Händen (was haben sie nicht schon geredet und getan!) vor sein Angesicht treten würde. Daß ich aber nun eintreten darf und nicht an ihm zu sterben brauche, sondern daß ich bei ihm als Freund und wertgehaltener Gast zu Tische sitzen darf, das verdanke ich dem, der mir die Tür aufgetan und der der Weg dahin ist. Nicht wahr, dies alles ist das genaue Gegenteil der Selbstverständlichkeit. Es ist das

Wunder des göttlichen Herzens. Es ist das Wunder jener Liebe, die den eingeborenen Sohn gab und ihn sein Blut vergießen ließ. Und daß ich anklopfen und im Anklopfen zunächst Halt machen muß, das ist ein Hinweis auf dieses *Wunder*, auf dieses Gegenteil der Selbstverständlichkeit. Denn der da drinnen wartet, ist nicht der »liebe Gott«, sondern die leibhaftige Majestät, die sich das Liebste vom Herzen reißen mußte, damit ich nun an dieses Herz gedrückt werde und seinen Frieden schmecken kann. Darum werde ich durch das Anklopfenmüssen an die heilige Distanz Gottes erinnert und daran, was geschehen mußte an Leid, Blut und Kreuz, daß ich diesen Zugang habe, daß ich nun eintreten darf und bei meinem Vater aller Freude und Erfüllung teilhaftig bin.

So ist das Anklopfen ein Zeichen des Wunders, des Wunders nämlich, daß es eine Tür gibt, daß einer diese Tür *ist* und daß ich eintreten und mit dem Vater sprechen darf.

Es gibt ja auch, besonders bei Behörden, solche Türen, an denen ein Schild steht: »Nicht anklopfen«. Tritt man da hinein, so kommt man meist in ein leeres Vorzimmer oder in einen unbewohnten Gang. Es ist also niemand da, der Wert darauf legt, daß seine Zone respektiert wird. Und da sind wir nun wieder bei dem »religiösen Menschen« in uns selbst und um uns, der nicht anklopfen will, der die heilige Bannzone der göttlichen Majestät nicht kennt, sondern religiös unverbindlich dahinbummelt. Der sich im Abendrot einen frommen Schauer leistet, oder — ganz nebenbei und ohne die verbindliche Strenge eines Gläubigen — den Prickel einer Messe oder einer Menschenweihehandlung genießt, der auch Sinn für sakrale Räume und für die Matthäus-Passion hat. Er geht ungeniert hindurch. Für dieses »Nicht anklopfen« hat er ein Modewort gefunden, das der sogenannte Existentialismus und das die Gebildeten der Großstädte im Munde führen: »Ich bin meine Freiheit«, so sagt Orest in Sartres berühmtem Drama »Die Fliegen«. Mit diesen Worten soll gesagt sein: »Ich brauche nicht anzuklopfen, die Welt gehört

mir und nicht Gott. Sie ist *mein* Jagdrevier, und niemand darf mir rächend, gebietend und begrenzend in den Arm fallen.«
Aber dieser »freie Mensch«, für den an jeder Tür geschrieben steht »Nicht anklopfen«, bezahlt dieses Stürmen durch alle Türen, bezahlt diese Besitzergreifung der ganzen Welt nicht nur damit, daß er in die Katastrophe des hemmungslosen und brutalen Übermenschen stürzt, die wir ja am eigenen Leibe erfuhren, sondern er bezahlt dies alles auch damit, daß er die *eigentliche* Tür nicht mehr findet, sondern immer nur in öden Vorzimmern und auf dunklen Fluren herumirrt, in denen niemand ist. Hier genießt er seine Freiheit, die darum so furchtbar ist, weil es sie nur in diesem eisigen Niemandsland gibt. Darum ist er in ein würgendes Alleinsein gebannt, in dem er mit niemandem und mit nichts mehr Kontakt hat. Das ist die schauerliche Signatur eines Menschentums, das nicht mehr anklopft, das keine Tür mehr kennt, hinter der jemand sitzt und auf uns wartet.

Es ist nicht von ungefähr, daß die gleiche Philosophie des Existentialismus, die von dem Schilde »Nicht anklopfen« lebt, ein furchtbares Schlüsselwort besitzt, mit dem sie das Grundgefühl dieses vaterlos gewordenen Menschen aus den dunklen Fluren beschreibt: das Wort »Angst«.
In der Welt habe ich Angst, das ist der einzige Satz, der dem Heiland noch nachgesprochen wird. Ich habe Angst, weil du nicht mehr bei mir bist, du, der du die Welt überwunden hast. Aber diesen Nachsatz spricht man nicht mehr aus, man weiß ihn nicht mehr.
Ich meine, wir Christen sollten mehr Erbarmen haben mit unseren Menschenbrüdern, die so in der Angst der Welt leben und derweil von ihrer Freiheit schwärmen. Wir sollten sie viel öfter und viel leidenschaftlicher in unserer Fürbitte vor den Vater bringen, wenn wir denn so glücklich sein dürfen, die Tür zu kennen, die sich täglich neu auf unser Klopfen hin auftut und uns in Freude und Frieden bei ihm sein läßt. Ist es nicht, wie

wenn wir aus unserem düsteren Traum erwachten, aus dem Traum von den dunklen Fluren und einsamen Vorzimmern, wenn wir nun hören dürfen, daß es diese eine Tür wirklich gibt, an die wir klopfen dürfen, und daß wir hier erwartet werden? Ist es denn wirklich ein Zwang, daß wir vor dieser Tür Halt machen müssen, daß wir nicht einfach von uns aus weiter dürfen? Ist es ein Zwang, daß wir dann in jenem Zimmer unseres Vaters als Kinder und Freunde und eben wirklich »zu Hause« aufgenommen sind und daß wir hier unter dem Auge und unter der Zucht des Vaters leben und im Gehorsam stehen? Ist das Zwang? Oder ist es nicht die herrliche Freiheit der Kinder Gottes, daß wir das *dürfen?* Daß einer da ist, der alles für uns opferte und litt und nun auch erwartet, daß wir unser Teuer-Erkauftsein nicht verraten und uns dem verliehenen Adel verpflichtet wissen? Daß einer da ist, der uns die Angst und die Einsamkeit auf den dunklen endlosen Fluren nimmt und uns in den festlichen Saal des Christenstandes und in seinen Frieden holt?

Gibt es ein größeres Glück als dies eine, daß wir klopfen dürfen und daß uns aufgetan ist und daß drinnen einer wartet, daß er wartet auf dich und auf mich? Gibt es ein größeres Glück als dies eine, daß dies ganz einfach wahr ist?

Aber die Tür, die sich uns so auftut und hinter der wir den Vater finden, führt uns nicht in einen abgeschlossenen Raum, in dem es nur selige Zwiesprache und frommen Genuß gäbe. Es geht hier nicht um die Zweieinsamkeit und Weltferne, wie sie die Liebenden suchen.

Sondern auch hier werden wir sofort wieder an die Arbeit gestellt. Auch hier muß sofort etwas praktiziert werden, denn es gibt kein Verhältnis zum Vater, das nicht zugleich ein Verhältnis zum Nächsten in sich beschlösse. Ein Gebet, in dem mein Nächster und Bruder nicht ständig anwesend ist (z. B. dieser nihilistische Mensch, der nicht mehr klopft und auf den dunklen Fluren umherirren muß), ist kein Gebet. Und ein Gottesdienst, der nicht zugleich Dienst am Bruder ist, ist kein Gottesdienst, sondern Opium und frommer Schauer. Gott mag die Phrasen solcher Gebete und das Geplärre auch der reformatorischen Lieder und das Geschwätz auch der legitimsten Predigten dann nicht hören. Und so kann es denn gar nicht anders sein, als daß die Vision dieses Nächsten sofort vor uns auftauchen muß: »Alles, was ihr wollt, daß euch die Leute tun sollen, das tut ihr ihnen auch.«

Vielleicht denkst du jetzt: Nun ja, das ist ja weiter nichts Besonderes. Um diesen Befehl zu kennen und nach ihm zu handeln, braucht man diesen Jesus von Nazareth nicht. Sagt dieses Wort nicht dasselbe, was wir alle von Natur wissen: »Was du nicht willst, das man dir tu', das füg auch keinem andern zu«?

Aber nun möchte ich gegenfragen: Geht es nicht in den Worten Jesu über unseren Nächsten um etwas ganz anderes? Um etwas nämlich, das man nur verstehen kann, wenn man wiederum genau im Auge behält, *wer* das hier sagt, wenn man also den Bergprediger selbst in jedem Wort gegenwärtig sieht?

Was ich mir nämlich von den anderen Leuten wünsche und ihnen dann auch selbst zuwenden soll (nämlich eben diese Liebe, eben dieses Ernstgenommenwerden und Den-Nächsten-ernstnehmen), das ist ja aufs tiefste geprägt durch das, was mir selbst durch Jesus Christus widerfahren ist. Hier wendet mir einer ein Herz zu, obwohl ich die Hand gegen ihn erhob. Hier liebt mich einer, obwohl ich nicht liebenswert bin. Hier nimmt mich einer ernst, obgleich ich Staub und Asche und ein Nichts vor ihm bin. Hier werde ich teuer erkauft, obwohl ich meinen Adel verspielte. Seitdem dies alles an mir geschah, weiß ich, daß ein Mensch nur dadurch leben kann, daß er geliebt wird und das große Wunder an ihm geschieht, daß Gott sein Vater wird. Alles andere verdient nicht, Leben zu heißen. Es ist nur Leerlauf und Öde, es ist nur ein Vegetieren auf den dunklen Fluren. Wo der Mensch vergessen hat, daß er der Augapfel Gottes ist, daß er geliebt und teuer erkauft ist, da verliert sein Leben den unendlichen Wert, da fragt er nur noch nach der Verwertbarkeit des Menschen, ob er

Nutzen für die Gesellschaft bringt, ob er eine produktive Arbeitskraft darstellt oder nicht. Und wenn er das alles nicht mehr hat oder nicht mehr ist, dann wird er auf den Schindanger geworfen, liquidiert, dem Hunger preisgegeben.

Was wir auf diesem Gebiet in unserer eigenen Mitte erlebt haben und von unseren Brüdern im Osten zu hören bekommen, zeigt diese tiefste Selbsterniedrigung des Menschen, der nicht mehr weiß, daß er geliebt wird, und der damit Sinn und Wert seines Lebens verloren hat.

Nur wer von seinem Nächsten weiß, daß er der Augapfel Gottes ist, achtet ihn in seiner Unantastbarkeit. Das Auge ist das empfindlichste Organ und duldet keine Berührung. Wer das vergißt, tastet deshalb den anderen an und macht ihn zu Freiwild. Und die furchtbare Katastrophe der Menschheit heute ist gar nichts anderes als ein Zeichen, daß wir den anderen nicht mehr unter der Liebe Gottes und ihrem heiligen Patronat sehen.

»Alles, was ihr wollt, daß euch die Leute tun sollen, das tut ihr ihnen auch.«

Wissen wir jetzt, was uns die Leute tun sollen? Wissen wir, was wir unsererseits an den Brüdern tun sollen? Alles, was wir uns selber wünschen und auch unsererseits an den Brüdern tun sollen, kann gar nichts anderes sein als ein Abglanz und Weitergeben dessen, was wir in Jesus erfahren durften. Wir durften erfahren, daß einer da ist, dessen väterliches Herz uns offen steht und für den wir — mag geschehen sein, was will — die lieben Kinder sind. Wir durften erfahren, daß wir keine Waisen sind, verlassen und einsam in diese brutale Welt geschleudert, sondern daß wir eine Heimat und ein Vaterhaus haben, bei dem wir anklopfen können und in dem wir festlich empfangen werden wie jener Sohn, der aus einer sehr großen Fremde kam.

Dies alles aber hat *der* zuwege gebracht, der uns nicht verwaisen läßt, sondern bei uns bleiben will, der uns Weg und Tür, Bruder und Gefährte sein will.

Ihm sei Ehre und Dank und Lob!

DIE CHANCE DES SCHWEREREN WEGES

Gehet ein durch die enge Pforte. Denn die Pforte ist weit, und der Weg ist breit, der zur Verdammnis abführt; und ihrer sind viele, die darauf wandeln.
Und die Pforte ist eng, und der Weg ist schmal, der zum Leben führt; und wenige sind ihrer, die ihn finden.

MATTHÄUS 7, 13—14

Seit dem Zusammenbruch des Vaterlandes 1945 hat es sich so gegeben, daß ich mit zahlreichen Menschen der verschiedensten weltanschaulichen Richtungen, Altersstufen und Stände über die eigentliche Ursache unseres Zusammenbruches sprach. Regelmäßig drängte dabei das Gespräch auf die letzten Fragen des Lebens überhaupt. Denn ich habe noch keinen ernsthaft nachdenkenden Menschen gefunden, der sich nicht gezwungen sähe, die letzten Ursachen der fortgesetzten Weltkatastrophen und Zusammenbrüche in sehr tiefliegenden Krisenherden, ja geradezu in der sogenannten »religiösen« Krise der modernen Menschheit zu suchen oder wenigstens teilweise zu vermuten. Diese Menschheit habe sich eben — so lautet im allgemeinen die Diagnose — von allen Banden frommer Scheu gelöst und könne nun dieser Freiheit nicht froh werden, sondern beginne, sie mehr und mehr zu verfluchen.

Bei den meisten dieser Gespräche zeigte sich nun eine erstaunliche und etwas beängstigende Tatsache: daß nämlich das sogenannte »Christentum« in Gefahr ist, unter uns Mode zu werden, und daß man mit Hilfe einer Rechristianisierung großen Stils eine breite Basis, einen breiten *Weg* meint schaffen zu können, auf dem man weiterzukommen hofft. »Christliche« Politik, »christliche« Sozialordnung, »christliche« Sittlichkeit — das könnten Mächte und Gestalten sein, die mit der Zerrüttung der Steuerehrlichkeit, mit der Ehekrise, mit dem Moralzerfall in unserer Jugend fertig zu werden vermöchten. Das alles könnte ein Fundament ergeben — oder besser: einen »breiten Weg« —, auf dem man vorwärts käme und einen Neuaufbruch großen Formats erwarten könnte.

Diese Flucht ins Christentum und in die Ideologie des christlichen Abendlandes, dieser Versuch also, einen »breiten christlichen Weg« anzulegen, ist aber im höchsten Grade bedenklich. Denn er hat gar nichts mit Bekehrung und Erneuerung und also gar nichts mit alledem zu tun, worum es in der Botschaft Jesu doch in entscheidender Weise geht, sondern er ist nur eine Form religiöser Panik. Es ist deshalb gut, wenn wir gleich zu Anfang darauf achten, daß der breite Weg unseres Gleichnisses gar nicht nur der Tummelplatz grober Sünder und die Heerstraße der

Diebe, Ehebrecher, Denunzianten und Faulpelze ist, sondern daß die breite Straße auch lauter Verkehrsschilder besitzen kann, auf denen Bibelstellen und die Worte »Ewigkeit«, »Gott« und »Christentum« geschrieben stehen.

Die Gespräche über diese Fragen verliefen im übrigen erstaunlich gleichförmig. So sagte etwa ein junger, sehr ernsthafter und aktiver Mann der Wirtschaft in der Aussprache zu einem Vortrag, den ich in irgendeiner Stadt über die deutsche Katastrophe hielt (ich zitiere ihn für viele andere):

»Es ist gut, daß wir mal einen ›Theologen‹ über die Ursachen des Zusammenbruchs und des gegenwärtigen Elends in der Welt haben reden hören. Denn der allgemeine Zerfall auf dem Gebiet der Moral, die Brüchigkeit internationaler Verträge, die allgemeine Unsicherheit gegenüber politischen Bedrohungen, der Machtrausch, der Imperialismus — das alles kommt doch daher, daß die Staatsmänner, daß die Völker, daß die einzelnen aufgehört haben, die göttliche Ordnung zu respektieren. Darum kann ich mich auch in meinem Betrieb auf meine Leute nicht mehr verlassen, wie das noch mein Vater und mein Großvater konnten. Jeder greift hemmungslos nach dem, was ihm im Augenblick zu nützen scheint. Das brutale Interesse regiert die Stunde. Und wer es nicht glauben will, braucht nur einmal den Kampf um eine überfüllte Straßenbahn zu beobachten. Darum kommt unsere Welt nicht zur Ruhe, bis wir wieder letzte heilige Werte und Ordnungen respektieren. Dazu aber kann uns nur das Christentum helfen. Darum bin ich auch wieder in die Kirche eingetreten, obwohl ich persönlich mit ihrem Dogma nicht viel anzufangen weiß. Aber die christliche Sittlichkeit, die Ideale der Ehrfurcht und Liebe, die erkenne ich an, die können uns allein weiterhelfen. Darum müssen wir zurück zum ›christlichen Abendland‹.«

Die ziemlich bunt gemischte Versammlung, die das alles anhört, nickt mehr oder weniger mit dem Kopf. Es ist ein sympathischer Mann. Er meint es ernst. Er hat in vielem zweifellos den Nagel auf den Kopf getroffen, und man rechnet es ihm hoch an, daß er, der einst aus der Kirche ausgetreten war, dieses Bekenntnis öffentlich ablegt.

Und doch ist einem bei diesen Worten irgendwie unbehaglich. Sagt der Mann denn letztlich etwas anderes als dies: Wir müssen es mal mit der christlichen Ideologie versuchen, nachdem uns die Politiker und Wissenschaftler mit ihren neuzeitlichen Weltanschauungen so greulich in die Wüste geführt haben!?

Hatte der Teufel in der Versuchungsstunde dem Herrn Christus nicht auch die Reiche und Länder dieser Welt angeboten? Das heißt aber doch: Hatte er ihm nicht vorgeschlagen, seinen, Jesu Christi, Namen, seine Gestalt, seine Lehre als Programm und Verfassung einer großen Weltherrschaft und Welterneuerung zur Verfügung zu stellen? »Dein Christentum, Jesus von Nazareth, — so sagte der Teufel — dein Christentum als politische Ideologie und Grundlage einer ganzen Kultur, als tragende Weltanschauung für Kunst und Wissenschaft, das gäbe eine breite Bahn, auf der alle gehen, auf der alle sich finden könnten. Du bist doch zu schade für das Kreuz. Du hättest das Zeug, die Welt zu regieren. Du hast ein Programm, Jesus von Nazareth. Sieh, hier biete ich dir die Welt an, in der du es verwirklichen kannst.«

Wir wissen, was Jesus auf dieses Angebot des Teufels geantwortet hat, und daß es für ihn eben — das Angebot des *Teufels* war. Könnte dieser Teufel, der sich als Engel des Lichtes zu tarnen vermag, nicht auch die Maske eines seriösen Mannes annehmen, der so überzeugend und eindrucksvoll in einer heutigen Diskussion vom christlichen Abendland spricht?

Warum es einem bei den Worten jenes Herrn nicht ganz geheuer ist und man ein mulmiges Gefühl nicht ganz los wird, das wurde schlagartig klar, als sich in der gleichen Diskussion nun ein anderer junger Mann zum Wort meldete und es erschütternd aus ihm herausbrach:

»Mein Herr Vorredner hat sicher mit seiner Feststellung recht, wenn er alles Unheil darauf zurückführt, daß wir uns von den ewigen Fundamenten losgerissen haben. Aber was nützt mir diese Feststellung, was nützt sie meinem Volke und uns allen? Wie komme ich denn, wie kommen Sie, wie kommen wir alle denn wieder an jene Fundamente heran? Und das heißt doch ganz praktisch« — so rief er leidenschaftlich in die Versammlung —: »Wie komme *ich* dazu, ein Christ zu werden? Es ist doch hohles Gerede, wenn man so allgemein von christlichen Standpunkten und christlichen Idealen spricht. Es hilft doch keiner einzigen armen Seele weiter, wenn ich ihr sage, zweifellos mit Recht sage: Treue und Ehrlichkeit, der Respekt vor dem Recht und vor der Würde des Menschen können nur in einer Welt gedeihen, die wieder gelernt hat, vor Gott zu stehen, ihn zu fürchten und zu lieben, ihm zu vertrauen und zu ihm zu beten. Aber das alles *nützt* mir doch gar nichts, auch wenn es tausendmal richtig ist, wenn ich nun einmal nicht in der Lage bin, persönlich an diesen Gott zu glauben. Dann kann ich doch auch keine christlichen Fundamente legen helfen. Soll ich mich etwa in vier Wochen, wo ich Hochzeit zu halten gedenke, nur deshalb christlich trauen lassen, weil ich mir sage — und ich sage es mir wirklich genau so wie mein Herr Vorredner und habe auch sicherlich Recht damit —, daß eine Wiedergenesung von der allgemeinen Ehekrise, daß eine Gesundung unserer Ehen nur vom religiösen Fundament her kommen kann? Soll ich mich christlich trauen lassen, auch wenn ich an diesen Gott nicht glauben kann, selbst dann nicht an ihn glauben kann, wenn ich andererseits genau weiß, daß ich an ihn glauben müßte, daß wir alle an ihn glauben müßten, wenn wir unserem Volk wirklich weiterhelfen wollten? Und darum heißt für mich die entscheidende Frage, und ich spreche sie wohl im Namen meiner ganzen suchenden Generation aus: Wie komme *ich* dahin, ein solcher Christ, ein so persönlicher Christ zu werden?«

»Sie sagen«, so wandte er sich an den Referenten des Abends, »nur durch Christus könne man das werden — ›niemand kommt zum Vater denn durch mich‹ — und sehen Sie, mit *dem* eben werde ich nicht fertig. Dieses schmale Tor finde ich nicht, und durch diesen Engpaß komme ich nicht hindurch. Und darum nützen mir all die wunderbaren Einsichten meines Herrn Vorredners über die letzten Gründe unserer Katastrophe und über die sogenannte religiöse Erneuerung unseres Volkes nichts, so richtig sie sein mögen.«

Als er fertig war, hätte ich ihm am liebsten gesagt: »Du bist nicht ferne von dem Reich Gottes« (Mark. 12, 34). So hatte der Herr Christus ja auch einmal zu einem Menschen gesagt, der ebenfalls ein sehr wahres Wort über die Liebe gesprochen hatte, ohne zu ahnen, daß diese Liebe in dem gegenwärtig war, der da vor ihm stand, und daß er aus ganzem Herzen und aus ganzer Seele darum ringen müsse, zu ihm zu finden.

Es ist sicher ungewöhnlich, daß ein Prediger auf der Kanzel solche Diskussionserörterungen wiedergibt, aber ich habe mich bemüht, den Punkt herauszufinden, an dem uns Jesu Wort von dem schmalen Tor und dem engen Weg in unserer Stunde und in unserer Lage anspricht, uns aus Träumen und Gedanken schmerzvoll emporreißt und uns zugleich Tröstungen und Verheißungen zuruft.

Und ich meine nun, jener junge Student habe den Finger auf die genau richtige Stelle gelegt. Das Christentum läuft in der Tat Gefahr, eine Art Mode zu werden. Man hält es für nötig und nützlich, man schwärmt von der breiten Bahn eines erneuerten christlichen Abendlandes. Das Dogma vom Gottmenschen Christus freilich sei mittelalterlich. Darauf könne man das Gros der heutigen Menschen nicht mehr festlegen. Darin stecke keine Führungsgewalt für die breiten Massen mehr. Aber das, was das Christentum die Furcht Gottes nenne, das müsse man, nachdem es leicht überholt und in »religiöse Ehrfurcht« verwandelt sei, wieder erwecken. Und ohne die christliche Idee der Liebe und der Menschlichkeit ginge das nicht.

Damit hatte dieser junge Mann eine ganz und gar neutestamentliche Beobachtung gemacht: daß man dieses alles ohne die Gestalt des Heilandes selber ja gar nicht haben kann, daß es jene breite Straße der allgemeinen Überzeugungen gar nicht gibt, die uns zu den christlichen Ideen der Liebe, der Humanität und der Ehrfurcht führte, jene breite Straße, auf der sie alle irgendwie miteinander wandern und sich vertragen könnten: Orthodoxe und Freidenker, Pietisten und Idealisten, die aufgeklärte Intelligenz und der konservative Kleinbürger und wer sich sonst noch zum christlichen Abendland zählen mag. Er hatte vollkommen richtig beobachtet, daß man zu jenen christlichen Ideen — wenn wir denn einmal diesen schrecklichen Ausdruck gebrauchen wollen — nur vordringt, wenn man mit Jesus Christus fertiggeworden ist, wenn man durch dieses ganz schmale Tor und durch diesen engen Weg geht und wenn man also eine Entscheidung fällt, d. h., wenn man das nicht tut, was die meisten tun, sondern wenn man an der Wegkreuzung den engen und schmalen und einsamen Pfad mit Jesus von Nazareth geht.

»Ich bin der Weg«, sagt die einsame Gestalt, die völlig verlassen am Kreuze gestorben ist. Das muß eine sehr schmale, enge Sache sein. »Ich bin der Weg«, sagen auch die christlichen Ideen, die heute so viele locken: »Ich bin das Tor in die Zukunft«, sagt die christliche Kulturpolitik, sagt das christliche Abendland, sagt die christlich gefärbte Religiosität. Aber das könnte eine allzu breite, allzu glatte, allzu polierte Straße sein, sie könnte im Abgrund enden.

»Niemand kommt zum Vater denn durch *mich*«, durch mich, den Allereinsamsten und Verachtetsten, den Mann der Schmerzen und der Todesqualen, den Dornengekrönten und Verspieenen. Das ist das schmale Tor und der enge Weg. Und eben den und nur den möchte ich in dieser Stunde den Suchenden und Fragenden zeigen, weil es der Herr so gebietet.

Was heißt das? Wenn Jesus hier den engen und breiten Weg einander gegenüberstellt, dann verlangt er zunächst einmal eine Entscheidung von uns. Wir dürfen nicht einfach so dahinleben im Trott unserer täglichen Arbeit, in der Jagd nach den kümmerlichen Freuden, die wir uns wünschen: ein bißchen Liebe und

Kino, ein bißchen gutes Essen und berufliches Fortkommen. Sondern wir müssen ein *Ziel* ins Auge fassen, wir müssen die Frage stellen: Wofür lebe ich eigentlich und was muß ich tun, daß ich das ewige Leben ererbe? (Mark. 10, 17.)

An sich leben wir Menschen ja nach dem Gesetz des geringsten Widerstandes, d. h. wir tun das, was die meisten tun. Wir leben in den Tag hinein. Und die Bahn des geringsten Widerstandes ist hier als der breite Weg bezeichnet. Auf dieser Straße sind wir von Natur alle, wenn wir »in Gesellschaft« dahinleben. Nun schreckt uns Jesus auf, indem er uns ein Halt zuruft. Es geht darum, einen ganz bestimmten Eingang zu finden. Das ist unbequem. Auch der Weg, auf den dieser Eingang führt, ist unbequem und eng. Man kann sich da nicht einfach gehen lassen und zuchtlos umherschwärmen, denn rechts und links ist Abgrund. Damit will er sagen: Die Bahn des Christenstandes ist nicht einfach. Oft ist es bequemer, kein Christ zu sein. Man kommt da viel leichter und hemmungsloser und unbeschwerter durch in dieser Welt der Lüge, in der ein Christ als Ausnahme stehen und als leuchtendes Signal eines anderen Reiches leben soll. Man käme skrupelloser und leichter voran in dieser Welt der Brutalität, in der der Christ Liebe üben, in dieser Welt der Angst, in der der Christ eine Quelle des Friedens sein soll.
Wer das alles von vornherein nicht will, kann diesen schmalen Weg nicht gehen. Jesus ist uns immer zuerst ein Widerstand, eine Unbequemlichkeit, ein zugerufenes »Halt«. Wer das nicht wahrhaben will, verfälscht ihn und macht ihn zu jenem sanftsüßlichen Nazarener, den wir von kitschigen Bildern kennen.
Aber diese Entscheidung für ihn und den schmalen Weg bedeutet nicht nur eine Scheidung von unserer bisherigen Bahn, sie bedeutet nicht nur die Bereitschaft, sich ihm einfach einmal anzuvertrauen und ganz neue, abenteuerliche und fremde Wege führen zu lassen. Sondern die Entscheidung bedeutet auch Scheidung von anderen Menschen. Jesus hat einmal das harte Wort

gesprochen, daß die Jünger bereit sein müßten, in der Nachfolge selbst über Vater und Mutter hinwegzugehen, ja er schreckt in diesem Zusammenhang nicht einmal vor dem Worte »hassen« (Luk. 14, 26) zurück. Und er hat weiter gesagt, daß die Jünger auch umgekehrt bereit sein müßten, sich hassen zu lassen (Luk. 6, 22) — sonst könnten sie nicht zu ihm kommen.

So gibt es in seiner Nachfolge Kreuz (Mark. 8, 34), Verfolgung (Matth. 5, 10) und Spott; und je ernster wir die Nachfolge nehmen, um so mehr kriegen wir davon zu spüren. Es geht durch ein tausendfaches Sterben, durch viele Abschiede und Einsamkeiten hindurch, und oft müssen wir die liebsten Menschen ziehen lassen und spüren, wie sie uns ferner und fremder werden. Das alles ist wahrlich keine glatte Bahn und ist nicht einfach. Die Großen im Reiche Gottes haben alle durch Blut und Tränen und schreckliche Verlassenheit hindurch gemußt.

Zunächst also ist Christus nicht der, der das christliche Abendland und die Massen für seine Ideale gewinnen würde und sich wie ein einender Mythos darüber wölbte. Er ist ja nie bei der Masse und bei den vielen gewesen, sondern hat sie gemieden und ist zu den Leuten gegangen, die in ihrer Schuld und ihrer Not einsam und verlassen waren und die ihm wahrlich nicht helfen konnten, die Welt zu gewinnen und Propagandafeldzüge auf breiten Bahnen zu machen. Zunächst jedenfalls steht er im Strom der Menschen und Völker wie ein Brückenpfeiler, der die Fluten scheidet und sie hoch und böse an sich emporbranden läßt.

Und seht, an diesem Brückenpfeiler müssen wir alle vorüber, die wir Tropfen in jenen Wogen sind. Es geht nicht glatt weiter im Strom des Lebens, seit dieser Brückenpfeiler Jesus Christus in unserer Welt errichtet ist. Es geht durch Entscheidung und Scheidung, es geht durch Sterben und durch Einsamkeit hindurch, es geht auf keinen Fall im Trott und Fluß der Vielen.

Und wahrlich, durch diese Einsamkeit haben alle Menschen hindurch gemußt, die ihm begegnet sind. Von Anfang an war die Kirche die Gemeinschaft der einzelnen, der Herausgerufenen, die Gemeinschaft derjenigen, die zuerst einmal in letzter Einsamkeit unter seinen Augen standen.

Da sind z. B. die Leute, die zum Hochzeitsmahl geladen waren (Matth. 22, 2—10). Sie werden von ihren Äckern und Ochsen, ja von der eben geheirateten Frau hinweggerufen, sie müssen von ihrem Geschäft, ihrem Beruf, von allem, was ihre Gedanken und ihre Phantasie erfüllt, zunächst einmal ablassen und ganz einfach aufbrechen. Jesus kann sie nur ganz allein brauchen. Wenn sie einmal in der Ewigkeit vor Gottes Thron stehen werden — und für diesen Augenblick will Jesus sie doch bereiten —, können sie das alles ja auch nicht mitbringen. Sie werden dort wiederum ganz allein sein.

Da sind die Leute mit ihren Krankheiten, mit dem Aussatz, mit ihrer Blindheit, ihrer seelischen Verfinsterung und der Zerrüttung ihres Geistes. Mit dem allem stehen sie ganz allein vor Jesus. (Wie entsetzlich isoliert und einsam ist gerade ein Geisteskranker!) Unser »Päckchen« tragen wir ja alle allein in einer letzten Einsamkeit, selbst wenn Tausende dasselbe Schicksal tragen, wenn Tausende mit mir heimatlos und vertrieben, verwaist und entwurzelt sind. Denn jeder erlebt und trägt und leidet dies alles ja wieder auf seine Weise und also ganz anders und also *allein*. Darum sind wir einsam in unseren Leiden. Jedes Leid macht einsam. Und darum treten diese alle auch immer aus der Menge heraus, ganz allein vor den Heiland hin, und dieser Heiland gehört ihnen nun auch seinerseits ganz allein.

Da sind die Zöllner und Sünder, die Ehebrecher und Diebe. Wie einsam hat sie ihre Schuld gemacht! Die Sünde hat ja eine so grausam isolierende Kraft, das weißt du und das weiß ich. Und so stehen sie wieder allein unter den Augen Jesu, und er ist ganz und gar für diesen einen da, als wenn es nur diese eine verlorene Seele auf der ganzen Welt gäbe.

Da sind endlich die Menschen mit den Problemen, mit den geistigen und religiösen Fragen, die sie mit sich herumschleppen.

Da kommt Nikodemus heimlich bei der Nacht, kein Mensch versteht ihn mehr. Denn auch unsere inneren Nöte und Fragen isolieren uns. »Meine Kameraden verstehen mich nicht, meine Eltern wissen nicht, wie es in mir aussieht«, wie mancher Junge, wie manches Mädel sagt einem so etwas. Und Jesus schenkt auch diesem einen seine helfenden Worte. Ihm ganz allein, er hat Zeit und Liebe für ihn. Und vielleicht hat Judas in jener Nacht, wo der Meister mit Nikodemus redete, bei sich selbst überlegt: »Ach, wenn er doch schliefe, statt seine Kraft an diesen einen zu vergeuden, wenn er doch nicht so unökonomisch lebte! Ach, wenn er doch schliefe und Kräfte sammelte, um morgen auf dem Marktplatz von Jerusalem eine große Rede zu halten, dann hätten wir es bald mit der Christianisierung geschafft. Nur ein solches Ziel von strategischem Rang würde den Einsatz des Messias lohnen.« So mag Judas Ischariot in jener Nacht gehadert haben, denn er dachte in großen Dimensionen und verstand darum das Reich Gottes gerade nicht.

Doch nun habe ich genug von der Enge des Weges gesprochen, von den Entscheidungen und Scheidungen, von der Einsamkeit unter den Augen Jesu.

Aber haben wir bei diesen Reden nicht eine erstaunliche Erfahrung gemacht? Indem man davon spricht, indem man hört, daß es hier um einen harten und engen Weg, daß es durch Sterben und Dunkelheiten geht, sieht man auf einmal in der Enge die Weite, im Sterben das Leben und in dem, der einem das Dasein schwer zu machen scheint, den großen Befreier.

Ich habe ja in einem fort zwischen den Worten und zwischen den Zeilen schon Evangelium gepredigt, denn man kann von Jesus ja gar nicht anders reden — auch dann nicht, wenn man vom engen Pfade zu sprechen hat —, als daß man fortgesetzt von der Freude, vom Trost, von der Verheißung, von dem Befreienden dieser Gestalt redet.

Denn wie haben die Menschen, von denen ich gerade sprach,

die Menschen also, die mit ihrer Schuld, mit ihrem Leid ganz allein unter Jesu Augen standen, diese Stunde der Einsamkeit, diese Stunde, wo sie fern von Menschen und Dingen in jenem engen Tor standen, durch das man nur allein kommt, erlebt? Hat dieser Augenblick sie etwa zu Boden geworfen und bedrückt? Sie sind ja alle als Geheilte, als neue Menschen mit einer neuen Zukunft aus dieser Stunde hervorgegangen. Das ist Antwort genug. Denn wir sahen schon: Genau so, wie ich mein persönliches Leid, die Heimatlosigkeit, den hoffnungslosen Krebs, das Unglück in meiner Ehe — genau so, wie ich meine persönliche Schuld, von der niemand weiß, ganz allein tragen muß und kein Mensch seine Schulter mit darunterstemmen kann, genau so kann ich auch nur in der tiefsten Zweisamkeit mit Jesus Christus die Befreiung, den königlichen Freispruch meines Heilands erfahren.

Als der Gichtbrüchige von seinen Freunden vor Jesus hingelegt wird, vor ihn, der da eingekeilt in der Volksmenge steht, da sind die beiden, der Kranke und der göttliche Arzt, auf einmal ganz allein, obwohl die Menge und auch die nächsten Freunde dicht dabei stehen. Jesus ist auf einmal nur für diesen *einen* da, als ob es nicht noch Millionen andere auf dieser Welt gäbe. Aber dieser eine, dieser verirrte und gequälte Menschenbruder ist ihm wert genug, daß er sich seiner erbarmt, daß er ihm ganz allein gehört. Und sieh, durch diese Zweisamkeit mit Jesus mußt auch du hindurch. In diesem ganz schmalen Tor, wo er dir begegnet, wo er ganz allein vor dir steht und kein Mensch und kein Ding dich begleitet, da mußt auch du stehen und mit ihm reden.

Vielleicht fragst du mich, woran man es denn merken solle, daß er so vor dir steht und daß du dich auf einmal vor der Schwelle des schmalen Tores befindest, — wo er doch so unsichtbar ist und wo immer das schreckliche bange Schweigen auf deiner Seele liegt, wo du nichts spürst, obwohl du ihn doch »erleben« möchtest?

Darauf läßt sich verhältnismäßig einfach antworten: Wer innere

Sensationen und Offenbarungen und Gefühle erleben will, der findet von alledem nichts. Das wird ihm alles, soweit es ihm gut tut, wie nebenbei und ganz ungesucht »zufallen«. Aber zunächst muß das Entscheidende in deinem Leben geschehen: daß du ihm ganz allein gegenüberstehst und ihn ganz für dich dasein läßt.

Um an diesen Punkt zu kommen, mußt du diese ganze volle Kirche vergessen. Vielleicht reißt dich der Anblick der großen Gemeinde innerlich mit: ihr gespanntes Aufmerken, ihr mächtiges, frisches Singen. Vielleicht hüllst du dich in diese Hunderte ein und läßt dich von dieser Gemeinde wie von einer Woge mitreißen; und da will es dir unter dem Eindruck dieser Versammlung erscheinen, als ob wirklich etwas an dem Herrn der Kirche, an dem Herrn dieser Gemeinde sei. Wenn du so denkst, bist du noch fern vom Reiche Gottes; dann bist du noch auf der breiten Bahn, die nicht zum Frieden führt. Denn diese breite Bahn, die zum Abgrund führt, ist ja gar nicht nur — ich sagte es schon — die Straße der Lumpen, Schieber, Windhunde und Spitzbuben, sondern sie ist überall da, wo die Menschen in der Masse marschieren und einfach mittrotten, weil die andern es auch tun. Und darum kann auch der kirchliche Gottesdienst dir zur breiten Straße werden, wenn du nur etwas erleben, wenn du dich in der prickelnden Atmosphäre der Vielen und Bewegten mit emporreißen lassen willst.

Wenn dich nun von diesen Worten, die sich an viele wenden und die viele gleichzeitig hören, *ein* Wort auf einmal trifft, daß du dir sagen mußt: Das gilt mir und mir ganz allein; hier ist ein Geschwür in *meinem* Leben angestochen, das der Mann da vorn gar nicht kennen kann, hier ist an eine heimliche Schuld in meinem Leben gerührt, die mich nicht zum Frieden kommen ließ und an der ich so hänge, daß ich diesem schmalen Tor bisher ausgewichen bin; oder wenn du sagen mußt: Hier ist ein Balsam auf *meine* Wunde getröpfelt, auf meinen geheimen Kummer, auf meine geheime Verzweiflung; all die Hunderte mögen weggehen, ohne daß etwas an ihnen passiert ist, an *allen* haben seine

Worte vorbeigezielt, aber *mich* hat er ins Herz getroffen, — nur dann hat Jesus Christus selbst in diesen Worten zu dir gesprochen. Dann war mit, in und unter den Worten eines schwachen Menschen ein göttlicher Blitz, der vor dir in den Boden schlug und die nächtliche Landschaft deines Lebens jäh erhellte. Und wenn du nun, sobald wir das Gebet des Herrn miteinander sprechen, den eindrucksvollen Chor der vielen vergißt, die da rechts und links, vor und hinter dir mitsprechen, und wenn du mit den Worten »Vergib uns unsere Schuld« nicht die Bosheit und Schuld der ganzen Welt, sondern deine ganz persönliche Schuld meinst — und du weißt ja ganz genau, welche das ist, die du heute noch in das enge Tor tragen mußt —, dann darfst du dessen gewiß sein, daß Jesus Christus ganz allein für dich da ist und daß er dir den königlichen Freispruch zuteil werden läßt: »Dir sind *deine* Sünden vergeben!« Verstehst du: Nicht der *Welt* sind sie vergeben, sondern *dir* ganz allein.

Nur in diesem engen Tor, nur in diesem einsamen Kämmerlein, nur in einer einsamen Nische dieser großen Kirche kannst du ein Kind Gottes werden, nur hier kann das entstehen, was man in der Sprache der Kirche einen persönlichen Christen nennt.

Du brauchst nicht zu denken und zu fürchten, daß ich dir da einen religiösen Individualismus predige. Mit einem Ismus und anderen törichten Begriffen aus der Hexenküche der Gottlosigkeit hat das nichts zu tun. Denn die Nische, von der ich soeben sprach, ist ja mitten in dem großen Dom, in dem die ganze Gemeinde des Herrn versammelt ist: Alles, was du lassen mußtest, wenn du ganz allein unter die Augen Jesu trittst und mit ihm ins reine kommst, alles das bekommst du nun ganz neu und anders wieder geschenkt: Brüder und Schwestern, auch deinen Beruf, deine Freunde, deine Ehe, deine Kinder.

Anschluß an die Gemeinde Jesu findet man nämlich nicht dadurch, daß einem die schönen Gottesdienste gefallen, daß einem vielleicht das eine oder andere Wort eines tapferen Bischofs imponiert oder daß man sich in diesem Milieu geborgen fühlt, —

das alles ist nur die breite Straße, das alles ist nur ein Mittrotten. Sondern Zugang zur Gemeinde Jesu, Heimat in der Kirche, Geborgenheit in jenem Raum, den die Pforten der Hölle nicht überwältigen dürfen, findest du erst dann, wenn du vorher ganz allein vor Jesus gestanden hast. Dann erst, wirklich erst dann werden dir die Leute aus dem Jugendkreis, aus dem CVJM, aus den Männer- und Frauenbünden zu Brüdern und Schwestern, die Jesus dir schenkt und die in einem Bund mit dir stehen, der über den Tod und über den Jüngsten Tag hinausreicht. Vorher waren sie dir höchstens gute Kameraden und nette Weggefährten.

Das Trägheitsgesetz der christlichen Tradition, von dem du dich bisher hast treiben und mitschleppen lassen, die fromme Erziehung, die dich fürs Leben geprägt hat, die Gewöhnung zur Kirche, aus der du vielleicht nie ausgetreten warst, das alles hilft dir nichts, das wird von den Pforten der Hölle eins, zwei, drei überwältigt — es braucht nur ein bißchen, vielleicht vom Bolschewismus, scharf geschossen zu werden. Auf all das kannst du nicht getrost sterben. Aber wenn du in dem schmalen Tor gestanden bist, wo dich die einsame Gestalt nicht an sich vorübergelassen hat und wo sie dir, dir ganz allein, alles abgenommen hat, dann bekommst du dies alles neu wieder, dann kann es dir zum Segen werden. Auch dein Ehegefährte ist auf einmal ein ganz anderer, wenn du aus dem schmalen Tor zu ihm zurückkehrst, obwohl du schon vorher christlich mit ihm getraut und mit dem Segen der Kirche versehen warst. Er ist auf einmal nicht mehr der, der nur lieb und gut zu dir ist, oder der dir umgekehrt während der Gefangenschaft so erschreckend fremd geworden ist, so daß du nichts mehr mit ihm anzufangen weißt und deine Ehe gefährdet ist. Sondern er ist auf einmal der für dich, dem zuliebe Jesus ebenfalls gestorben ist und für den er dasein will und seine Ewigkeit geopfert hat. So siehst du ihn auf einmal mit ganz anderen Augen. Dein Leben ist voll neuer Gaben, Aufgaben und Perspektiven. Ein neuer Mensch ist ja wie frisch

geboren und *sieht* darum auch alles neu. Er sieht die gespannte Weltlage mit andern Augen an als bisher, denn er weiß, daß Ost und West, Orient und Okzident in der Hand dessen ruhen, der zugleich für die Armen, Einzelnen und Schuldiggewordenen da ist. Er sieht die dunkel verhangene Zukunft mit ihrer lähmenden Ausweglosigkeit einfach anders an. Denn in ihren dunklen Wolken schimmert das Rot des Tages, an dem der Herr kommen wird und an dem alles nach seinen Plänen reif geworden ist und nichts untergegangen sein wird.
So könnte ich noch lange fortfahren in der Betrachtung alles dessen, was uns neu geschenkt wird und mit neuen erlösten Augen gesehen werden darf.

Nur wer zu sterben bereit ist, bekommt das Leben. Nur wer durch das schmale Tor und über den engen Pfad geht, bekommt die ganze Weite neu geschenkt, die Weite der Gemeinde mit vielen Brüdern und Schwestern (und wie beglückend ist es, diese Weite der Gemeinde zu erleben, wenn man irgendwohin verschlagen ist und man auf einmal Jünger und Jüngerinnen findet, mit denen man geschwisterlich verbunden ist!) Und auch die Weite der Welt wird dir neu geschenkt mit allem, was wir an ihr lieben, aber auch mit dem, worin sie uns quälend und beklemmend ist; denn wir haben den gefunden, aus dessen Hand alles kommt: Liebes und Leides, Menschen, die wir brauchen und die uns brauchen, Gaben und Aufgaben, Freude und Schmerz. Und wir sind getröstet, indem dies alles aus seinen Händen kommt, aus diesen Händen, die nach uns greifen und uns segnen, als ob wir ganz allein auf der Welt wären, und die doch die Ozeane umspannen und die Weltkugel königlich umschlossen halten.

DER ABGELAUFENE TERMIN

Es sprach aber einer zu ihm: Herr, meinst du, dass wenig selig werden? Er aber sprach zu ihnen:
Ringet darnach, daß ihr durch die enge Pforte eingehet; denn viele werden, das sage ich euch, darnach trachten, wie sie hineinkommen, und werden's nicht tun können.
Von dem an, wenn der Hauswirt aufgestanden ist und die Tür verschlossen hat, da werdet ihr dann anfangen, draußen zu stehen, und an die Tür klopfen und sagen: Herr, Herr, tu uns auf! Und er wird antworten und zu euch sagen: Ich kenne euch nicht, wo ihr her seid.

So werdet ihr dann anfangen zu sagen: Wir haben vor dir gegessen und getrunken, und auf den Gassen hast du uns gelehrt. Und er wird sagen: Ich sage euch: Ich kenne euch nicht, wo ihr her seid; weichet alle von mir, ihr Übeltäter!

LUKAS 13, 23—27, im Anschluß an MATTHÄUS 7, 13 f.

In der letzten Predigt haben wir gesehen, daß jeder von uns ganz allein vor das Angesicht Gottes entboten wird und daß einem bei der letzten Entscheidung unseres Lebens niemand helfen kann. So wie jeder ganz einsam seinen Tod sterben muß, so muß er auch einsam vor dem Throne Gottes stehen. Durch die enge Pforte kann man nur allein. Gewiß: Gott schenkt einem dann Brüder und Schwestern, wir dürfen dann in der Gemeinde Jesu leben und atmen, und es ist ein unermeßliches Geschenk, überall unter Christenmenschen zu Hause zu sein. Aber zuerst muß man ganz allein durch diese enge Pforte hindurch, und kein Mensch kann einem diese Entscheidung abnehmen. Wie manchmal möchten wir jemandem, der um Jesus ringt und doch nicht mit ihm klarkommen kann, seine Entscheidung *abnehmen*, so wie eine Mutter die Schmerzen ihres kranken Kindes übernehmen möchte und glücklich wäre, wenn sie das könnte.

Aber es gibt Dinge im Leben, bei denen man sich nicht vertreten lassen und bei denen man auch andere nicht vertreten kann, Dinge, die jeder allein durchmachen muß und in deren Umkreis man nur zu Gott schreien kann, daß er dem Bruder, daß er der Schwester gnädig durchhelfe. Die Wiedergeburt ist eine schwere und schmerzvolle Stunde, bei der auch die Nächsten zurückzutreten haben.

Aber nicht wahr: So sehr es hier um dich und um mich persönlich geht, so sehr hat doch dieses Bild von der engen und breiten Pforte noch eine andere Seite.

Es läßt uns auch nach *draußen* blicken und zwingt uns zu schweren

und dunklen Gedanken, von denen besonders die jungen Christen umgetrieben sind.
Was ist es für ein kümmerliches Häuflein, das sich da sonntäglich in Marsch setzt, wenn die Glocken läuten, während die anderen anderes treiben?! Wiederum, wie wenige von denen, die sich in diesem armen versprengten Trüpplein der Kirchenleute bewegen, können von sich sagen, daß sie im Frieden Gottes wohnen und daß Jesus Christus ihr einziger Trost im Leben und im Sterben sei! Ob nicht ähnliche Gedanken — rabenschwarze, krächzende Trübsinnsgedanken — durch das Herz jenes Mannes gezogen sind, der an den Herrn mit der Frage herantrat: Herr, meinst du, daß wenige selig werden? Er mag gesehen haben, wie es bei Jesu Predigtreisen zuging: Einige hingen an seinem Munde und verschlangen ihn mit den Augen, sie waren getroffen; aber dann brachen sie auf und hatten wohl am nächsten Tage wieder alles vergessen. Nur ein kleines Häuflein blieb, aber auch das würde in der Golgathanacht davonstieben. Und hinter denen, die da so lauschten, sah er die *anderen* ihre Straße ziehen: die Bauern trieben ihre Ochsen an, die Mädchen trugen Wasserkannen zum Brunnen, die Pärlein flirteten, die Burschen erzählten sich Witze, die Frauen klatschten, die Männer politisierten, und das alles geschah ausgerechnet und genau in den Stunden, Tagen und Jahren, in denen sich der große Weltenumbruch vollzog, in denen unser Schicksal für Zeit und Ewigkeit entschieden wurde.
Es war, wie wenn heute die Heilsarmee an einer Straßenecke singt und verkündigt: Die Autos hupen, die Straßenbahn klingelt, die Menschen hasten, und kaum einer merkt, daß das Reich Gottes auf einmal da ist. Der Verkehrsschutzmann hebt den Arm und regiert die Stunde, an ihm hängen die Blicke. Von irgendwoher zirpt eine fromme Melodie gegen die Schallwogen der Straße. Wer denkt dabei an den, der nicht nur die Stunde, sondern die Ewigkeit regiert? Und wessen Ohren hängen an den Worten, in denen die Ewigkeit richtend und helfend anwesend ist?

Von den vielen, die hinter dem Häuflein der Hörenden dahinwandeln und die das Handeln und Reden Jesu nichts anzugehen scheint, spielt der Blick unwillkürlich hinüber in *unsere* Lage, vor der wir im Jahrhundert der Masse tagtäglich stehen.
Ist das Urteil über all diese vielen, ist das Urteil zum Beispiel über die Menschen gesprochen, die da heillos aus den großen Toren der Betriebe strömen? Wer kann sich ihren Ohren überhaupt verständlich machen? Ist es aus mit ihnen? Und warum haben dann jene paar *Frommen* das große Los gezogen? Die Gedanken des Mannes, dem offenbar viel an Jesus liegt, werden schwerer und schwerer, indem er so vor den Herrn hintritt. Aber hat Jesus nicht selber diese Gedanken so schwer gemacht, seit er das Bild von jener engen Pforte vor unseren Blick rückte, die nur wenige finden und vor der sich schließlich — welch furchtbares Bild für uns Heutige! — eine drängende Menschenschlange staut, die panisch hineindrängt, so wie man in der Bombenzeit in den Bunker drängte, wenn das schreckliche Heulen von den Dächern Tod und Verderben verkündigte?
Genau so drängen sie sich ja auch in diesem Gleichnis. Die Sirenen des Jüngsten Tages heulen auf, und nun merken sie auf einmal alle, wie ungedeckt und verloren, wie entsetzlich verloren sie sind. Denn im Schatten des Jüngsten Tages, am Ende aller Dinge sieht alles so ganz anders, so entsetzlich anders aus als bei den täglichen Gängen über die Straße, als aus der Perspektive des Büroschemels und der Drehbank.
Haben wir es nicht alle genau so erlebt: Wie die großen steinernen Bauten unserer Stadt, wie unsere stabilen Heimstätten — sonst Symbole menschlicher Geborgenheit — auf einmal unheimlich wurden, und wie wir sie nur noch unter dem Gesichtspunkt sahen, daß sie *über* uns fallen könnten?
Und so drängen sie in einer jähen Erkenntnis, daß die Welt verloren sein könnte, an die Pforte der Geborgenheit, und alles ist zu. »Herr, wenn es so ist, wer wird dann hineinkommen?« — *das* ist die Frage jenes Mannes. »Siehst du nicht die Massen des

20. Jahrhunderts? Noch sind sie draußen, und niemand sagt ihnen, daß gleich die Sirenen heulen. Sollte sich der Knoten der Weltgeschichte denn so lösen dürfen: 99 Prozent verloren und 1 Prozent gerettet? Und *dazu* der ganze Aufwand des göttlichen Heilsunternehmens, wenn alles nur eine Frage jener entsetzlichen unergründbaren Prädestination ist, wenn einige die Karten zum Eintritt haben und das Drängen und Suchen zum Eintritt für alle andern nur Theater ist? Jammern dich nicht die Massen, Jesus von Nazareth, bist du denn nicht für *alle* gestorben? Bist du denn überhaupt — wenn sich denn der Knoten der Geschichte so widersinnig lösen soll — der, der da kommen soll, oder sollen wir eines andern warten?«

Wir ahnen, was diesem einen, der da fragte, durch das Herz zog, weil es ja unser eigenes Herz ist.

Aber es ist sehr merkwürdig: Jesus antwortete ihm auf seine sorgende Frage nicht, sondern setzte der Frage ganz einfach einen Befehl entgegen: Ringet darnach, daß ihr durch die enge Pforte eingehet. Es ist, wie wenn er sagen wollte: Du fragst da nach einem Thema und reibst dich an ihm wund, das dich gar nichts angeht. Wie die Weltgeschichte rechnerisch aufgeht, und wie es mit dem Verteilungsschlüssel für die himmlischen und höllischen Kontingente ist, das geht dich nichts an, das ist im Ratschluß Gottes verborgen. Das Grübeln darüber lenkt dich nur ab von dem Thema, das Gott *dir* aufgegeben hat. Denn du selbst bist das Thema. Ringe *du* darnach.

Es ist eigentümlich zu sehen, auf welche Fragen Jesus keine Antwort zu geben pflegt, auch wenn sie mit noch so heißem Herzen gestellt werden. Es gibt nämlich Fragen, mit deren Hilfe die Menschen sich an dem Eigentlichen, was Jesus von ihnen will, vorbeidrücken, mit deren Hilfe sie gewissen Entscheidungen ausweichen und das ganze Programm Christi auf ein harmloses Gleis abzuschieben versuchen. So, wenn einer z. B. die dumme Frage stellt (Matth. 22, 23 ff.): Wenn eine Frau nacheinander sieben Brüder heiratet, nachdem sie jeweils Witwe geworden ist, welchem von den sieben wird sie dann in der Auferstehung gehören? — Als ob es nicht gescheitere und nötigere Dinge gäbe, um die man sich kümmern sollte, als solche Fragen. Auch Luther hat einmal auf das tiefsinnige Problem, was Gott denn wohl vor der Schöpfung getan und getrieben habe, geantwortet: »Er hat Ruten geschnitten, um neugierige Frager zu züchtigen.« Am deutlichsten kommt das, was wir »die falsche Fragestellung« nennen müssen, zum Ausdruck, als die Jünger von Jesus wissen wollen: Wann wird das Ende der Welt kommen? (Matth. 24, 3). Auch darauf gibt Jesus keine Antwort in dem Sinne, daß er den gewünschten Termin bekanntgeben würde, sondern er antwortet wiederum mit einem *Befehl:* Wachet, denn ihr wißt weder Tag noch Stunde, in welcher des Menschen Sohn kommen wird (Matth. 25, 13). Damit will er doch offenbar sagen: Das Grübeln über den Stand der Weltenuhr beschäftigt sich mit einem Thema, das euch nichts angeht. Gott allein weiß, wann die Mitternacht der Welt gekommen ist und das gewaltige Zwölf ertönt. Und darum führt euch das Grübeln über diese Frage vorbei an dem eigentlichen Thema und der eigentlichen Aufgabe, die euch gestellt ist, nämlich an dem Befehl, wach zu sein und jede Stunde im Angesicht des kommenden Herrn zu erleben. Wer weiß, warum die fünf törichten Jungfrauen schließlich eingeschlafen sind? Vielleicht gerade deshalb, weil sie sich die Köpfe heiß und die Nerven müde geredet hatten, wann wohl der Bräutigam komme. Über solchen religiösen Gesprächen und Problemen kann man schließlich gut schlafen, man *muß* sogar darüber einschlafen. Und wer weiß, warum die törichten Jungfrauen versäumten, das Öl in ihre Lampen zu füllen. Vielleicht wiederum deshalb, weil sie über jene Frage diskutierten und darüber das Wesentliche vergaßen. Wie mancher sinnt und grübelt heute über den Untergang des Abendlandes, statt daß er sich das falsch gestellte Thema von Gott aus der Hand schlagen läßt und sich selbst zu einem neuen Menschen machen läßt, von dessen Leibe Ströme des lebendigen Wassers in diese Wüste der Untergänge, in diese Wüste unserer verkommenen Zivilisation fließen, und der so eine aufhaltende und erneuernde Macht in alledem wird.

So möchte ich es in all diese lähmenden Diskussionen hineinrufen, die täglich geführt werden, in all dies gebannte Hinblicken auf das große »X« der nächsten Zukunft: auf den nächsten Weltkrieg, auf die Frage: Was werden wir essen, womit werden wir uns kleiden, wo werden wir wohnen?

Ich möchte in all dies hineinrufen: »Es ist dir gesagt, Mensch, was gut ist und was der Herr von dir fordert, nämlich Gottes Wort halten, Liebe üben und demütig sein vor deinem Gott« (Micha 6, 8). Verstehst du das? Es ist dir *gesagt*, was der Herr von dir fordert. Du grübelst, wann ein neues Brennen und Morden über uns hereinbricht. Du machst dich kaputt damit. Denn an all den falschen Fragen geht man zugrunde und verfällt einer schrecklichen Lähmung. Darum höre: Es ist dir gesagt, was Gott von dir fordert, d. h. praktisch (und ich lege nun einfach jenes Prophetenwort auf deine Lage hin aus): Bringe dein Leben so in Ordnung, daß morgen die große Katastrophe über dich hereinbrechen kann. Übe dir das Halten jenes Wortes ein: daß wir lebend oder sterbend des Herrn sind. Nütze die vielleicht kurze Zeit, um Liebe zu üben, wo du noch lieben kannst, und sei ein quellender, fröhlicher Brunnen in der Wüste der allgemeinen Lähmung, Trostlosigkeit und stumpfen Verbitterung. Und sei demütig vor deinem Gott, indem du annimmst, was er dir schickt, und indem du die eigenen falschen und romantischen Lebenspläne aufopferst in seinen geheimnisvollen väterlichen Willen.

Welche *Erlösung* kann es für unsere Lebensangst, für all dies Zagen und Meckern, alles Unken und Nervössein bedeuten, wenn ich einfach einen solchen Marschbefehl zugestellt bekomme: Es ist dir gesagt, Mensch, was der Herr von dir fordert: nämlich ganz bestimmt nicht, vom Untergang des Abendlandes zu reden oder vom Termin des Jüngsten Tages und des großen

Weltenberstens zu schwätzen, sondern an eine ganz bestimmte Arbeit zu gehen. Du brauchst nur die »Losungen« zu lesen, um dein tägliches Quantum zu erkennen. Du brauchst nur die junge Kriegerwitwe anzusehen, die deinen Beistand braucht, oder den Flüchtling, der mit der Fremde nicht fertig wird und sich nach einem guten Wort oder einer hilfreichen Hand sehnt. Das erste, was Jesus an uns tun muß, ist immer, daß er uns von unseren falschen Fragestellungen und unseren verkehrten Blickrichtungen heilt.

Und so ist es auch mit der engen Pforte. Es ist ja gar nicht unsere Aufgabe, darüber zu grübeln, wer da hineinkommt, sondern es ist unsere Aufgabe, da hineinzugehen. Alle Fragen, die nicht auf eine Tat drängen und die nichts mit dem Befehl Gottes zu tun haben, führen uns sicher in ein wirres Problemgestrüpp, in dem wir stürzen. So ist es auch mit der Frage nach der Prädestination, die in unserem Text aufgerufen ist: Sind es nur wenige, die zum Heil bestimmt sind? Jesus geht über diese Frage hinweg, weil sie ein falsches Thema anspricht, ein Thema nämlich, das Gott vorbehalten ist. Und darum erwidert er »Agonizesthe«, d. h. wörtlich übersetzt: »Ringet mit tödlichem Ernst darum, daß ihr hineinkommt«. Mit tödlichem Ernst, das bedeutet: Setze dein Leben ein, setze vor allem das ein, woran dein Leben am meisten hängt: deine Lieblingssünde, deine stärksten Triebe, das, was du am wenigsten lassen willst — und du weißt ja ganz genau, was das in deinem Leben ist —, selbst wenn es Gut, Ehr, Kind und Weib wären. Gott kann man nur im *Einsatz* erkennen. Und wer sich von seinem Reiche anwerben und mobilisieren läßt, kann keinen Möbelwagen mitbringen, sondern muß alles dahinten lassen und kann es nur haben, als hätte er es nicht. Das alles meint Jesus, wenn er sagt: Ringet mit tödlichem Ernst darum, einzugehen.

Und wenn er nun weiter sagt: Viele werden darnach trachten, wie sie hineinkommen, und werden's nicht tun können, dann gebraucht er für dieses »Trachten« ein anderes Wort, das im

Urtext soviel bedeutet wie dies: Es handelt sich hier um die Leute der bloßen Sehnsucht, des bloßen Heimwehs, um die sogenannten religiösen Menschen, die auch gern so etwas hätten wie Frieden: »Süßer Friede, komm, ach komm in meine Brust.« Aber mit der bloßen Sehnsucht im Herzen und mit einem bißchen Heimweh nach dem Vaterhaus lassen sich keine Schlachten schlagen, damit kann man den Bann der Fremde nicht brechen und kann man das Kreuz, kann man »groß' Pein und Marter viel« nicht ertragen. Vielleicht wird auch so ein Sehnsüchtiger, wenn dann die Sirenen der Endzeit zu heulen begonnen haben, vor der engen Pforte der ewigen Welt stehen und Einlaß begehren mit den Worten: Hat uns die Sehnsucht nicht in die Kirche getrieben? Haben wir nicht beim Essen und Trinken dich zu Gast gebeten?

Und er wird sagen: Ich kenne euch nicht.

So, und nur so können wir unter den Augen Jesu an diese dunkle Frage der Prädestination heran, daß wir uns zurufen lassen: Ringet mit tödlichem Ernst, hütet euch vor der frommen Sehnsucht und vor dem religiösen Geschwätz. Wer in die Geheimnisse Gottes starren will und sie beschwatzt, der gleicht gerade *nicht* einem Menschen, der nach Leibeskräften den Einstieg in die Geborgenheit, in die Pforte zum Vaterhaus sucht, sondern er gleicht eher einer Brummfliege oder einem Schmetterling, die gegen die erleuchteten Fenster des Hauses stoßen und nicht begreifen, welche gläserne Wand sie von dem Lichte zurückhält, zu dem sie ihre dunklen Instinkte und ihre kreatürliche Sehnsucht treiben.

Darum ist das Wort: »Ringet mit tödlichem Ernst!« nicht nur ein Wort von eherner Wucht, sondern auch ein *befreiendes* Wort. Man weiß nun, worauf es ankommt. Man hat nun sein Thema und sein Ziel. Nicht, als ob wir nun unsere Augen verschließen und die Gedankenmaschine unseres Kopfes abstellen müßten, wenn wir über die Königstraße gehen und die vielen Menschen mit den leeren Gesichtern und den erstarrten und heillosen

Augen sehen. Nicht, als ob die bange Frage: »Was wird aus all diesen?« verboten wäre. Jesus will doch nicht, daß wir verkrampft werden vor lauter unterdrückten Fragen, die wir nicht stellen dürfen; er will doch nicht, daß wir eine Genickstarre kriegen, weil wir uns dauernd von den Problemen wegwenden sollen, die uns das Herz umkrallen. Nein! All diese Fragen bleiben. Aber sie sind geheimnisvoll verwandelt. Sie werden unter seinen Augen zu Aufgaben, zu Befehlen, sie werden auf einmal schöpferisch und positiv.

Wir brauchen ja nur daran zu denken, was Jesus selbst mit diesen Fragen angefangen hat. Ist nicht auch er im Garten Gethsemane auf einmal von der Angst der Zukunft geschüttelt und vom Schatten seines Kreuzes wie von einem Gespenst überfallen worden? Und hat er sich nun in einer solchen Stunde von der Frage auffressen lassen, wie er damit fertig werden solle und ob es nicht doch noch einen *andern* Ausweg gebe? Nichts von alledem. Sondern er hat um die *Aufgabe* gekämpft, die der Wille seines Vaters ihm stellte, und dann ist er auf diesen Befehl hin aufgebrochen und mitten in seine Aufgabe hineingeschritten. Und der Augenblick des Gehorsams war dann auch die Stunde des Trostes, und der Engel war zur Stelle, der ihn geleitete.

In unserm Grübeln und ängstlichen Starren wohnen keine Engel. Aber noch keiner ist gehorsam aufgebrochen und »an sein Verhängnis gegangen«, dem Gott nicht sein tröstliches Geleit gegeben hätte. Die Straßen Gottes, auf denen wir wie die Ritter trotz Tod und Teufel gehorsam reiten, bedroht von den Angstgespenstern in der eigenen Brust und von Fährnissen über Fährnissen am Wegesrand, sind von geheimnisvollen Spalieren flankiert.

Und weiter: Hat Jesus nicht auch die heillosen Massen der breiten Straßen betrachtet? Hat die Frage, was aus ihnen werden möchte, nicht auch an seinem Herzen genagt? Hat er nicht vom Elend der Herde gesprochen, die keinen Hirten habe und sich darum im Gestrüpp verfange und den Wölfen zum Opfer falle?

Und ist das im Grunde nicht genau dieselbe würgende Frage, die hier gestellt wird, ob nicht nur wenige selig werden? Wenn diese Frage aber schon schwer und bedrängend für dich und für mich ist, was mußte sie *ihm* erst bedeuten, der doch im Begriff stand, sein Leben und sein Blut für diese alle zu geben? (1. Joh. 2, 2.) Und diese alle sollten, nichts wissend von diesem schwersten Opfer, das für sie gebracht wurde, jämmerlich an ihren Schweinetrögen verkommen, während im Vaterhause die festlich erleuchteten Säle warteten und der größte Preis für eine selige Heimkehr gezahlt war?
Aber dieser Blick Jesu auf den glänzenden Elendszug der breiten Straße bleibt nicht in der Wehmut stecken. Nun stellt er sich vielmehr selbst auf diese Straße, nun ruft er sein erschütterndes Halt, nun legt er Leidenden die Hand auf und zeigt dadurch auch den andern, die das mitansehen, daß sie heimliche oder offene Krankheitsherde haben, daß sie nicht in Ordnung sind. Er vergibt Sünden und zieht dadurch unser aller Zerbruch mit Gott ans Licht, und er läßt sich schließlich von der Masse überrollen und zerstampfen, weil ihn die Welt mitsamt ihren breiten Straßen nicht begreift, obwohl sie sein Eigentum ist.
Er kann das Elend der allzu Vielen nicht betrachten, ohne sofort Gegenmaßnahmen einzuleiten und zu helfen. Er sendet seine Jünger hinaus wie Schafe mitten unter die Wölfe. Das wird ein großes Hineinopfern in eine schier aussichtslose Missionsaufgabe geben! Denn wie ungeheuerlich ist das doch, wenn wir einmal darüber ins Grübeln kommen: Schäflein zu zwei und zwei in lauter Wolfsrudel zu schicken! Aber ist da irgendein Gedanke, irgendeine Statistik, irgendeine Berechnung im Neuen Testament, die die Aussichtslosigkeit dieses Unternehmens konstatierte und die etwa fragen würde: Werden die Wolfsrudel denn im geringsten beeinflußt werden durch das Opfer und den Dienst der Wehrlosen, werden sie nicht zur Tagesordnung ihres Heulens und ihrer tierischen Spiele zurückkehren, als ob nichts geschehen sei? Wird denn die Welt überhaupt Notiz

nehmen vom Opfer der Diener am Wort und vom Blut der Märtyrer? Wird denn die Welt im geringsten dadurch anders werden? Ja, *ist* es denn dadurch anders geworden? Und wenn durch die enge Pforte doch nur wenige gehen, lieber, armer, seltsamer Meister, wozu dann der Aufwand, wozu all das Blut und all die Tränen, wozu auch dein Kreuz?

Aber merkwürdig, wir hören kein Wort von alledem, sondern sie gehen und gehorchen und sind im Gehen und Gehorchen getröstet und machen in eben diesem Gehen und Gehorchen die wunderbarsten Erfahrungen: von den Kräften der Finsternis, die ihren königlichen Worten weichen müssen (Luk. 10, 17), von der Freude des Dienstes und von dem einen Verlorenen, den sie wiedergefunden haben und der die ganze Mühsal lohnte und über den die Engel jubilieren.

Nicht wahr, wie anders sieht alles aus, je nachdem man sich zu den Worten Jesu stellt, ob man z. B. mit kritischen Gedanken abzuschätzen versucht, was bei Jesu Rettungswerk denn schon herauskommen könne, ob es denn nicht aussichtslos sei? Ob denn diese Botschaft noch Lebensgewalt genug in sich trage, um das Zeitalter der Masse herumzureißen, und ob man darum dieser lebensgefährlichen Expedition in die Zonen der Wölfe nicht besser aus dem Wege ginge? Oder aber, ob man statt dessen auf sein Wort hin geht und tapfer tut, was er befohlen hat, und noch heute damit beginnt, Liebe zu üben, seinen Kollegen das Wort nicht schuldig zu bleiben und eine Oase in dieser Wüste der Welt zu sein?!

Wie anders wird das alles! Welche Tröstungen und Überraschungen und Wunder warten auf den, der gehorsam agiert, statt daß er bänglich taxiert, und der sich dem anvertraut, der in den dunklen Tälern unser Stecken und Stab sein will und bei uns bleibt alle Tage bis an der Welt Ende.

So wird in der Nachfolge Jesu alles anders. Sorgen werden in Gebete verwandelt und damit in etwas, das nicht mehr herunterzieht, sondern in den Frieden Gottes hebt und damit frei und positiv macht. Aus lähmenden Gedanken wird ein tätiger Gehorsam, der unserem Leben Inhalt und Sinn gibt. An den rauhen Wegen und schmalen Stegen warten die Engel. In den finsteren Tälern klingt die Stimme des guten Hirten, und in der Wüste quellen die Brunnen der Ewigkeit und sind die Tröstungen Gottes. Statt »feiger Gedanken bänglichem Schwanken« strömt die Freude hernieder, die allem Dienst verheißen ist, der in Jesu Namen geübt wird.

Warum liegt in diesem Befehl »Ringet darnach« eine solche Befreiung von allen bänglichen Gedanken? Will Jesus uns damit nicht auf eine Fahrt ins Blaue schicken und uns nur zurufen: »Wer immer strebend sich bemüht, den können wir erlösen«? Das wäre ja eine sehr vage und unsichere Sache, und das Neue Testament gibt uns deutlich zu verstehen, daß es auf den Kampf und das Aktivwerden an sich gar nicht ankommt, sondern darauf, daß man *recht* kämpft, daß man den Grund und das Ziel und die Motive des Kampfes respektiert. »So jemand auch kämpft, wird er doch nicht gekrönt, er kämpfe denn recht.« Der Kampf »an sich« könnte zu Landsknechtstum, und das immerstrebende Bemühen zu einer Fahrt ins Blaue und einem Abenteuer werden, das von der romantischen Idee entzündet würde, daß Gott an solchen Gladiatoren des Lebens Freude habe und solche Stürmer und Dränger — egal, warum sie gestürmt und wonach sie gedrängt haben — schließlich annehme. Nein, der Trost, das ganz Neue und Positive liegt *deshalb* in Jesus beschlossen, weil er uns zu verstehen gibt: Ihr kämpft ja gar nicht um des Kampfes willen, sondern um deswillen, daß es jene schmale Pforte und jenen engen Weg gibt und daß euch dies beides nun wirklich offensteht und angeboten ist; so gewiß ich, Jesus von Nazareth, unter euch stehe und euch diese Predigt halte, so gewiß ich selbst diese Pforte und dieser Weg bin. Verstehst du: Was dir hier in einem Imperativ »Ringe« geboten wird, ist dir zugleich *angeboten*, das ist dir geschenkt und ist erfüllt in dem, der hier mit dir redet.

Vielleicht bist du einer von denen, die Jesu Worte wie eine ferne Glocke schwingen hören, die ergriffen dabei innehalten und doch nicht wissen, wo sie hängt, ja nicht einmal wissen, ob *ihnen* ihr Läuten gilt. Wie mancher sagt einem offen oder durch die Blume das resignierte Wort Fausts »Die Worte hör' ich wohl, allein mir fehlt der Glaube«. Das heißt doch wohl: Ich möchte gern in jener Welt leben, in der meine Mutter früher mit mir betete. Aber die Worte von einst liegen mir wie ausgebrannte Schlacken in der Hand und haben kein Leben mehr. Sie gelten offenbar mir nicht. Und also bin ich von jenen Glücklichen ausgeschlossen, die jene geheimnisvolle Pforte finden und jenes Geläute auf sich beziehen dürfen. Wie gerne möchte ich in jenem Frieden leben, der so lebendig aus einem Kameraden sprach, der mit mir im Graben lag, der mit mir die Hungerkatastrophe der Gefangenschaft durchlitt, mit mir den Schrecken der Bombennächte erlebte und um den herum es wie eine Atmosphäre des Trostes und der Geborgenheit lag. Wie gerne möchte auch ich in diesem Frieden leben. Aber ich habe keinen Zugang dazu. Und wenn es im Gottesdienst heißt: »Friede sei mit dir«, dann ahne ich wohl, was damit gemeint sein könnte, aber ich wage nicht, darnach zu greifen, weil der Friede nicht nach mir greift. Vielleicht gehöre ich zu den vielen, die keinen Einlaß mehr finden und über die es anders verhängt ist.
Und nun höre die Botschaft dieses Textes: Indem Jesus Christus dir sagt und indem du es hörst, jetzt, in dieser Stunde, hier hörst: »Ringe darnach, daß du durch die enge Pforte eingehst«, ist sie dir aufgetan und du bist nur noch gefragt, ob du bis zu deinem Tode darum zu kämpfen bereit bist, d. h. ob du es ernst nimmst, ob es dir um mehr geht als um die bloße Sehnsucht oder um die faustische Verliebtheit in das bißchen Wahrheit-Suchen. Sie ist dir aufgetan, indem du das Wort Jesu hörst. Oder hältst du ihn für einen Spiegelfechter, der dich narrt und nur so tut? Hältst du ihn für einen Zyniker, der das Katze- und Mausspiel mit dir treibt, der dich lockt, nur um die Tür vor dir zuzu-

schlagen? Du würdest den Sohn Gottes für den Teufel halten, wenn du das annehmen wolltest und wenn du nicht auf ihn zueilen und ihm seine Verheißungen vor die Füße werfen wolltest und wenn du nicht sagen wolltest: Du hast es gesagt, du hast es gesagt, hier bin ich, hier hast du mich!

Unser Text schließt mit dem düsteren Bilde von der einbrechenden Nacht, da niemand mehr wirken kann, von der Stunde, da die Tür verschlossen wird und die große Mitternacht der Welt gekommen ist. Jesus kann nicht nur sagen, wie in der Hochzeit zu Kana: Meine Stunde ist noch nicht gekommen, sondern auch das andere: Meine Stunde ist nicht mehr, sie ist abgelaufen. Aber da unsere Zeit »allewege« ist, denken wir nicht daran.

Dann wird das große Verstummen über die Welt kommen. Die Prediger, wenn es sie noch gibt, werden sich wie stumme Schatten auf den Kanzeln bewegen, aber das Wort, das Wort wird nicht mehr erklingen, weil die Vollmacht geschwunden, weil der Geist entwichen ist und die angenehme Zeit nicht mehr läuft. Und die Hände der Prediger werden gen Himmel deuten, aber wo der Himmel war, steht nur die Gewitterwolke, auf der Einer kommt. Die Welt wird dann sagen: Die Stunde des Christentums ist vorüber, und neue Götter beginnen, den Thronsessel des Himmels zu bevölkern. Aber es ist genau umgekehrt. Die Stunde der *Welt* ist vorüber, und die Zeit ihrer Heimsuchung ist abgelaufen.

Noch ein letztes Mal mögen wir im Angesicht dieser furchtbaren Möglichkeit fragen: *Ist* nicht diese Stunde schon verstrichen? Ist der Platzregen des Evangeliums nicht schon längst über Deutschland hinweggegangen, und ist die segnende Wolke nicht schon hinter dem Horizont verschwunden? Hören wir nicht das schmerzvolle Wort Jesu über unserem Vaterland oder vielleicht über der ganzen Welt, die von den Wehen der Endzeit geschüttelt ist: Ach, daß du doch erkannt *hättest* zu dieser deiner Zeit, was zu deinem Frieden dient, aber nun ist es vor deinen

Augen verborgen?! Sind die Fliegerangriffe, die Schrecken des Zusammenbruchs, der Donner der Schlachten, das Elend der Verschleppten nicht über uns hinweggegangen, und alles ist beim alten geblieben? Ist also die Stunde nicht vorüber? Heult nicht schon die letzte Sirene? Stürzt die Mitternacht nicht über uns herein — jene letzte Stunde, von der der französische Dichter Georges Bernanos in seinem berühmten Roman »Tagebuch eines Landpfarrers« sagt: »Warte nur, warte auf die erste Viertelstunde Schweigen! Dann werden die Menschen das Wort hören, nicht das Wort, gegen das sie sich gesträubt haben, das Wort, das ruhig sprach: Ich bin der Weg, die Wahrheit und das Leben, sondern jenes Wort, das aus dem Abgrund heraufsteigt: Ich bin die auf ewig verschlossene Pforte, die Straße ohne Ausweg, die Lüge und die Verdammnis«?

Aber noch heißt es wider alles Erwarten eben nicht: Ach, daß du doch erkannt *hättest*, noch heißt es: Ach, daß du doch *erkenntest*. Noch läuft ja die Stunde, wo das Wort verkündigt wird und wo die Botschaft Jesu ertönt: Ringet darnach! Noch geht er segnend durch das Land, noch ist er die offene Pforte. Aber wir gehen hinein, während die Hand Gottes schon auf dem Türgriff ruht und die letzten Posaunen schon emporgehoben werden. Zwölf, das ist das Ziel der Zeit, Mensch, bedenk die Ewigkeit.

So soll uns auch dieser Anblick der hereinbrechenden Nacht nicht zur Melancholie verführen, zu einem »es hat ja keinen Zweck mehr«. Wer so spricht, hat das Geheimnis der Endzeit nicht verstanden. Sondern die Nähe der Mitternacht reißt uns zum letzten Befehlsempfang empor. Sie schickt uns noch einmal auf die Straße, sie läßt uns noch einmal zu dem Entweichenden und Wiederkommenden schreien: Herr, bleibe bei uns, denn es will Abend werden!

Wir leben im Namen des letzten Appells. Heute nacht wird Gott deine Seele fordern. Wer bist du? Wo stehst du? Heute nacht, heute nacht!

DAS FUNDAMENT DES LEBENS

Darum, wer diese meine Rede hört und tut sie, den vergleiche ich einem klugen Mann, der sein Haus auf einen Felsen baute.
Da nun ein Platzregen fiel und ein Gewässer kam und wehten die Winde und stießen an das Haus, fiel es doch nicht; denn es war auf einen Felsen gegründet.
Und wer diese meine Rede hört und tut sie nicht, der ist einem törichten Manne gleich, der sein Haus auf den Sand baute.
Da nun ein Platzregen fiel und kam ein Gewässer und wehten die Winde und stießen an das Haus, da fiel es und tat einen großen Fall.

MATTHÄUS 7, 24—27

Jeder von uns möchte ein kluger Mann sein und jeder von uns möchte sich auch das Haus seines Lebens anständig bauen.

Wenn Jesus von diesen beiden Wünschen spricht, die uns alle beseelen, dann wendet er sich an die Adresse jedes Menschen. Bisher hat er vornehmlich zu den Jüngern gesprochen. Aber wenn er nun von der Klugheit und dem eigenen Haus spricht, dann müssen auch die Leute in der hintersten Reihe plötzlich die Ohren spitzen. Man kann sein Leben, sein Geschäft, seine beruflichen Aufgaben nämlich klug und vernünftig anfassen; und man kann das alles auch dumm, ungeschickt, tolpatschig anfangen. Kolossal dumm ist es zum Beispiel, wenn jemand beim Bau seines Hauses Tausende von Mark in Fassade und Innenausstattung steckt und darüber die allersimpelste Vorbedingung vergißt: nämlich aufzupassen, ob der Baugrund auch ordentlich ist. Sonst kracht ihm auch die schönste Villa eines Tages über dem Kopf zusammen. Ein Narr, wer sich aus Dummheit unter seinem eigenen Haus begraben läßt! Ein Narr, wer sein Geld aus dem Fenster wirft für Sachen, die gar nicht funktionieren *können*, und wer andererseits da spart, wo er großzügig, freigebig und besonders aufmerksam sein müßte, weil es da um den »nervus rerum« schlechthin geht: nämlich bei den Fundamenten.

»Es ist eigentlich ganz vernünftig, was der Mann da vorne sagt«, denken die beiden. Er scheint tatsächlich »im Leben« zu stehen und nicht nur auf den Wolken zu schweben. Er versteht offenbar auch etwas von Architektur, von der praktischen Architektur unseres Lebens. Offenbar meint er, daß der liebe Gott, von dem er da immer spricht, nicht nur etwas mit dem Frommsein und dem »Drüben« zu tun habe, sondern auch mit der Frage, ob man sich im Leben »klug« anstellt, d. h. ob man mit diesem Leben fertig wird, oder — ob man sich wie ein Narr benimmt und an ihm scheitert und das Wichtigste versäumt.

Was meint dieser Mann da vorne denn mit dem »Haus«? Nun, er meint offenbar das Haus unseres Lebens. Wir bauen ja alle an diesem Haus, und andere helfen uns dabei. Die Liebe unserer

Mutter hat die ersten Steine zum Baugerüst getragen, als sie uns ins Leben geleitete und darum bemüht war, daß wir frisch und gesund blieben. Die ersten Laute unserer Sprache haben wir von ihr gelernt, und sie hat uns zuerst die Hände gefaltet. Durch unsere Mutter kommt es, daß von Anfang an Liebe in das Haus unseres Lebens gemauert worden ist. Ohne diese Liebe wären seine Wände ganz gewiß nicht emporgewachsen.

Und dann mußten wir selber weiterbauen. Wir kamen in die Schule, wir übernahmen die ersten Verantwortungen, und uns wurde gesagt: Du mußt fleißig sein, du mußt dies und das tun, sonst wird nichts aus dir! — So begannen wir, selber die Steine zum Haus unseres Lebens herbeizuschleppen: zuerst kleine und einzelne mit unseren schwachen Kinderhänden (ein paar schlechte und rechte Schiefertafelzeilen mit dem Abc), und schließlich ganze Ladungen, unter die wir die stärker gewordenen Schultern des Mannes stemmten. Wir sahen vielleicht mit Freude und Stolz, wie dies und das gelang: wie unser Chef mit uns zufrieden war, wie wir als Handwerker ein schönes Gesellenstück zuwege brachten, wie wir als Kaufmann unseren Platz ausfüllten oder als Mutter des Hauses Liebe säten und Liebe ernteten. Wie viele Menschen: Eltern, Freunde, Kameraden, sind alle daran beteiligt, daß dieses Haus unseres Lebens zu dem geworden ist, was es ist.

Es gibt auch Narben und Lücken im Mauerwerk. Es kam zu Rückschlägen, zu schweren Zeiten, in denen es nicht weiterging; es kam auch zu Fehlkonstruktionen und falschen Berechnungen. Aber immerhin, unser Leben ist ein Haus — vielleicht eine Villa mit respektablen Türen und Park und einer weithin ausstrahlenden Lebensatmosphäre, vielleicht eine kleine und kümmerliche Hütte; aber wie dem auch sei: Wir wohnen darin und wir bemühen uns, dieses Haus wetterfest zu halten und darin geborgen zu sein.

Das geht auch eine Zeitlang. Aber in jedem Leben kommen einmal Stürme, in denen plötzlich die Frage akut wird, wie es denn mit den Fundamenten und der Unterkellerung stehe. Und dann sieht man plötzlich sein Haus unter ganz anderen Gesichtspunkten an. In friedlichen Zeiten freut man sich ganz einfach an der Behaglichkeit des Wohnzimmers, an der schönen Aussicht, an all dem, was in unserem Leben eigentlich wohl geraten ist: daß man sein Auskommen hat, seine Arbeit mit Freude tut und mit Kollegen und Nachbarn gut steht. Aber dann gibt es auf einmal Krieg, die Sirenen heulen, die »Christbäume« erscheinen am Himmel und Feuer und Schwefel regnen herab. Da wird die Frage nach Keller und Fundamenten gestellt. Da ist es auf einmal gar nicht mehr wichtig, ob das Haus unseres Lebens blitzsauber und behaglich ist und mit freundlichen Blicken betrachtet wird — das alles könnte in einer Sekunde hinweggewirbelt sein. Sondern da kommt alles darauf an, ob es in der Tiefe fest ist und ob man da Schutz finden kann. Vielleicht steht nun auf einmal das schäbige Monstrum von Haus in der Nachbarschaft viel besser da, weil es diese Zuverlässigkeit der Tiefe und der Fundamente besitzt; vielleicht ist ein Mensch, der als herb und verschlossen galt, der gar nicht viel aus sich machte, der von seinen Nachbarn kaum beachtet war und um dessen Freundschaft man sich wirklich nicht riß, vielleicht ist dieser Mensch mit unansehnlicher Fassade nun auf einmal ein Mann, der in der Katastrophenstunde geheimnisvoll fest steht, von dem eine bewahrende und bergende Kraft auf seine Umgebung ausgeht, so daß viele bei ihm Halt finden — sogar der Mann aus der Nachbarschaft mit dem reizenden Eigenheim, das längst vom Bombensturm hinweggefegt ist, und der nun so hilflos über dem Abgrund des Nichts hängt.

Nicht wahr, ähnliches haben wir alle erlebt, denn unsere Generation kommt ja aus großen Stürmen und schreitet schon wieder auf Horizonte zu, über denen ein schwerer und nachtschwarzer Himmel droht. Auch vielen von uns sind Häuser eingestürzt — und wahrhaftig nicht nur die Häuser von Steinen, sondern die Häuser unseres Lebens.

Da ist der Vertriebene aus dem Osten. Er hat Haus und Besitz verlassen müssen. Wißt ihr, was das heißt: die alte Kommode, die von der Urgroßmutter stammt, das vertraute Knarren der Treppe, das Plätschern des Regens in der großen Tonne, der gepflegte Weißzeugschrank, den fleißige Hände in Jahrzehnten gefüllt hatten und in dem es immer ein wenig nach Lavendel duftete — und alle jene vielen kleinen Sagbarkeiten und Unsagbarkeiten, die den Duft und die Atmosphäre der Heimat ausmachen?

Das alles ist einfach weg. Und vielleicht ist dem Vertriebenen mit dem Zusammenbruch aller dieser Dinge auch das Haus seines Lebens selbst zusammengebrochen. Was gibt es denn noch, was das Leben, außer und abgesehen von diesem allem, lebenswert machte? Gibt es denn noch einen Grund, der nicht mitgestürzt ist? Gibt es noch einen Ort, wo man sinnvoll weiter existieren kann, an dem man überhaupt noch etwas »ist« und »darstellt« — ganz unabhängig von Hab und Gut, von Weib und Kind, die zerbrochen, verschollen oder tot sind —, einen Ort, an dem man trotz alledem geborgen ist und fröhlich sein kann?

So kehrt sie auf einmal wieder: die Frage nach den Fundamenten unseres Lebenshauses, auf die Jesus hier den Finger legt. Niemals hatte der Vertriebene früher, als er morgens aus dem eigenen Bett sprang und in den Himmel sah und als er abends die Lampe in der traulichen Stube löschte, niemals hatte er daran gedacht, daß er einmal fragen würde, daß er einmal so fragen müßte, und daß es dann auf ganz andere Dinge im Leben ankommen könnte als auf die, mit denen er täglich und stündlich zu tun hatte.

Da ist der General Harras aus Zuckmayers Drama »Des Teufels General«. Das ist ein Mordskerl von strahlender Vitalität, dem alle Herzen zufliegen. Es ist schön und lustig, in einer solchen Atmosphäre der Sympathie und Begeisterung »zu Hause« zu sein. Man ist geborgen (und eben »daheim«) in den Herzen vieler Menschen, die einen lieben, ja, die für einen schwärmen und durchs Feuer gehen. Das ist ein »Haus in der Sonne«. Und vor allem hat den General Harras die Leidenschaft des Fliegens gefressen. Wer selbst schon über den Wolken gewesen ist, der weiß, welcher Rausch das sein kann: daß es ein Schönheitsrausch und ein Herrenrausch und ein Lebensrausch ist. Und man versteht, daß der General Harras alles daransetzte, um ein Flieger und ein General der Luftwaffe zu werden, egal, für wen er fliegt und für wen er kämpft, und wenn es für den Teufel wäre. Sein Haus, das ist die Luft, das ist die Weite und die knisternde, die jubelnde Vitalität.

Und dann auf einmal kommen auch in sein Leben die Stürme. Er sieht, was mit den Juden passiert; er sieht Unrecht und Brutalität und alle die dunklen Schatten, die ich nicht zu beschwören brauche, weil wir alle unter ihnen gelebt haben. Und General Harras ist ihnen ohnmächtig ausgeliefert, weil er sich dem Herrn dieser Schatten verschrieben hat, weil er seine Flugzeuge von ihm hat und seine Uniformen und die Weite der Luft und die guten Kameraden, in deren Herzen er wohnt. Da kommt auf einmal die schwerste Frage auf ihn zu: Ist wirklich deine Leistung, ist die Lebenserfüllung, die du in deinem Berufe findest, ist die gute Kameradschaft deiner Mitarbeiter, ist das alles wirklich ein »Haus«, in dem du wohnen kannst und das die Orkane des Lebens übersteht? Hast du, General Harras, nicht die Frage vergessen, auf welchen Grund du bautest, daß du dich — mitsamt deinem strahlenden Leben — auf dem Morast ansiedeln könntest? Durftest du wirklich die Frage übersehen und überhören, für wen du arbeiten, in welchem Namen du leben und sterben willst? Ist dir noch nie die Frage gekommen — der junge Ritterkreuzträger, der ihm schwärmerisch ergeben ist, deutet das in den letzten dunkelsten Stunden zaghaft an —, ob du die Rechnung deines Lebens ohne den Wirt gemacht und ob du den entscheidenden Faktor — Gott — übersehen hast, so

daß du im Dienste des Teufels enden mußtest? »Glauben Sie an Gott, Herr General?«
Da verschlingen ihn die Schatten. Das Flugzeug, mit dem er sich einst strahlend erhob, wirft ihn ab; die Luft, in deren berauschende Weite er sich stürzte, läßt ihn fallen; die Freunde treten als Schemen zurück; nicht nur der Apparat, der als rauchendes Wrack am Boden liegt, nein, auch er selbst, sein Leben, seine glanzvolle Karriere, die große Uniform und die Orden sind ein Wrack; das alles ist hohl und ohne Bestand gewesen.

Nicht wahr, das ist ja dieselbe Katastrophe, die über Unzählige von uns hereingebrochen ist: über Leute, die das Beste zu leisten versuchten, die auf militärischem, auf sozialem Gebiet oder als Pädagogen, vielleicht sogar als Politiker eine ordentliche Arbeit tun wollten, die auch Erfolge hatten, Erfüllungen erlebten, die meinten, sie hätten ein solides Haus errichtet, in dem sie wohnen könnten, und die nur den einen Fehler begingen, nicht zu fragen, in wessen Namen sie das taten, vor welchen Wagen sie dabei gespannt waren. Vielleicht war es auch eine Mutter — oder sie ist es noch —, die ihre Kinder mit Liebe und vielen Opfern erzog, die selber hungerte, um sie zu ernähren, die selber schäbig herumlief, um die Kinder schmuck anzuziehen, und die das alles doch tat oder tut, indem sie ihnen die letzten Fundamente vorenthielt oder sie auf Irrlichter abrichtete, die ihnen mit der Linken die Güter dieser Zeit zuschiebt (Essen und Trinken, Kleider und Schuh) und ihnen mit der Rechten die Ewigkeit nimmt.
Es kommt eben im Leben letzten Endes nicht darauf an, ob einer ein Mann (oder eine Frau) mit dem berühmten »hellen Köpfchen« ist, sondern darauf, welches Licht diese Helle macht: ob er im Lichte der Ewigkeit oder in dem bengalischen Feuerwerk Satans steht. Es kommt auch nicht darauf an, ob er ein starker Kerl ist mit der genügenden Portion Energie und Tatendrang, ob er mit beiden Füßen in der Wirklichkeit steht; sondern es kommt alles darauf an, auf welchem Boden er mit diesen Füßen

steht. Gibt der Boden nach, so nützen ihm die strammsten Beine nichts; dann verheddert er sich, je stärker er ist, nur um so rascher in Schlingpflanzen und Morast.

Damit haben wir den Punkt in unserem Leben ins Visier bekommen, auf den Jesus hinweist: nämlich den Punkt, an dem es um das *Fundament* unseres Lebens geht.
Er sagt uns, daß dieses Fundament im Worte Gottes besteht, das man hört und tut.
Was heißt das?
Daß das Wort Gottes ein Fundament ist, das gleichsam unterhalb der Zone liegt, wo die Stürme rasen, und das uns hier den Ort der Bergung gewährt, sieht man schon daran, daß es an keiner Station unseres Lebens entlassen werden muß, weil es da nichts zu suchen hätte. Man kann vor Goethes Faust oder den Dramen Shakespeares den tiefsten Respekt haben, und es mag von da ein belebender und grandioser Sturm in unser Leben gebrochen sein. Aber ob man dies alles in einem Saale krebskranker Frauen vorlesen oder spielen dürfte? Oder ob diese Werke in das seelische Klima eines Flüchtlingstrecks passen oder in die offenen Massengräber nach den großen Fliegerangriffen? Offenbar sind das Worte, die für die Türme und Zinnen unseres Lebenshauses bestimmt sind, aber sie können keine Fundamente bilden, die uns in den Orkanen der Sinnlosigkeit, des Massensterbens, des Hungers und der rasenden Lebens- und Zukunftsangst tragen und bewahren können.
Und nun ist es sehr merkwürdig: Das Wort des Herrn — Jesus Christus selbst »ist« ja dieses Wort —, das klingt über den Wiegen und an den Särgen, das ist in der hochzeitlichen Freude da und in der Nacht des Leides, das ruft »es werde« am frühen Schöpfungsmorgen und wird zugleich das letzte sein, das nicht vergeht, wenn Himmel und Erde vergangen und in das große Weltgrab gestürzt sein werden.
So ist es doch wirklich: Es ist mit seinem Segen eher da, als wir

es begreifen, wenn es so über den Wiegen gesprochen wird, wenn es in der Taufe und im Gebet der Mutter um uns ist. Und wenn wir geistig erwachen, finden wir uns schon in ihm vor. Wenn wir uns dann zum letzten Stündlein rüsten, wenn wir den Druck der geliebten Hand nicht mehr spüren, die nicht von uns lassen will, wenn unsere Tränen zerstieben, wenn geliebte Menschen am anderen Ufer zurückbleiben, wenn der Vogelsang uns verstummt und die Sonne erlischt, dann läßt dieses Wort nicht von uns und es erfüllt nun die Bitte aus den Tagen unseres Lebens: »Wann ich einmal soll scheiden, so scheide nicht von mir!« Er scheidet nicht, sondern kommt uns auf der anderen Seite entgegen. Und wer als Seelsorger mit Sterbenden umgeht, der wird es immer wieder erfahren, daß diese Worte noch durch Schichten dringen und in Tiefen fallen, die von keinem menschlichen Worte mehr erreicht werden; sie sind die letzten Begleiter über die unbekannte Grenze und stehen als erste auf der anderen Seite, wo sie immer noch gelten und in Kraft sind.

Und weiter: Dieses Wort ist in den frohen Stunden unseres Lebens. Es segnet das karge und das reiche Mahl und es weint auch mit den Weinenden; es gibt Leben im Tode, Reichtum in der Armut, Hoffnung in der Ausweglosigkeit. Wie könnte es denn auch anders sein, wo doch alle unsere Wege, die über die tausend Stationen des Leides und der Freude, der Hoffnung und der Mutlosigkeit führen, alle miteinander am Throne Gottes enden müssen, an jenem Throne, von dem aus dieses Wort erklang und an dem es nun seine letzten Triumphe und Erfüllungen erfährt? Wie könnte es anders sein, wo an allen diesen Stationen jener *Eine* auf uns wartet, der mit der Witwe von Nain trauert und ihren Kummer durch das eigene Herz beben läßt, der auf der Hochzeit zu Kana die Heiterkeit der Feiernden teilt und der den Tod der Sterbenden stirbt?

In alledem ist uns vor die Augen gemalt, warum das Wort Gottes das Fundament des Lebens ist: ganz einfach, weil es das Bleibende ist, weil es treu ist, und weil es darum keinen Augenblick geben kann, in dem es nicht gelten würde. Versteht ihr? Keinen einzigen Augenblick: weder die Stunde, in der ich schuldig geworden bin — da richtet es mich und schenkt mir Vergebung, noch die Stunde, in der die Sinnlosigkeit wilder Katastrophen über mir zusammenschlägt — da weiß es von den höheren Gedanken, die über unserem Leben gedacht werden, und tröstet unseren Glauben mit der Verheißung dessen, was einmal von uns geschaut werden darf.

Himmel und Erde werden vergehen, und also wird auch alles vergehen, womit uns Himmel und Erde getröstet und erbaut, womit sie uns gequält und verwirrt und hingehalten haben. Also wird in diesem Aeon auch Fausts leuchtende Erdenspur untergegangen sein, und Shakespeares »Richard III.« mit allen Mördern und Blutgesellen und Peinigern der Geschichte wird versunken und vergessen sein; und die schöne Helena wird in keinem Gedächtnis mehr bewahrt; und die schönsten Abendlieder — »Über allen Gipfeln ist Ruh« — sind verklungen und versunken, weil die Wipfel und Bergeshöhen, deren abendliche Stille sie feierten, diesseits der großen Grenze liegen, die dann der abgelaufenen Welt gesetzt sein wird. Ja, so ist das: Himmel und Erde werden vergehen — *aber seine Worte werden nicht vergehen.*

Und darum werden auch die nicht vergangen sein, die von diesem Worte lebten, die mit ihm starben und die die Gesellen jenes Herrn sein wollten, der diese Worte sprach und der selber dieses Wort war:

»Er reißet durch den Tod,
durch Welt, durch Sünd, durch Not;
er reißet durch die Höll,
ich bin stets sein Gesell.«

Deshalb ist das Wort Gottes der Felsengrund, der den Stürmen trotzt. Und darum ist es kein Flugsand, der zerstiebt. Freilich fügt Jesus nun noch einen wichtigen Satz hinzu: Nicht das Wort Gottes »an sich« wird für uns dieser Felsengrund, sondern nur das Wort Gottes, das man *tut*, mit dem man ernst macht; also nicht das Wort, das wir vielleicht täglich als mechanisches Tischgebet herunterleiern, auch nicht die hurtigen Vaterunser und die flüchtig durchrasten »Losungen«. Das alles könnte mit auf den Kehrichthaufen der vergehenden Welt geworfen sein und uns als gemordetes und geschändetes Gotteswort verklagen. Sondern einzig und allein *das* Wort hält in Ewigkeit, das *getan* wird.

Was heißt »tun«?

Es heißt ganz einfach, mit diesem Worte *leben*. Es heißt, daß ich zwar die Realität einer Sorge in meinem Leben ganz ernst nehme — zum Beispiel, wie ich finanziell über eine Krise hinwegkomme; was mit meiner kleinen Rente auf die Dauer werden soll; wohin ich zu flüchten gedenke, wenn das Unheimliche noch einmal kommen sollte —; daß ich aber dann die Realität dieses Wortes noch größer sein lasse, des Wortes nämlich, daß dieser kommende Tag, vor dem ich mich so sorge und fürchte, in den Händen Gottes geborgen ist und daß mich nichts treffen darf, als was *er* »ersehen« und was seine Zensur passiert hat, und daß mir alles »zum Besten dienen muß«, wenn ich ihn walten und meine Liebe nicht erkalten lasse.

Mit diesem Worte »leben«, das heißt, es nun ganz einfach einmal wagen, gehorsam zu sein, auch wo es menschlich töricht zu sein scheint; einmal die Wahrheit sagen, wo es gefährlich oder »dumm« ist, aber wo Gottes Wort es nun eben gebietet — und dann von Herzen darauf vertrauen, daß Gott mich nicht sitzen läßt, sondern seine Verheißungen wahr macht.

Mit diesem Worte »leben«, das heißt, alles, was auf mich zukommt: die Kollegin, die es schwer hat; den Kondolenzbrief, den ich schreiben muß; die geschäftliche Verhandlung, die ich zu führen habe; die klare und stählerne Herbstluft, die ich auf einem Ausflug einatme; die Konferenz im Kreml, von der ich höre; das Fieber meines Kindes; die Krankheit meines Nachbarn; die Mühe meiner Arbeit und den Frieden des Feierabends — das alles mit Gebet und Flehen und Danksagung vor Gott zu bringen. Dann »tue« ich das Wort, dann »gründe« ich mich darauf.

Es stimmt schon, daß das Wort Gottes der Felsengrund ist, auf den ich mich gründen kann. Aber es gilt nun auch das Umgekehrte, daß ich nun dieses Wort Gottes in allen Lagen meines Lebens, in allem, schlechthin allem, was mir wichtig ist, verankern, festmachen und vertäuen muß. Meint ihr denn, dieses Wort könne mein Gefährte und Freund, mein Stecken und Stab werden, wenn ich es sonntäglich höre oder morgens lese und im übrigen meiner Wege gehe — so als ob das Geschäft nur mit dem Verstand, die Krankheit meines Nachbarn nur mit der ärztlichen Kunst, die Konferenz im Kreml nur mit der Politik zu tun habe, und als ob dies alles nicht ganz und gar und ausschließlich in dem begründet sei und von dem geführt werde, der die Herzen der Menschen wie Wasserbäche lenkt, der den Stürmen gebieten, der Kranke gesund machen, Tote erwecken und der Lasten und Sorgen in lauter Segen verwandeln kann?

Nur *das* Wort ist Felsengrund, auf das man sich stellt.

Nicht wahr, das klingt paradox, aber es ist so: Das Wort Gottes scheint Sand zu sein. Ist es nicht höchst riskant, sein Leben auf eine Sache zu setzen, die so »unkontrollierbar« ist, die mit Mythen und Vorzeit zu tun hat, statt auf das Allernächstliegende, auf Fäuste und Ellenbogen, auf Instinkt und gesunden Menschenverstand zu vertrauen? Für den, der so denkt, ist dieses Wort auch tatsächlich Sand. Wer es »auch« noch so »nebenbei« mitnehmen will (ein bißchen Feierlichkeit, ein bißchen Sammlung und wehmütiger Ewigkeitsklang tun zuzeiten ja so wohl!), für den zerstiebt es, und dem wird auch der Rest seines Sandchristentums vom ersten besten Sturm hinweggeblasen. Wie viele Namen- und Sandchristen wurden nicht vom Sturm des Krieges zerzaust und verloren das bißchen Glauben, das sie noch bei sich trugen, um nun als entlaubte Nihilisten und tödlich Verarmte nur noch zu vegetieren!

Aber für den, der darauf zu treten wagt, der es einfach riskiert, mit Jesus Christus zu leben, für den erstarrt dieser scheinbare Sand plötzlich zum Felsengrund, auf dem er in sicherer Ruh' steht und auf dem er in die Wetter und Stürme hineinlacht, weil sie der Odem des göttlichen Mundes sind, und weil eben dieser Mund, der die Erde erbeben und die Berge rauchen läßt, ihn bei seinem Namen gerufen hat, weil Gottes Fels ihn stehen läßt und Gottes Hand ihn hält.

Wer in Ewigkeit geborgen ist, braucht das, was die Zeit bringt, nicht mehr zu fürchten. Wer den Frieden hat, der höher ist als alle Vernunft, braucht keine Angst mehr zu haben vor dem, was seine Vernunft als schreckliche Möglichkeiten der Zukunft zusammenspekuliert und ihm einreden will. Wer sich geliebt weiß, stirbt nicht mehr am Haß der Menschen. Wer dem Fürsten des Lebens anhängt, ist kein Knecht des Todes mehr. Wer um den Lobgesang der Engel weiß, der über ihm tönt — über ihm, der heimgefunden hat zu seines Vaters Freude —, den schreckt das Feldgeschrei der Völker nicht mehr. Wer den kennt, der die Welt überwunden hat, ist den Gespenstern entronnen. Wer der Hand vertraut, die den »Enden der Erde« gebietet, der weiß, daß auch *sein* armes und schuldvolles Leben durch alle Wehen des Sterbens, durch Grab und Todesnacht sicher zum Jüngsten Tag und an des Vaters Thron geleitet wird, wo die Tränen aller Augen getrocknet werden und kein Leid mehr ist und kein Geschrei, und wo der Tod nicht mehr sein wird, wo aber sein wird der Lobgesang der Verklärten: Gehe ein zu deines Herrn Freude!

Wenn wir im Namen dieser letzten Heimkehr leben, die uns Jesus Christus bereitet hat, und wenn wir im Namen dieser letzten Heimkehr alles, was uns treffen mag an Schmerz und Freude, als eine Heim-Suchung verstehen und als Bereitung auf diesen Tag — dann kann es nicht anders sein, als daß uns nun jeder Sturm zu diesem Hafen treiben muß und daß uns auch der finsterste Talweg nur vor die Pforte des Vaterhauses führen kann. Das heißt dann: jeden Sturm bestehen können, einfach, weil der uns trägt, der in Ewigkeit bleibt und der das A und O ist und aus dessen Hand uns nichts reißen kann.

Dies sei das Lob, mit dem wir die Betrachtung der Bergpredigt schließen:
Er, Jesus Christus, ist der Fels, auf dem ich stehe, die Hand, die nicht läßt, die Ewigkeit, die bleibt, und der Friede, der allen Streit dieser Welt umschließt — so wie ein Vater die Hand seines fiebernden Kindes umschlossen hält.

Und es begab sich, da Jesus diese Rede vollendet hatte, entsetzte sich das Volk über seine Lehre; denn er predigte gewaltig und nicht wie die Schriftgelehrten.